# Dein *magischer* Platz

TANJA DRÄNERT

# Dein magischer Platz

## DAS KRAFTORT-COACHING

Stärkende Plätze für jede Lebenssituation finden
Die Energie des Kraftorts gezielt nutzen
Mit zahlreichen Übungen, Anregungen und Ritualen

Haben Sie Fragen an den Verlag?
Anregungen zu unseren Büchern?
Erfahrungen, die Sie mit anderen teilen möchten?

Nutzen Sie unsere sozialen Netzwerke:
www.mankau-verlag.de/forum

# Impressum

**Bibliografische Information der Deutschen Nationalbibliothek**
Die Deutsche Nationalbibliothek verzeichnet diese Publikation in der Deutschen Nationalbibliografie; detaillierte bibliografische Daten sind im Internet über http://dnb.d-nb.de abrufbar.

Tanja Dränert
**Dein magischer Platz. Das Kraftort-Coaching**
ISBN 978-3-86374-638-4
1. Auflage April 2022

Mankau Verlag GmbH
D-82418 Murnau a. Staffelsee
Im Netz: www.mankau-verlag.de
Soziale Netzwerke: www.mankau-verlag.de/forum

Lektorat: Redaktionsbüro Julia Feldbaum, Augsburg
Endkorrektorat: Susanne Langer-Joffroy M. A., Germering
Gestaltung Umschlag: Andrea Janas, München
Layout, Bildbearbeitung und Satz: Lydia Kühn, Aix-en-Provence, Frankreich
Energ. Beratung: Gerhard Albustin, Raum & Form, Winhöring



Druck: Westermann Druck Zwickau GmbH, Zwickau/Sachsen

Aus Gründen der leichteren Lesbarkeit wird im vorliegenden Buch die gewohnte männliche Sprachform bei personenbezogenen Substantiven und Pronomen verwendet. Dies impliziert jedoch keine Benachteiligung des weiblichen Geschlechts, sondern soll im Sinne der sprachlichen Vereinfachung als geschlechtsneutral zu verstehen sein.

Hinweis für die Leser/innen:
Die Autorin hat bei der Erstellung dieses Buches Informationen und Ratschläge mit Sorgfalt recherchiert und geprüft, dennoch erfolgen alle Angaben ohne Gewähr. Verlag und Autorin können keinerlei Haftung für etwaige Schäden oder Nachteile übernehmen, die sich aus der praktischen Umsetzung der in diesem Buch vorgestellten Empfehlungen ergeben. Bitte suchen Sie bei Erkrankungen einen erfahrenen Arzt oder Heilpraktiker auf.

# Inhalt

# Im Gespräch mit dem Kraftort – der Kraftort als Coach

## Kleine Kraftinseln für den Alltag



## Der Kraftort im Inneren – unser innerer Fluss

# Gewidmet dem Wunder der Natur

Dieses Buch ist eine Einladung.
Eine Einladung an dich, deinen ganz persönlichen magischen Platz zu finden – genau den, der für diesen Moment gerade passend ist – und dich an ihm mit dir selbst auseinanderzusetzen, sodass du diese Magie auch in dir findest und zu dem Wunder wirst, das du bist.

# Einleitung – mein Weg zum Kraftort-Coaching

In den Themen, die uns selbst im Leben am meisten beschäftigen, werden wir die besten Lehrmeister. Diesen Satz habe ich schon häufiger in unterschiedlichen Variationen gehört. Als ich die Einladung erhalten habe, dieses Buch zu schreiben, wurde er mir in seiner ganzen Größe und Wahrheit bewusst. Die Suche nach dem magischen Platz in mir, meinem inneren Kraftort, begleitet mich bereits mein ganzes Leben. Nun – in der Mitte *meines* Lebens angekommen – gelingt es mir immer mehr und häufiger, in meinem inneren Kraftort zu verweilen, selbst wenn draußen wilde Stürme toben.

Diese Reise hat mich auch im Außen an viele magische Plätze geführt. Denn dort konnte ich mich immer wieder aufladen mit neuer Kraft. Die Natur und das Zu-Fuß-unterwegs-Sein spielten dabei stets eine sehr wichtige Rolle. Ich besichtigte die Maya-Pyramiden und wunderbare Naturoasen in Mexiko, erlebte beim Schnorcheln schöne Unterwasserwelten in Thailand und der Karibik. Ich erfuhr die beeindruckende Weite von Wüstenlandschaften in Ägypten, Algerien und Mali. Ich begab mich auf Pilgerschaft auf den Jakobsweg und entdeckte dort die Magie der Langsamkeit. Ich fing an, mich mit Orten und ihrer besonderen Kraft zu beschäftigen. Begann zu erspüren, was sie für mich zu kraftvollen Plätzen macht. Und entdeckte dabei häufig, dass die Wirkung auf mich nicht die gleiche war wie beispielsweise in einem Buch beschrieben.

So begann ich, mich damit auseinanderzusetzen, was ein Kraftort eigentlich bedeutet. Ich habe viel dazu gelesen und Kurse besucht. In diesem Zusammenhang beschäftigte ich mich auch mit den Funktionsweisen unseres Körpers, unseres Energiefelds und damit, was uns unsere Kraft eigentlich immer wieder raubt. Ich fing an, mich zu beobachten, und machte mir so bewusst, in welchen Situationen ich aus meiner Mitte katapultiert wurde. So landete ich letztendlich bei der Kinesiologie. Sie half mir, mich mit meinen Stressauslösern auseinanderzusetzen und so immer mehr in meiner Kraft zu bleiben. Doch nicht nur das. Ich erkannte, welche Potenziale in mir stecken, und der Grundstein für meinen Lebenstraum war gelegt: Kraftort-Coaching. Zum Glück beinhaltete meine umfangreiche Ausbildung als Systemische Kinesiologin auch zahlreiche Coachingelemente, die ich durch einen Naturcoach-Lehrgang noch ergänzte. So begleite ich nun Menschen auf einem Stück ihres Lebenswegs und helfe ihnen dabei, wieder in ihre Kraft zu kommen oder diese zu vermehren – und dabei ihre Glaubenssätze, Ängste, Verstrickungen und Blockaden hinter sich zu lassen. Um so die Magie des Wunders zu erfahren, das wir erleben, wenn wir leben, was wir sind.

Dieses Buch lädt dazu ein, dich auf die Suche zu begeben und dabei deinen ganz persönlichen magischen Platz zu finden. Dabei gibt es nicht genau vor, wie ein Ort zu sein hat, um als Kraftort zu gelten. Denn dafür gibt es für mich keine allgemeingültige Lösung. Es ist vielmehr eine Einladung, deinen ganz persönlichen Kraftort zu finden und seine eigene Magie zu entdecken. Dafür gibt es dir zahlreiche Werkzeuge an die Hand. Das Buch ist so gestaltet, dass du es ganz nach deinen eigenen Bedürfnissen einsetzen kannst. Je nachdem, ob du dich einfach nur entspannen, deiner Kreativität freien Lauf lassen oder an deinem persönlichen Wachstum arbeiten willst, kannst du dir ganz flexibel deinen passenden Ort und die entsprechenden Übungen heraussuchen. Dabei handelt es sich immer um Vorschläge. Es gibt hier keine festen Vorgaben und Dogmen, denn wir haben alle sehr individuelle Bedürfnisse, denen nicht eine einzige Anleitung gerecht werden kann.

Wandle die Übungen und Anregungen gern so ab, wie du es brauchst. Und wenn du lieber frei in der Gestaltung bist, kannst du auch einfach nur die Coachingfragen beantworten und deine eigenen Übungen kreieren. Damit du sie schnell zur Hand hast, habe ich sie bei jedem Punkt in einem Übersichtskasten zusammengefasst. Lass dich einfach inspirieren.

Ich wünsche dir viel Freude bei der Entdeckung deiner magischen Plätze und dem Wunder in dir.

## Auf ein Wort

Ein großes Anliegen ist mir, dass du dich mit großer Achtung und Umsicht in der Natur bewegst. Nähere dich den Pflanzen und Tieren mit Respekt und nur, wenn du ihr Einverständnis hast. Ja, sie können nicht reden, aber sie sprechen eine eigene Sprache, die wir durchaus verstehen können. Reiße nichts einfach so aus, und nimm nur Dinge mit, die sowieso am Boden liegen. Wenn du eine Pflanze als Andenken haben möchtest, kannst du ein Foto davon machen. Wenn du unbedingt etwas pflücken willst, frage zuvor innerlich, ob es in Ordnung ist, und nimm es dann ganz behutsam.

Wunderbar ist es, wenn wir der Natur ein Dankeschön zurückgeben. Zum Beispiel einen Schluck Wasser oder ein paar Nüsse. Bitte nimm dafür nur Dinge, die auch verrotten oder von Tieren gefressen werden können. In früheren Zeiten hat man in Schalensteinen Nahrungsmittel für die Naturgeister und -seelen zurückgelassen: Kerzen, Blumen, Nüsse, Körner. Aufgeladen werden sie durch die Kraft unserer Wünsche, Gefühle usw. Es geht hier um einen Energieaustausch und nicht um große materielle Werte. Es kann einfach ein Lied sein oder eine Umarmung. Lass dich vom Ort selbst inspirieren, was an deinem Platz das Richtige ist. Oft reicht es auch aus, dass die feinstoffliche Welt einfach als solche wahrgenommen und anerkannt wird. Du kannst den Ort fragen, was er gern hätte. Was du für ihn tun kannst. Bleibe dabei immer ganz in der Eigenverantwortung und prüfe, was für dich auch möglich ist.

Und achte bitte darauf, dass Wälder und Felder meistens einen Besitzer haben, der eventuell um Erlaubnis gefragt werden sollte. Gehe äußerst behutsam mit Feuer in der Natur um und informiere dich, was du dabei beachten musst, um keine Brände zu verursachen. Vergiss nicht, dass es auch in unseren Breitengraden einige giftige Tiere und noch viel giftigere Pflanzen gibt.

Ich danke dir von ganzem Herzen.

# Was ist ein Kraftort? Eine Annäherung

# Die Bezeichnung Kraftort

Was ist das eigentlich, ein Kraftort? Dazu gibt es wahrscheinlich so viele unterschiedliche Meinungen, wie es Menschen auf diesem Planeten gibt. Für den einen ist ein Kraftort der Biergarten um die Ecke. Und für den anderen die stille, einsame Naturoase an einem kleinen Bach. Für die einen sind Kraftorte alte Heiligtümer der Kelten oder Germanen und für die anderen die großen Kathedralen dieser Erde. Es kann der höchste Berg der Welt sein oder die entlegenste Insel im Ozean. Was wir als Kraftort bezeichnen, ist also sehr subjektiv. Doch was ist, wenn wir es einmal auf einen Nenner bringen wollen? Was macht einen Kraftort aus? Gibt es dazu allgemeingültige Definitionen? Sehen wir doch einmal in dem Lexikon nach, welches uns am schnellsten und einfachsten zur Verfügung steht – in der Wissensdatenbank Wikipedia. Dort heißt es: »Als Ort der Kraft (auch Kraftort, Kraftplatz oder magischer Ort genannt) wird ein Ort bezeichnet, dem eine meist positive (selten auch negative) psychische Wirkung im Sinne einer Beruhigung, Stärkung oder Bewusstseinserweiterung zugeschrieben wird.«[1]

Weiter stellt Wikipedia einen Zusammenhang mit der Esoterik dar, nach deren Vorstellungen es sich bei Kraftorten um geografische Orte mit einer besonderen Erdstrahlung handelt. Häufig sind diese an Kultstätten aus vorchristlicher Zeit und an Sakralbauten zu finden. Auch markante Orte wie Quellen, Flussufer, Schluchten, Berggipfel, Höhlen, Felsen, Steine, alte Bäume und Lichtungen gelten als Kraftorte.

Wikipedia bringt es ganz gut auf den Punkt, was vorrangig als Kraftort verstanden wird. Der Begriff »Ort der Kraft« ist übrigens seit den 60er-Jahren aus Amerika nach Europa gekommen. Mittlerweile hat er Einzug in viele unserer Lebensbereiche gefunden, vor allem, wenn es darum geht, auszusteigen aus unserem Alltags-Hamsterrad, zu entschleunigen und wieder in die innere Mitte zu kommen. So finden wir zahlreiche Bücher, in denen regional begrenzt verschiedene Kraftorte vorgestellt werden inklusive Wanderrouten und Anleitungen, worauf genau geachtet werden sollte. Manche Regionen haben Kraftpfade oder Kraftwege angelegt, um sich touristisch ein wenig aufzuwerten. So gibt es in der Oststeiermark einen Kraftpfad, der die Orte Wenigzell und St. Jakob im Walde miteinander verbindet. Am Ende wartet sogar eine Ausstellung, die die unterschiedlichen, auf uns einwirkenden Kräfte am eigenen Leib erlebbar macht. Im Bayerischen Wald gibt es in Stamsried einen Kraftweg mit verschiedenen Stationen zum Krafttanken. Hotels werben mit eigens angelegten Kraftplätzen, um dort die Seele baumeln zu lassen und wieder aufzutanken.

Auch die christliche Religion hat den Begriff »Ort der Kraft« übernommen und meint damit Orte der Andacht, zum In-die-Ruhe-Kommen, für das Gebet und die seelische Stärkung. In diesem Zusammenhang finden wir auch Besinnungspfade oder Meditationswege, wie zum Beispiel den Meditationsweg Ammergauer Alpen. Nicht zuletzt gibt es dann noch den inneren Ort der Kraft. Das kann ein Ort sein, den wir im Außen kennen und den wir uns innerlich immer wieder vorstellen können, um uns dort Kraft zu holen. Es kann aber auch einfach unsere innere Mitte sein, auf die wir uns immer wieder rückbesinnen.

Die Bezeichnung Kraftort ist also sehr vielseitig und wird in zahlreichen Kontexten verwendet. Aus dem Bedürfnis, die Energie an diesen Orten genauer zu untersuchen und einen gemeinsamen Nenner zu finden, ist unter anderem die Geomantie hervorgegangen, auf die ich an späterer Stelle noch etwas näher eingehen werde. Sie hat bestimmte Kriterien festgelegt, um die Energie an Orten zu messen und so kraftvolle Punkte zu erkennen. Wobei es auch hier unterschiedliche Sichtweisen gibt. Der Geomant Guntram Stoehr spricht beispielsweise von der Vitalkraft, Astralkraft, Mentalkraft und Kausalkraft von Landschaften. Dabei handelt es sich ihm zufolge um unterschiedliche Strömungskräfte. Dabei ist die Vitalkraft die Lebenskraft, die allen Lebensformen und Materie auf der Erde innewohnt. Die Astralkraft ist die Kraft, die durch menschliche Emotionen erzeugt wird. Die Mentalkraft steht mit den Gedanken in Verbindung. Und durch die Kausalkraft werden die Prozesse in der Natur durch die Natur selbst gesteuert. Orte, an denen diese Strömungskräfte besonders intensiv vorkommen, bezeichnet er als Kraftorte. Er nennt diese Punkte Strömungspunkte. An ihnen erneuern sich die verbrauchten Energien in einem natürlichen Kreislauf. Gelangen wir an einen solchen Punkt mit erneuerten Strömungskräften, fühlen wir uns gestärkt. Dabei eignen sich irdische Strömungspunkte gut zur körperlichen Regeneration und Entspannung und kosmische Strömungspunkte für Meditation und fördern mentalen Frieden und innere Gelassenheit.[2]

Sein Kollege Marko Pogačnik spricht von Erd-Chakren, Atmungssystemen, Zentren der Erdung, Herzzentren, Yin-Yang-Systemen und mehr. Er kommuniziert mit den Seelen der Orte und schafft so eine eigene Form der Geomantie.[3]

Dank dieser Forschungen wissen wir also, dass beispielsweise an alten Kultplätzen wie Stonehenge oder Chichén Itzá ein besonderes Kraftfeld herrscht. Das setzt aber nicht zwangsläufig voraus, dass jeder Mensch an diesen Orten das Gleiche empfindet. Die Bandbreite ist hier groß – von gar nichts oder negativen Eindrücken bis hin zu den höchsten visionären Eingebungen. Diese Empfindung können wir trainieren, denn die Veranlagung dazu, bestimmte Energien wahrzunehmen, ist bei uns allen vorhanden. Redensarten, wie »da liegt Spannung in der Luft« oder »hier herrscht dicke Luft« zeugen davon, dass wir ein Gespür für atmosphärische Stimmungen und feinstoffliche Energien haben. Dieses Gespür ist von Mensch zu Mensch unterschiedlich ausgeprägt. Das liegt zum einen daran, dass wir alle individuelle Wesen sind, und zum anderen, dass wir in unserer von so zahlreichen äußerlichen Eindrücken geprägten Welt das Gefühl für uns selbst ein wenig verloren haben. Viele von uns haben es verlernt, die Aufmerksamkeit auf sich selbst und ihr Inneres zu richten. Unser Inneres ist aber ein guter Zeiger für das, was gut und richtig für uns ist und was nicht. Das wissen wir in der Regel ganz genau, wenn wir uns nur darauf einlassen, uns die notwendige Zeit geben und uns vertrauen. Das ist die wahre Bedeutung von Selbstvertrauen. Und so sind auch Orte, an denen wir uns wohlfühlen, an denen wir gern Zeit verbringen, an denen wir uns ganz bei uns fühlen, unsere ganz persönlichen Kraftorte.

Früher war dieses Gespür bei den Menschen noch viel ausgeprägter. Es war auch lebensnotwendig, denn so merkten sie beispielsweise, dass Gefahr in der Luft lag. Oder dass ihnen ein Platz ganz besonders wohltat. Sie konnten die Zeichen der Natur lesen und erkannten am Wuchs der Pflanzen, welche Energie an einem Ort herrschte. So fanden sie die richtigen Stellen für ihre Wohn- und auch für ihre Kultstätten. Zahlreiche Funde zeugen davon. Wie die berühmten Steinzeithöhlen mit ihren Felsmalereien oder beeindruckende, von Menschenhand errichtete Gesteinsformationen. Zahlreiche Mythen, Sagen und Legenden erzählen von der weit zurückliegenden Existenz und Bedeutung dieser Orte. Es gibt sie also schon sehr lange. Man könnte fast sagen, sie begleiten uns Menschen von Anfang an. Heute bezeichnen wir sie als Kraftorte.

In der Antike sprach man von der Anima mundi – der Weltseele. Die Römer kannten den Genius loci – den Schutzgeist eines Ortes. Die meisten Kulturen und Religionen hatten ihre heiligen Orte, wie bestimmte Hügel oder Felsen, Quellen oder Flüsse. Die Menschen haben sich dort versammelt, haben Kontakt zu ihren Göttern gesucht, zu einer überirdischen Existenz, und haben Opfergaben mitgebracht. Und auch heute noch werden heilige Orte auf diese Art und Weise verehrt – wie beispielsweise der Ganges in Indien, die Pilgerstätten des Islam oder des Christentums. Diesen Orten wird also gewissermaßen eine eigene Seele zugesprochen. Und damit schließt sich wieder der Kreis zur aktuellen Auffassung in der Geomantie.

Wenn wir abschließend noch einmal auf die Bezeichnung Kraftort zurückkommen und versuchen, eine eigene Definition dafür zu finden, so würde diese wie folgt lauten: Ein Kraftort ist ein Ort, der es uns aufgrund seiner energetischen Beschaffenheit ermöglicht, wieder in unsere innere Mitte, in unsere Kraft zu kommen.

# Geomantische Hintergründe

Es liegt wohl in der Natur des Menschen, dass er den Dingen auf den Grund gehen will. Und so hat er auch versucht, sich dem Thema Kraftorte von der wissenschaftlichen Seite aus zu nähern. Hierbei haben sich verschiedene Methoden entwickelt, wie die Geomantie und Radiästhesie. Die chinesische Tradition des Feng Shui oder die indische Lehre des Vastu beruhen auf dem Wissen um die Energien von Orten und ihrer Wirkung auf den Menschen.

Richten wir uns rein nach dem Namen, so setzt sich die Radiästhesie (lat. radius = Strahl, griech. aisthesis = Sinneswahrnehmung) mit der Sinneswahrnehmung von Strahlen auseinander und die Geomantie (griech. geo = Erde, griech. manteia = Weissagung) mit der Weissagung der Erde. Vereinfacht gesagt erforschen beide Methoden die an bestimmten Orten vorkommenden Energien. Sie sind meist weder sichtbar noch mit wissenschaftlichen Kriterien messbar. Dennoch können sie von vielen Menschen wahrgenommen werden.

Eine Möglichkeit, sie erkennbar zu machen und genauer zu identifizieren, ist das Rutengehen.

Die genannten Methoden gehen davon aus, dass die Erde von verschiedenen Energieschichten umgeben ist, die einen Einfluss auf uns Menschen haben und umgekehrt. Wir Menschen bestehen nicht nur aus unserem festen Körper, sondern auch aus Schwingung, aus feinstofflicher Energie. Alles auf unserer Erde ist Energie, ebenso die feste Materie. Denn die Grundlage allen Seins sind Atome. Jedes von ihnen bewegt sich in seiner eigenen Geschwindigkeit und erschafft in Kombination mit anderen Einheiten eine bestimmte Schwingung. Auch feste Materie ist also Energie.

So besteht unser menschlicher Körper ebenfalls aus Energie in unterschiedlichen Varianten – dem physischen Körper und den feinstofflichen Schichten. Viele ganzheitliche Heilweisen und Traditionen bauen auf diesem Wissen auf. Die Traditionelle Chinesische Medizin spricht von den Meridianen, Energieleitbahnen, die sich in einem Netzwerk über den menschlichen Körper ziehen. Mittels bildgebender Verfahren ist es inzwischen sogar gelungen, die Meridiane bei Stimulation sichtbar zu machen. Durch sie strömt das Chi – die Lebenskraft. In der indischen Tradition heißt diese Lebenskraft Prana und wird über die Chakren im Körper verteilt. Diese Lebensenergie können wir spüren – bewusst oder unbewusst. Wenn sie gestört ist, werden wir krank. Durch Akupunktur oder Akupressur kann sie wieder in den Fluss gebracht werden.

Auch Techniken wie Qi Gong oder Yoga helfen dabei. Nicht umsonst erfreuen sie sich so großer Beliebtheit. Bei diesen Übungen merken besonders feinfühlige Menschen vielleicht ein Kribbeln, ein Pulsieren oder eine große Wärme am Körper, wenn die Energie wieder ins Fließen kommt. Andere merken einfach nur, dass ihnen die Übungen guttun und ihr Wohlbefinden gesteigert wird. Sie fühlen sich energiegeladener und ausgeglichener. Diese Energien am eigenen Körper bewusst wahrzunehmen ist ein erster Schritt, um auch bei der Erkundung von Orten die entsprechenden Schwingungen unterscheiden zu können. Diese Wahrnehmung können wir trainieren, indem wir unseren

Energiefluss immer wieder bewusst aktivieren. Dazu findest du einige Übungen im Infokasten.

Alles dreht sich also um Energie. In der Geomantie und Radiästhesie spricht man von messbaren Feldern, wie Magnetismus, Mikrowellen, Infrarotstrahlen oder Radioaktivität, und nicht-messbaren, also feinstofflichen Feldern. In der einschlägigen Fachliteratur finden wir dazu zahlreiche Forschungsergebnisse. Ich möchte hier nur einen vereinfachten Überblick über die grundlegendsten Erkenntnisse geben.

Im Laufe der Zeit konnten die verschiedensten Gitternetzlinien und Punkte ermittelt werden, die rund um den Erdball zu finden sind. Es gibt das Hartmanngitter, ein Netz an natürlich vorkommenden positiv und negativ geladenen Linien, die in Nord-Süd-Richtung in einem Abstand von etwa 2 Metern und in Ost-West-Richtung in einem Abstand von etwa 2,5 Metern verlaufen. Sie können die Energie auch senkrecht nach oben abstrahlen bis zu einer Höhe von 1,80 Metern.

Dann gibt es das Currygitter, dessen Linien in einer Distanz von 3 Metern diagonal zu den Polen verlaufen, während die Energielinien des Benker-Kuben-Systems 10 Meter weit auseinanderliegen – wie in aufeinandergeschichteten Würfeln. Alle Gitternetze haben positiv und negativ geladene Kreuzungspunkte, die eine intensivierte, zum Teil sehr positive und zum Teil auch schädliche Strahlung von sich geben können. Letztere werden gern als Störzonen bezeichnet, die beispielsweise durch Ameisenhügel oder besonderen Pflanzenwuchs erkennbar sind. Andere gestörte oder intensiv aufgeladene Zonen können wir auch bei bestimmten topografischen Begebenheiten vorfinden, wie zum Beispiel bei Erdverwerfungen oder unterirdischen Wasservorkommen. Dann gibt es noch die sogenannten Leylines – Kraftlinien, die entweder von Menschen durch Verbindung von Bauwerken oder Steinformationen erzeugt wurden oder natürlich in der Erde vorhanden sind. Darüber herrscht Uneinigkeit. Die Linien wie auch Verwerfungen oder Wasseradern können von erfahrenen Rutengängern aufgespürt werden. Eine Methode, wie wir die Energiequalität an Orten bestimmen können, hat der französische Radiästhet André Bovis (1871–1947)

entwickelt. Dabei wird ein Pendel oder eine Einhandrute über ein skaliertes Biometer gehalten und so die Anzahl an Bovis-Einheiten gemessen. Plätze mit einem sehr hohen Wert gelten als Kraftorte. Diese Messmethoden werden auch heute wieder angewendet, wenn Menschen ihre Wohnung auf die entsprechenden Einflüsse untersuchen lassen wollen, können sie doch eine Stress auslösende Wirkung auf uns haben. Dieser geopathische Stress kann von natürlichen oder künstlichen Feldern, wie zum Beispiel Mobilfunkmasten, ausgehen. Manche Menschen reagieren darauf mit Symptomen wie Schmerzen, Reizbarkeit oder Schlafstörungen. Früher hat man dieses Wissen um die verschiedenen Energiequalitäten von Orten bei der Gründung von Städten und Errichtung von Gebäuden mit einbezogen. So wurden auf die kraftvollsten Orte auch die wichtigsten Bauwerke gesetzt – Rathäuser, Marktplätze, Burgen und Schlösser sowie Kirchen. Die axialen Straßen und Stadttore hat man nach dem Verlauf der Kraftlinien angelegt, die Wachtürme auf anregenden und die Brunnen auf positiv geladenen Punkten platziert. Bei alten Bauernhöfen finden wir heute noch die alte Bauweise, bei der die Außenmauern auf Störzonen bzw. abbauenden Linien lagen, um so im Inneren einen neutralen, wohltuenden Platz für Tiere und Menschen sicherzustellen.

Doch handelt es sich bei diesen Energien nicht ausschließlich um natürliche Begebenheiten, sondern es gibt auch künstliche, also von Menschenhand erzeugte Strukturen, die eine bestimmte Wirkung haben. Ein gutes Beispiel sind Straßenverläufe: Gewundene Straßen oder Wege haben eine harmonische Energie, während schnurgerade Straßen die Energie sehr stark bündeln und auf ihren Endpunkt richten. Das ist bei Alleen der Fall, bei denen die Energie ganz gezielt auf das am Ende stehende Schloss oder Kloster zuläuft. Die Bäume am Wegesrand verstärken diese Kraft noch. Auch die alten Römer machten sich diese Energie zunutze und legten ihre Straßen schnurgerade und häufig noch entlang von Kraftlinien an, um so die Kraft der Soldaten zu maximieren.

Wir Menschen stehen also mit den auf der Erde vorkommenden Energien in steter Wechselwirkung. Ihre natürliche Strahlung beeinflusst uns in erster Linie durch aufbauende, abbauende und neutrale Zonen, die auf unseren Körper einwirken. Genauso beeinflussen wir die Orte – durch Bauwerke genauso wie durch unsere Aktivitäten. So wurde die Energie an manchen Kraftplätzen bewusst verstärkt, indem dort Menhire oder Langsteine, Obeliske, Kirchtürme oder Tempel errichtet wurden. Sie bauen eine Verbindung zwischen den irdischen und kosmischen Kräften auf und strahlen sie nach außen ab. Auf der anderen Seite können geschichtliche Vorbelastungen oder negative Entwicklungen, wie Massentourismus, künstliche Beleuchtung, Lärm, Bauwut oder starkes Konsumverhalten, eine schwächende Wirkung auf Orte haben. Dann können wir Menschen auch in heilender Funktion tätig werden.

Eine Möglichkeit ist hier die systemische Arbeit. So konnte ich selbst durch Aufstellungsarbeit die Energie an bestimmten Orten spürbar steigern, was teilweise sogar dazu führte, dass die Beziehung zwischen dem Ort und den in der Nähe lebenden Menschen wieder deutlich enger wurde, sie ihn öfter aufsuchten und besser pflegten, ohne dass sie von dieser Art von Arbeit in Kenntnis gesetzt worden waren.

Dieses Zusammenspiel der verschiedenen Energien, die auch von den Kreisläufen in der Natur und den Himmelsrichtungen beeinflusst werden, wird in der Geomantie gern als Seele eines Platzes bezeichnet. Unsere Vorfahren glaubten noch an diese Beseeltheit der Erde, der Tiere, Pflanzen und sogar der Steine. Sie glaubten an die Elementarwesen, Pflanzenwesen, Ahnengeister, Feen und anderen Wesen, die sich an diesen Plätzen tummeln. In unserer Welt lebt diese Seele noch in den großen Heiligtümern fort, doch allgemein herrscht ein großer Glaube an die Wissenschaft und die Technik, die alles möglich macht. Doch dadurch verliert unsere Welt an

Magie. Wir sollten anfangen, unsere rationalen Sichtweisen ab und an zu verlassen, und auch an etwas glauben, das wir nicht sehen oder messen können. Denn wir können diese Dinge sehr wohl spüren, wenn wir unsere sinnliche Wahrnehmung aktivieren. Dann entfaltet sich das ganze Wunder der Natur vor unseren inneren Augen.

## Übungen

# Aktivierung des Energieflusses

**Die folgenden Übungen helfen dir, in guten Kontakt zu deinem Körper zu kommen. Sie aktivieren deinen Energiefluss und unterstützen so die Sinneswahrnehmung. Sie sorgen außerdem dafür, dass Gehirn und Körper optimal miteinander kommunizieren und funktionieren.**

### Zu Beginn

- Stelle dich aufrecht hin, die Beine hüftbreit geöffnet, die Knie leicht gebeugt. Schließe die Augen und achte für ein paar Atemzüge auf deinen Atem. Richte dann die Aufmerksamkeit auf deinen Körper. Wie fühlt er sich an?
- Scanne einmal durch deinen Körper hindurch, beginnend bei den Füßen, die Beine hinauf bis zum Becken über den Rücken und den Bauch zu den Schultern und weiter zu den Armen bis hoch zum Gesicht und zum Scheitelpunkt deines Kopfes. Nimm hier einfach nur wahr, egal was du spürst. Versuche, nichts zu verändern.
- Wandere dann mit deiner Aufmerksamkeit zu deinem Geist. Wie empfindest du ihn? Ist er klar? Oder eher verwirrt? Oder nebulös? Hast du viele Gedanken im Kopf?
- Gehe dann mit deiner Aufmerksamkeit zu deinen Emotionen? Wo kannst du sie spüren? Im Herzbereich oder eher im Bauch? Oder ganz woanders? An einer Stelle oder an mehreren? Gibt es unterschiedliche Emotionen? Ist eine besonders präsent?

- Komme dann ganz langsam zurück zu deinem Atem und öffne behutsam die Augen.

### Meridiane abklopfen

- Bleibe weiter mit hüftbreit geöffneten Beinen stehen und beginne, deinen Körper mit der flachen Hand abzuklopfen. Starte auf der linken Seite. Drehe die Innenseite deines linken Arms nach oben und klopfe sie beginnend unterhalb der Schulter von oben nach unten ab bis zu den Händen und Fingern.
- Dann drehst du deinen Arm und klopfst auf der Rückseite von unten nach oben und über deine Schulter bis zum Halsansatz.
- Wiederhole das Gleiche mit dem rechten Arm.
- Gehe dann weiter zum Gesicht und beginne ca. 2 cm unterhalb deiner Augen, mittig zu klopfen, und wandere nach unten über deine Brust bis zu deinen Hüften und zur Außenseite deiner Oberschenkel bis zu den Füßen.
- Gehe dann auf die Innenseite deiner Füße und klopfe an der Innenseite deiner Beine wieder nach oben zu den Leisten und weiter schräg nach oben über deinen Bauch zum unteren Brustansatz.
- Wandere dann zu deinem Kopf und klopfe beginnend an der Stirn rechts und links über den Augen nach hinten zum Nacken, weiter über die Schultern den Rücken und die Seiten hinunter bis zu den Füßen und zum kleinen Zeh.
- Lass dann deinen Kopf kurz entspannt nach unten hängen. Ziehe dann dein Becken nach vorn und richte dich ganz langsam Wirbel für Wirbel auf.

### Switching-Punkte massieren

**Die Switching-Punkte werden in der Kinesiologie auch Anschaltpunkte für das Gehirn genannt, denn sie sorgen dafür, dass die rechte und linke Gehirnhälfte wieder reibungslos zusammenarbeiten und die Koordination von Gehirn und Körper optimal gewährleistet ist. Es handelt sich hierbei um drei Punkte, die jeweils Meridian-End- oder -Anfangspunkte sind.**

- Als Erstes massierst du mit einer Hand die Endpunkte des Nierenmeridians. Sie befinden sich in einer Mulde rechts und links unterhalb des Schlüsselbeins. Die andere Hand legst du auf deinen Bauchnabel. Du massierst diese Punkte für ca. 30 Sekunden und wechselst zwischendurch die Hände.

Dann gehst du weiter zum Endpunkt des Zentralmeridians in einer Mulde unterhalb der Unterlippe und zum Endpunkt des Gouverneurmeridians oberhalb der Oberlippe. Diese Punkte massierst du ebenfalls für ca. 30 Sekunden mit deinen Fingern, während die andere Hand auf dem Bauchnabel liegt. Bitte auch hier die Hände zwischendrin wechseln.

Als Nächstes massierst du den Anfangspunkt des Gouverneurmeridians am Steißbeinende ebenfalls für ca. 30 Sekunden abwechselnd mit einer Hand auf dem Bauchnabel und einer Hand auf dem Punkt.

## Energieball in den Händen halten

**Die Traditionelle Chinesische Medizin bezeichnet die Energie, die durch unseren Körper fließt, als Chi. Die Praktik des Qi Gong bringt diese Energie durch verschiedene Übungen wieder in den Fluss und hilft, Stauungen und Blockaden zu lösen. Dabei wird der Energieball immer wieder in den Händen gehalten und in verschiedene Richtungen geführt. Diesen Energieball können wir auch außerhalb der Praktiken des Qi Gong einfach spürbar machen:**

Reibe dazu deine Handflächen für einige Sekunden aneinander, und halte dann deine Hände senkrecht zueinander in einem Abstand von ein paar Zentimetern. Kannst du den Energieball spüren? Spiele ruhig ein wenig mit der Entfernung und prüfe, ob und wann du den Energieball spüren kannst und wann nicht. Wenn du gar nichts spürst, gib nicht gleich auf. Führe die Übung einfach immer wieder durch.

## Zum Abschluss

**Spüre zum Abschluss dieser Übungen noch einmal in deinen Körper hinein, wie er sich anfühlt.**

Schließe noch einmal die Augen und richte deine Aufmerksamkeit auf deine Körperteile. Wie fühlen sie sich jetzt an? Bemerkst du einen Unterschied zu vorher? Was ist eventuell anders? Woran bemerkst du das? Wandere dann wieder zu deinem Geist und schaue auch hier, ob es eine Veränderung gibt. Wie steht es mit der Klarheit? Und den Gedanken?

- Wirf dann noch einen Blick auf deine Emotionen. Wie kannst du sie jetzt wahrnehmen?
- Wenn es sich stimmig anfühlt, öffne wieder deine Augen. Vielleicht hast du jetzt ein leichteres Gefühl als zuvor.
- Dann lade ich dich ein, dieses Gefühl mitzunehmen in deinen Alltag und dich immer wieder daran zu erinnern. Wenn du keine Veränderung bemerkst, bleibe einfach weiter dabei und mache die Übungen immer wieder. Vielleicht willst du sie auch ein wenig abändern, sodass sie zu deinen Bedürfnissen besser passen. Gehe hier ruhig ganz intuitiv vor.

**Tipp:** Du kannst zwischen den einzelnen Übungen immer wieder in deinen Körper hineinspüren, wie er sich anfühlt. So kannst du für dich herausfinden, welche Übung dir besonders guttut, und diese in Zukunft zu deiner persönlichen Alltagspraxis werden lassen.

# Traditionelle Kraftorte und ihre berühmten Vertreter

Wir haben also gesehen, dass das Wissen um die Energien von Orten schon sehr lange eine Rolle in der Geschichte spielt. Die Wohnhäuser, bedeutende Bauwerke, ja, ganze Städte wurden danach ausgerichtet. Wir können uns also direkt vor unserer Haustür auf die Suche nach kraftvollen Orten machen und werden mit Sicherheit fündig. Die traditionellen Vertreter sind in der Regel Kathedralen, Kirchen, Burgen und Schlösser. Dann gibt es noch die Überreste alter Kultstätten, wie Keltenschanzen, Ahnensteine, Grabanlagen und andere Ruinen. Und auch besondere Natursehenswürdigkeiten erklärten die Menschen als heilig und errichteten dort ihre Ritualplätze. Die alten Sagen und Mythen erzählen uns von all diesen Orten und den Legenden, die sich um sie ranken.

Manche von ihnen haben eine besondere Anziehungskraft. So wurde der Ayers Rock in Australien mittlerweile gesperrt und darf nicht mehr bestiegen werden, weil zu viele Touristen Gesteinsproben als Souvenirs mitgenommen haben und sich auch sonst recht unangemessen verhalten haben. Für die Ureinwohner – die Anangu – ist er heute noch ein heiliger Ort und spielt eine große Rolle in ihrem Glauben.

Auch Stonehenge in Großbritannien, die Maya-Pyramiden in Mexiko, der Mont Saint-Michel in Frankreich oder der Jakobsweg in Spanien werden von regelrechten Pilgerströmen besucht. Welche Faszination üben diese Orte aus? Ist es die Sehnsucht nach alten Traditionen und Riten, die in unserer heutigen Welt ein wenig verloren gegangen ist? Die Sehnsucht nach dem Kern unseres Seins? Oder einfach nur die Tatsache, auch dort gewesen sein zu wollen?

Viele von den alten Kultstätten eint die Ausrichtung nach den Himmelsereignissen. So zeigen beispielsweise Stonehenge und die Pyramide des Kuculcán in Chichén Itzá die Tag- und Nachtgleiche an. Diese Himmelsereignisse waren von großer Bedeutung für die früheren Kulturen, markierten sie doch den Jahreskreis und somit auch die Zeitpunkte für Aussaat, Reife, Ernte und Winterpause. Diese wichtigen Übergänge wurden ausgiebig geehrt und gefeiert. Gerade in diesem Zusammenhang stoßen wir im europäischen Raum häufig auf die Geschichte der Germanen und Kelten. Die keltisch-irischen Festtage erfreuen sich heute wieder großer Beliebtheit und werden gerade in spirituellen Kreisen ausgiebig zelebriert. Sie haben mit unserer christlichen Kultur so manche Gemeinsamkeit, wurden die Bräuche der Kelten und Germanen doch zu einem großen Teil übernommen und angepasst, um die Bevölkerung zu missionieren. So stehen die christlichen Kapellen und Kathedralen häufig auf früheren Kultplätzen der Römer, Germanen und Kelten. Ein Beispiel ist die Kathedrale von Chartres, in deren Krypta sich heute noch ein keltischer

Brunnen befindet, der im 17. Jahrhundert zugeschüttet und 300 Jahre später wiederentdeckt wurde. Die Kathedrale mit ihrem beeindruckenden Labyrinth, ihrer auf bestimmten Zahlenverhältnissen beruhenden Konstruktion und den farbenprächtigen Fenstern in Chartres-Blau (einer eigens entwickelten, besonders reinen Blaufärbung) ist einer der bekanntesten Kraftorte in Europa. Auch hier gibt es ein Sonnenereignis: zur Sonnwende fällt ein Lichtstrahl durch eine Öffnung in einem Fenster direkt auf einen Messingknopf im Boden.

Bei der Wiederbelebung der früheren Kulte geht es einigen sicherlich um eine Rückbesinnung auf diese alten Werte. Sie nutzen diese Plätze, um dort die Jahreskreisfeste zu feiern, Rituale abzuhalten oder zu meditieren. Auch ich habe einige dieser bekannten Kraftorte besucht und werde im Verlauf des Buches immer wieder von meinen Erlebnissen berichten. Manche fand ich beeindruckend, von manchen war ich enttäuscht. Die Empfindungen sind eben subjektiv. Dennoch gibt es sie – die Orte, die durch ihre Schönheit, Einzigartigkeit und Kraft die Menschen faszinieren, sie für sich einnehmen und nicht mehr loslassen. Diese Plätze mit großem Beliebtheitswert haben meistens auch eine sehr hohe Schwingungsfrequenz. »Hier geht einem das Herz auf!«, ist eine häufige Reaktion. Deshalb lohnt es sich auf jeden Fall, den ein oder anderen dieser Orte aufzusuchen, schon allein aus dem Grund, dass wir dann eine Vergleichsmöglichkeit haben und unser Gespür trainieren können, wie sich diese Plätze anfühlen. Nehmen wir also Verbindung zu ihnen auf und lassen uns auf sie ein. Das geht meist nicht bei einem kurzen Besuch. Wir sollten uns Zeit nehmen. Und dann kann es natürlich vorkommen, dass wir regelrecht mystische Erfahrungen an diesen Orten machen, eintauchen in eine andere Wirklichkeit und ganz und gar inspiriert zurückkommen.

# Gibt es *den* Kraftort?

Die Lehren der Geomantie und Radiästhesie geben uns Messinstrumente an die Hand, wie wir Orte mit einer aufbauenden, also kraftvollen Erdstrahlung genau feststellen können. Zusätzlich erhalten wir durch die alten Sagen und Mythen, durch Kultstätten, Bauwerke, Denkmäler oder Naturschauplätze Anhaltspunkte, wo wir diese Kraftorte finden können. Und natürlich gibt es zahlreiche aktuelle Bücher, die von magischen Plätzen berichten. Dennoch reagieren wir Menschen ganz unterschiedlich auf sie. Kraftorterfahrungen sind sehr persönlicher Art, denn die Kräfte eines Platzes wirken immer mit den persönlichen Bedürfnissen und Möglichkeiten der Wahrnehmung zusammen unter zusätzlicher Beeinflussung durch die Witterungsverhältnisse. Alles ist miteinander verbunden und tauscht sich aus. Und so gehen wir als energetische Lebewesen in Resonanz mit der Schwingung der Kraftfelder um uns herum. Sicherlich gibt es übereinstimmende Berichte von einer großen Anzahl von Menschen, die an ausgewiesenen Kraftorten von einer plötzlich einkehrenden inneren Ruhe, einer hohen Vitalität, einem

Vibrieren, Prickeln oder Ziehen, einem Gefühl des Einsseins, einer Eingebung oder Kommunikation mit anderen Wesen erzählen. Auch von einer neuen Kontaktaufnahme mit sich selbst, von Empfindungen der Verwurzelung und Geborgenheit wird häufig berichtet. Doch gibt es hier eben nicht *die eine* objektive Wahrnehmung, die für alle passend sein muss. Die Ansichten sind äußerst facettenreich. Diese Feststellung habe ich bei meinen Führungen immer wieder gemacht.

Dort gab es Empfindungen auf einer Bandbreite von sehr positiv über gar nichts bis hin zu äußerst negativ, sodass der Ort sofort wieder verlassen werden musste. Eine Kirche mit sehr niedrigem Deckengewölbe kann als Hort der Geborgenheit und des Schutzes wahrgenommen werden oder als bedrückend und beklemmend. Die Empfindung hängt von der eigenen Vorgeschichte, der Befindlichkeit an diesem Tag und vielen weiteren Umständen ab. Eine Kirche oder kleine Kapelle kann für manche ein wunderbarer Rückzugsort sein. Sie genießen die ruhige Atmosphäre des Sakralraums und können in die andächtige Stille eintauchen. Für andere sind Kirchen so stressbesetzt, dass sie sich dort überhaupt nicht wohlfühlen. Auch die oft als so störend verurteilten Wasseradern sind nicht unbedingt an sich negativ. Sie können ebenso eine sehr anregende Wirkung haben, die für eine müde oder erschöpfte Person genau das Richtige sein mag und nur auf Dauer nicht unbedingt empfehlenswert ist. Voll und ganz ausgeschöpft wurde dieser Effekt gerne bei Lustschlössern, die dazu auf unterirdischen Wasserverschlingungen gebaut wurden. Es kommt also auf das subjektive Empfinden und auf das Zusammenwirken der verschiedenen Einflüsse an.

Deshalb sollten wir uns an erster Stelle wohl eher fragen, warum wir Kraftorte eigentlich aufsuchen? Was sind unsere Bedürfnisse und Ziele? Was bezwecken wir damit?

Viele Menschen berichten, dass sie dort wieder in Kontakt mit sich selbst kommen, sich verwurzelt fühlen und geborgen im großen Ganzen. Dort lernen sie die Zyklen unserer Welt wieder zu verstehen und so dem Leben wieder zu vertrauen. Sie erfahren eine gewisse Art von Verbundenheit mit der Menschheit, den Lebewesen auf der Erde, der Heilkraft der Natur und dem ganzen Universum. Sie fühlen sich angeschlossen an ein großes Energiereservoir. Dies hilft dabei, das eigene Leben aus einer anderen Perspektive zu sehen und neue Lösungsansätze zu finden. So sind sie wieder in der Lage, die Kontrolle über ihr eigenes Leben zu übernehmen. Sie blicken dem Alltag gelassener und mit mehr Freude entgegen und fühlen sich nicht mehr so ausgeliefert. All das scheint an manchen Orten müheloser zu gelingen als an anderen. Kraftorte erleichtern es uns, uns zu öffnen, und bieten uns so einen Zugang in eine andere Welt, der uns sonst vermeintlich verborgen bliebe. In letzter Instanz liegt es aber an uns, dies alles auch zuzulassen. Wenn wir uns verschließen, werden wir am stärksten Kraftort dieser Welt diese Erlebnisse nicht teilen.

In der Quintessenz kommt es also darauf an, sich einzulassen, ins Spüren zu kommen und die eigene Umgebung mit allen Sinnen bewusst wahrzunehmen. Erst dann können wir in das Schwingungsfeld von Orten wirklich eintauchen und sehen, ob sie zu unseren Bedürfnissen passen oder nicht.

Dabei ist unser eigener Körper unser Messinstrument. Ähnlich wie die Tiere vertrauen wir einfach unserem Instinkt. So sind Katzen beispielsweise eher Störfeldsucher und Hunde Störfeldflüchter. Katzen mögen es also, sich auf Plätze zu legen, die entweder sehr anregend oder abladend wirken. Hunde hingegen meiden diese Bereiche und suchen lieber neutrale Zonen auf. Tiere merken also instinktiv, welcher Ort ihnen guttut und welcher nicht. Warum soll das nicht ebenso für uns Menschen gelten?

Viele von uns haben dafür nur leider die entsprechenden Antennen verloren, sind zu sehr mit den Dingen im Außen beschäftigt und haben es verlernt, auf das zu hören, was ihnen guttut. Doch dieses Gespür tragen wir alle in uns und können es entsprechend trainieren und wieder aktivieren. Dazu ist es wichtig, uns erst einmal freizumachen von den Gedanken und Problemen des Alltags. Erst wenn wir uns leeren, können wir unser Gefäß auch wieder mit neuen Eindrücken füllen. Unsere Sinne sind häufig blockiert von den Dingen, die in unserer Welt sekündlich auf uns einströmen. Wir können diese gar nicht mehr verarbeiten und sind überfordert von der Vielfalt. Deshalb haben wir uns verschlossen, um uns zu schützen. Durch langsame, bewusste Annäherung und Wahrnehmung können wir uns wieder öffnen. Am besten gelingt uns das in einem geschützten Rahmen, an einem Platz, an dem wir uns wohlfühlen, der uns wie magisch anzieht. Hier können wir in Kontakt kommen mit uns selbst, der inneren Weisheit in uns und dem großen Ganzen. Das ist unser persönlicher Kraftort. Er passt genau zu unseren Bedürfnissen, zu unserer Lebenssituation, zu dem, was wir in diesem Moment gerade brauchen. Das kann heute etwas anderes sein als morgen. Und so kann auch unser Kraftort heute ein anderer sein als morgen. An einem Tag ist das vielleicht der eigene Garten, der Balkon oder der Meditationsplatz zu Hause und am nächsten Tag der Park um die Ecke, ein Wald in der Nähe oder ein kraftvoller Baum.

So beginnen wir, unser eigenes Umfeld zu erkunden und dabei unsere ganz persönlichen Plätze mit ihrer eigenen Magie zu entdecken. Mal ganz nahe und mal weiter weg – je nachdem, wo es uns gerade hinzieht.

# Natur als Kraftort

Naturphänomene oder Naturdenkmäler haben häufig eine große Anziehungskraft und zählen zu den berühmten Kraftorten der Welt, so zum Beispiel der Untersberg bei Salzburg, der vom Dalai Lama als das Herzchakra Europas bezeichnet wurde. Doch ist nicht die Natur an sich ein einziger großer Kraftort?

Wenn wir in der Natur sind, fühlen wir uns wieder geerdet und eingebunden in das große Ganze. Wir bekommen den Kopf frei und erhalten neue Perspektiven auf unseren Alltag und die darin verworrenen Sorgen und Probleme. Wir tanken neue Kraft, sind vitaler und ausgeglichener. Waren das nicht die Merkmale, die Menschen als Gründe für Besuche von Kraftorten angegeben haben? Wen wundert es da noch, dass die Outdoor-Branche derzeit einen regelrechten Boom erfährt? In uns Menschen ist eine große Sehnsucht nach der Natur verankert. Der Psychotherapeut und Philosoph Erich Fromm (1900–1980) nannte sie »Biophilia« – die Liebe zum Leben. Auch Hildegard von Bingen (1098–1179) sprach von der Grünkraft, die für sie die Grundlage aller Heilung darstellte.

Sie meinte damit eine Kraft, die von allen natürlichen Lebewesen ausgeht, den Pflanzen und Tieren, den Mineralien und auch den Menschen. Natur hat also eine extrem positive Wirkung auf uns. Warum ist das so?

Dazu gehen wir einige Jahrtausende in der Evolutionsgeschichte der Menschheit zurück. Damals war die Natur unser Lebensraum. Hier liegen unsere Ursprünge. Im Verhältnis zu unserer Existenz auf dieser Welt leben wir erst seit sehr kurzer Zeit so weit entfernt von der Natur, wie es heute der Fall ist. Die Natur ist also unser Zuhause. Deshalb fühlen wir uns so wohl in ihr. Clemens G. Arvay beschreibt es in seinem Buch »Der Biophilia-Effekt« als ein Gefühl des Angekommenseins fernab von Straßenlärm und Konsumterror. Dort sind wir einfach ein Lebewesen. Wir sind so, wie wir sind, ohne irgendwelchen Ansprüchen genügen zu müssen.[4] In der Natur können wir uns also so geben, wie wir sind. Gesellschaftliche Normen, Statussymbole oder Erwartungshaltungen gelten hier nicht. So kommen wir uns selbst und unserer Selbstwahrnehmung wieder näher.

In unserer Gesellschaft haben wir uns von uns selbst entfremdet. Wir werden häufig fremdbestimmt, ohne dass wir es bewusst merken. Die Natur hilft uns, wieder zu uns zurückzufinden. Sie bietet einen Gegenpol zu unserer heutigen Welt, die laut ist und voller Hektik. Dort setzen wir uns permanent Stress aus, und den meisten davon schaffen wir uns selbst. Der Säbelzahntiger von früher wurde abgelöst durch unsere Vorgesetzten, den Verkehr, den Nachbarn, durch Freizeitaktivitäten und vieles mehr. Das Stadtleben voller Lärm und künstlicher Beleuchtung, Termin- und Leistungsdruck sowie die hohen Erwartungen an uns selbst lösen Stress bei uns aus. Er wird in unserem limbischen System gesteuert, welches im archaischen Teil unseres Gehirns, im Reptiliengehirn, verankert ist. Dieser Teil reagiert blitzschnell und kann durch unser Bewusstsein nicht beeinflusst werden. Wenn es in Alarmbereitschaft ist, sind Entspannung und Erholung nicht möglich. Früher reagierten wir durch Kampf oder Flucht. Danach konnten wir uns wieder regenerieren. Heutzutage dauert der Stress aber permanent an. Aufenthalte in der Natur helfen uns dabei, wieder in den Entspannungsmodus zu kommen. Auch die Signale der Natur, wie Vogelgezwitscher, das Plätschern eines Baches oder verwunschene Hecken, sind alles Signale, die ein Wohlgefühl bei uns erzeugen. Sie werden in Sekundenbruchteilen an unser Reptiliengehirn gesandt. So hat die Natur automatisch einen positiven Effekt auf unser Unterbewusstsein. Denn tief in uns ist das Wissen verankert, dass Vögel nur zwitschern, wenn sie sich wohl und in Sicherheit fühlen, dass das Plätschern eines Baches und das Vorhandensein von Sträuchern mit Beeren Nahrung bedeutet. Andersherum kennen wir alle auch die sogenannte Ruhe vor dem Sturm. Dieses beunruhigende Gefühl, wenn sich eine gewisse Stille einstellt, bevor beispielsweise ein Unwetter naht.

Clemens G. Arvay erzählt in seinem Buch von Wissenschaftlern, die untersucht haben, in welchen Landschaftsformen Menschen am meisten entspannen können. Das waren u. a. ruhige, glitzernde Wasserflächen, Meere, Bäume mit großen Kronen, blühende Landstriche oder Sträucher sowie Pflanzen mit Vögeln.[5] Gemäß weiterer Studien hat allein der Ausblick ins Grüne eine positive und sogar heilende Wirkung, wie zum Beispiel der Blick auf einen Baum, der einen schnelleren Genesungsprozess bei Kranken zur Folge haben kann.[6] Außerdem wirkt die grüne Farbe in der Natur beruhigend und ausgleichend auf uns. Sie harmonisiert.

Und nicht nur der Ausblick in die Natur hat einen gesundheitsfördernden Effekt, sondern auch das Einatmen der Luft. Sie ist das reinste Erfrischungselixier für uns, denn durch unsere Lunge bewegen sich jeden Tag zwischen 10 000 bis 20 000 Liter Luft. In einem gesunden Umfeld wird diese Luft automatisch gereinigt – durch die natürliche Radioaktivität, die UV-Strahlung und Wasserzerstäubung. Letztere führt dazu, dass manche Orte durch die in der Luft konzentrierten Negativ-Ionen noch besonders hoch aufgeladen sind und uns so als besonders energetisierend erscheinen. Das ist zum Beispiel an Wasserfällen der Fall. Zusätzlich befinden sich insbesondere in Wäldern in der Luft Botenstoffe, die von den Pflanzen ausgesendet werden. So kommunizieren sie miteinander und warnen sich beispielsweise vor Fressfeinden, Insektenbefall oder Ähnlichem. Diese Stoffe regen auch unser Immunsystem an.

All das bewirkt, dass wir die Natur meist instinktiv aufsuchen, wenn es uns nicht so gut geht. Sie hilft uns, zur Ruhe zu kommen, und gibt uns ein Gefühl der Geborgenheit, des Angenommenseins. Sie hilft uns auch, uns wieder auf das Wesentliche zu konzentrieren. Wir geraten in einen Modus, der uns unsere negativen Gedanken vergessen lässt und Glücksgefühle auslöst. So werden Kapazitäten frei, um uns in konstruktiver Weise mit unseren inneren Konflikten zu beschäftigen. Dies liegt auch daran, dass Natur eine gewisse Faszination auf uns ausübt. Die Prozesse, die in ihr stattfinden, und die Phänomene, die wir in ihr antreffen, wecken unsere Begeisterung, wenn wir uns mit ihnen auseinandersetzen.

Dabei kann es sich um die sich öffnenden Knospen der Baumblätter im Frühjahr handeln, aus einer Mauer herauswachsende Blumen oder einen großartigen Wasserfall. Wenn wir fasziniert sind, sind wir ergriffen. Unsere Aufmerksamkeit richtet sich ganz leicht auf etwas, ohne dass wir Energie dafür aufwenden müssen. Angesichts des Wunders der Natur erfasst uns eine gewisse Ehrfurcht. Naturphänomene haben etwas Einzigartiges an sich. Jedes für sich genommen, ist so kein zweites Mal zu finden. Und sie sind nicht rekonstruierbar. Wir haben in der Natur sehr häufig das sogenannte Flow-Erlebnis. Davon erzählt auch Clemens G. Arvay.[7]

Besonders starke Plätze in der Natur sehen viele in den wilden Orten, wo die Naturgewalten noch deutlich zum Vorschein kommen, wie die Wüste, das Meer, Vulkane oder Gebirge. Oder in Orten, die sich möglichst selbst überlassen werden, wie Nationalparks. Auch Übergangszonen zwischen gegensätzlichen Gebieten oder den Elementen, wie Wasserufer (Erde/Wasser) oder Bergspitzen (Erde/Luft) wird eine besonders große Transformationskraft nachgesagt. Vielleicht liegt das daran, dass wir dort der Ursprünglichkeit des Lebens am meisten ausgesetzt sind. Denn die Natur zeigt uns, dass das Leben immer wieder unterschiedliche Seiten hat. Es gibt klares, sonniges Wetter und auch mal Stürme, die ebenso sehr zerstörerisch sein können. So verdeutlicht sie uns die Unplanbarkeit des Lebens und zeigt uns einen Weg, wie wir damit umgehen können. Sie fordert uns auf, mit dem Leben zu fließen und die Herausforderungen so zu akzeptieren, wie sie kommen. So können wir die jeweiligen Witterungsbedingungen zum Anlass nehmen, über unsere Position im Leben nachzudenken. Ist es neblig, wird die Welt um uns herum undurchsichtiger, alles ist in Watte gepackt. Wir können uns auf unser Innerstes konzentrieren, denn vieles im Außen bleibt verborgen. Auch in einer verschneiten Winterlandschaft liegt vieles unter einer dicken Schicht verdeckt. Alles ist gedämpft, es kehrt Ruhe und Stille ein. Die Natur schickt uns Zeichen.

Wenn wir mit den Rhythmen der Natur leben, finden wir auch wieder den Weg zu uns. Die Natur lädt uns dazu ein, diesen Weg wiederzufinden. Wenn wir unsere Seele von ihr berühren lassen, finden wir die Antworten wie von selbst.

Fangen wir an, sie zu beobachten und uns Fragen zu stellen. Wie leben die Tiere? Wie gehen sie mit Bedrohungen um? Wie zeigen sie Gefühle? Wie kommunizieren sie untereinander? Was können wir von ihnen lernen?

Die Natur fragt sich nicht, ob sie die Dinge falsch oder richtig macht. Sie folgt einfach ihrem Instinkt. Sie hat jedem Wesen einen Platz zugeordnet. Jedes Tier hat seinen Sinn und Zweck, für den es bestmöglich ausgestattet ist. Dabei macht sich ein Tier keine Gedanken darüber, wie es wohl wäre, ein anderes zu sein. Die Vögel singen einfach, ohne zu überlegen, ob es falsch oder richtig ist oder vielleicht jemanden stört. Die Pflanzen wachsen einfach so, wie es für sie richtig ist. Diese Klarheit kann uns helfen, wieder selbst klar zu werden und zu unserem innersten Selbst zu stehen. Die Natur lässt uns wieder ganz werden. Wir haben dort einen Zufluchtsort. Dort sind wir angenommen so, wie wir sind, ohne Pflichten. Sie lässt uns still werden und staunen über ihre wunderbaren Kräfte. Und vielleicht fangen wir dann sogar an, sie als beseelten Ort voller Naturwesen zu erleben. All die Elfen, Feen, Zwerge, Baumgeister und Nymphen, die wir ins Land des Vergessens verbannt haben, entziehen sie sich doch unserer Wahrnehmung, wenn wir sie fixieren. Doch wenn wir unseren Blick schweifen lassen, tauchen sie manchmal im Augenwinkel auf.

# Eigene Kraftorte *finden, gestalten* und *nutzen*

# Was kann ein Kraftort sein?

Was für uns einen Kraftort darstellt, entscheiden wir letztendlich selbst. Wir können ihn auf dem höchsten Berggipfel finden oder auch auf unserem eigenen Balkon. Oder beides. Es hängt von unseren Bedürfnissen ab, und es ist nicht jeder Platz an jedem Tag gleich.

Wenn wir uns mit dem Thema Kraftorte auseinandersetzen, merken wir vielleicht auch, dass wir in unserem Umfeld sowieso bereits einen Platz haben, an den wir uns gern zurückziehen – unseren Wohlfühlort, an dem wir die Seele baumeln lassen können und uns das Herz aufgeht. Häufig befindet er sich in unserem eigenen Garten, auf dem Balkon, in der Wohnung, in der Parkanlage oder im Wald um die Ecke. Oft ist es ein Platz, der uns wie magisch anzieht und an dem wir uns sofort zu Hause fühlen. Ihn haben wir ganz instinktiv gefunden. In der Regel sind das Orte, deren Energie relativ neutral ist – also weder auf- noch abladend. Denn beides tut uns auf Dauer nicht gut. Wer hier auf Nummer sicher gehen möchte, kann natürlich diesen Platz oder auch gleich die ganze Wohnung oder das Haus unter diesen Gesichtspunkten ausmessen und sich von einem Berater die geeigneten Orte aufzeigen lassen. Oft deckt sich das Ergebnis mit unserem eigenen Empfinden.

Für uns alle ist es besonders empfehlenswert und förderlich, solche Alltags-Wohlfühlplätze um uns herum zu haben. Dabei sollte es sich um Orte handeln, die in der Nähe sind und die man schnell und unkompliziert aufsuchen kann. So kann ich jederzeit eine Regenerations- oder Krafttank-Pause einlegen, wenn mir danach ist. (Ein paar Anregungen und Tipps zur weiteren Nutzung folgen natürlich noch.)

Ich habe allein in meiner Wohnung ganz unterschiedliche Orte eingerichtet, angefangen bei meinem Meditationsplatz, den ich regelmäßig in den Morgenstunden nutze, um mich zu spüren, Kontakt mit mir selbst aufzunehmen. Dann ist da mein Balkon, auf dem ich sehr gern einfach sitze, ins Grüne schaue, den Vögeln und den Zweigen im Wind zusehe sowie die Wolken betrachte. Das ist mein Regenerationsplatz. Und dann gibt es noch einen kleinen Altar für meine Ahnen, den ich regelmäßig mit Naturmaterialien schmücke und mich so mit meinen Wurzeln verbinde. Außerdem liegt in Fußweite meiner Wohnung ein Landschaftspark mit schönen alten Bäumen, in dem ich mich immer wieder mit der Natur verbinde. Das sind meine alltäglichen Plätze.

Je nach Bedürfnis und Laune erweitere ich meine Kreise mal mehr, mal weniger, fahre zu altbekannten oder neuen Orten, wie den ein oder anderen Park, hinaus an die Seen, in die Wälder, Moorgebiete oder in die Berge. Meist ganz intuitiv. Manchmal tauchen aus den verschiedensten Richtungen Hinweise auf mögliche Ziele auf, denen ich immer gern nachgehe, um auch mit neuen

Orten Kontakt aufzunehmen und ein eigenes Gespür für sie zu entwickeln. Das kann ein Wandertipp sein, den ich in einem Buch zufällig aufschlage, eine Empfehlung von Freunden oder eine Geschichte, die ich irgendwo lese.

Wenn wir uns auf Entdeckungstour zu neuen Orten begeben, kann die ein oder andere Überraschung dabei sein. Dann ist es nicht zwangsläufig so, dass wir uns an einem Platz gleich von Anfang an wohlfühlen. Manchmal erscheint uns der Aufenthalt auch zunächst unangenehm, oder der Platz kommt uns extrem hässlich vor, und dennoch zieht er uns wie magisch an. In diesen Fällen ist es wichtig, dass wir uns auf den Ort einlassen, denn auf den zweiten Blick entfaltet sich oft sein Geheimnis. Meistens will er uns eine Botschaft mit auf den Weg geben, die gerade zur aktuellen Lebenssituation passt.

Bei einer meiner virtuellen Kraftreisen war eine der Aufgaben, einen bewussten Spaziergang zu unternehmen und dabei auf die Metaphern der Natur zu achten. Eine Teilnehmerin wurde von einer Stelle im Wald mit neu gepflanzten Bäumen angezogen, die von Plastik eingehüllt waren. Sie wollte sich zuerst gar nicht dorthin begeben, da es kein schöner Anblick war, aber es hat sie magisch angezogen. So setzte sie sich an einen Baum, und es kam ihr der Gedanke, dass diese neu gepflanzten Bäume Samen sind, die dort aufgehen, dass hier Neues entsteht; und wenn das erst mal nicht ins gewohnte Bild passt, ist das zunächst nicht ungewöhnlich. Sie sah es als Einladung, das Ganze näher zu betrachten, und kam zu dem Ergebnis, dass das Neue angesehen werden will und sich mit der Zeit in das Gesamtbild integriert; zunächst entwickelt es sich aber im unsichtbaren Bereich. Eine andere Teilnehmerin sah einen Haufen Äste, der ihr zunächst recht unspektakulär vorkam, sich bei näherem Hinsehen aber als eine Art Hütte entpuppte. Sie schlüpfte hinein und fand einen heimeligen Ort des Schutzes und der Geborgenheit. Das passte gut zu ihrem Thema »Sicherheit im Außen« suchen. Dort konnte sie sich gut erden und sich verbinden mit der Natur, um so Sicherheit in sich selbst zu finden.

Und dann gibt es noch die Orte, die einem als »unbetretbar« erscheinen, als ob eine unsichtbare Barriere einen daran hindern würde weiterzugehen. Es ist wie ein innerer Widerstand, eine Blockade. Sich mit diesen Plätzen auseinanderzusetzen, erfordert Mut und Achtsamkeit. In diesen Fällen sollten wir sehr behutsam und umsichtig mit uns selbst umgehen. Denn Kraftorte können auch die in uns schlummernden Schattenseiten, wie Ängste, Traumata, negative Emotionen, Glaubenssätze oder Blockaden, zum Vorschein bringen und verstärken.

Hier wäre es angebracht, genauer hinzuschauen, was da hochkommt. Doch fühlen wir uns dann häufig ausgeliefert oder ohnmächtig, fremdgesteuert und handlungsunfähig, dann ist es vielleicht an der Zeit, sich Unterstützung von außen zu holen in Form eines Therapeuten oder Coaches. Sicherlich gibt es Möglichkeiten, sich für den Moment aus diesem Film wieder zurückzuholen, indem wir einfach benennen, wer wir sind und was wir um uns herum sehen. Doch wenn wir die Hintergründe genauer erforschen und aus diesem Film aussteigen wollen, ist eine liebevolle Begleitung ein durchaus empfehlenswerter Weg. Wir können und müssen nicht alles allein schaffen.

Die Bandbreite an Möglichkeiten ist also sehr vielfältig und subjektiv. Den Kraftort schlechthin haben wir alle vor unserer Haustüre – in unmittelbarer oder etwas weiterer, aber sicherlich fußläufiger Entfernung. Es ist die Natur! Und so wirst auch du genau die Plätze finden, die zu deinen persönlichen Bedürfnissen, Wünschen und Zielen passen. Denn genau von ihnen hängt es ab, wohin die Reise geht. Möchte ich mich einfach nur entspannen und die Seele baumeln lassen oder brauche ich eine kreative Auszeit? Oder möchte ich den Aufenthalt an dem Ort auch für meine persönliche Weiterentwicklung, sozusagen als kleine Coachingsitzung, nutzen? Du entscheidest.

# Die Vorbereitung auf dem Weg zum Kraftort

Wie bereitest du dich nun am besten auf die Suche nach den für dich geeigneten Plätzen vor? Auch hier gibt es natürlich sehr unterschiedliche Vorgehensweisen. Manche bevorzugen es, ganz intuitiv ihre Umgebung zu durchstreifen, und sehen, was ihnen begegnet. Andere informieren sich lieber ausgiebig im Vorfeld, setzen sich mit den verschiedenen Möglichkeiten auseinander und planen die Begegnung detailgenau.

Wenn du dir beispielsweise mit deiner eigenen Wahrnehmung noch nicht ganz sicher bist oder es für dich wichtig ist, Anhaltspunkte für deinen Verstand zu bekommen, kannst du dich mit der Rute oder dem Pendel vertraut machen und damit die Energien an den Orten untersuchen. Hilfreich ist dafür beispielsweise ein Kurs in Rutengehen, der von einigen Geomantie- und Radiästhesieschulen angeboten wird. Ich persönlich verlasse mich lieber auf meine Intuition und auf mein Körpergespür. Ich schaue, wo es mich hinzieht und was der Ort mir zeigt. So halte ich mir alle Möglichkeiten offen. Denn wenn ich mich nur nach vorgegebenen Kriterien richte, laufe ich Gefahr, andere Sichtweisen gar nicht mehr zuzulassen. Deshalb lautet meine Empfehlung, die eigene Wahrnehmung zu trainieren, verschiedene Orte aufzusuchen, sich mit ihnen auseinanderzusetzen und so ein eigenes Körpergefühl zu entwickeln. Unser Körper ist ein wunderbares Instrument dafür, und ihn haben wir immer dabei. Er sagt uns genau, was für uns gut ist und was nicht. Und wer möchte, kann anfangs die Rute quasi als Rückversicherung verwenden.

Vielleicht willst du erst einmal ein Gespür für die ausgewiesenen Kraftorte und die an ihnen vorkommenden, teilweise sehr unterschiedlichen Energien bekommen. Dann tust du gut daran, die bekannten Plätze – Kirchen, Kapellen, Ruinen, alte Kultstätten und Naturphänomene – zu erkunden. Wertvolle Hinweise, wie du diese finden kannst, können dir Sagen und Mythen liefern oder Namensgebungen, wie zum Beispiel Teufelsberg oder Hexenkessel. Dort erhältst du oft auch einen guten Vorgeschmack auf die an diesen Orten vorkommenden Energien. Mit dem Zusatz »Teufel« titulierte Plätze haben beispielsweise häufig eine sehr erdende Wirkung. Alte Burgruinen oder Keltenschanzen sind manchmal gar nicht so einfach zu finden, wenn die Natur sie sich bereits zurückgeholt und dementsprechend überwuchert hat. Zusätzlich liefert uns die Natur selbst interessante Hinweise zu den in ihr herrschenden Energien – zum Beispiel über die Wuchsformen der Pflanzen. So können Bäume ihre Wuchsrichtung anpassen oder Moos einen Ort mit hoher Vitalkraft anzeigen.

Auf den folgenden Seiten findest du zahlreiche Tipps für das intuitive Auffinden von Kraftorten. Hier geht es vor allem darum, die eigene Wahrnehmung zu aktivieren. Dabei gilt es, sich sowohl innerlich als auch äußerlich gut vorzubereiten.

Welche Eigenschaften benötige ich also innerlich? Wie sieht es mit meiner Wahrnehmung aus? Was habe ich für Ziele und Absichten? Und was muss ich äußerlich beachten, um mich wirklich geborgen und sicher zu fühlen?

Mit diesen vorbereitenden Fragen kannst du dich auf die Suche begeben, welche Orte dich magisch anziehen oder dich ganz besonders interessieren. Manchmal wecken sie ganz zufällig deine Aufmerksamkeit, indem du etwas von ihnen liest, eine Werbung siehst oder eine Empfehlung von Bekannten hörst. In manchen Fällen kann eine durchaus intensive Beziehung zu den aufgesuchten Orten entstehen, sodass wir uns auch für deren »Erlebnisse« in der Geschichte, im Laufe der Jahrhunderte interessieren und wissen möchten, was an ihnen so geschehen ist. Daraus kannst du dann wiederum Rückschlüsse ziehen auf deine eigenen Lebensthemen.

## Exkurs: Zeichen der Natur erkennen

Beobachten wir die Natur genau, so können wir an bestimmten Zeichen Rückschlüsse über die Energie an Orten machen, denn sie werden von manchen Pflanzen und Tieren entsprechend angezeigt. So finden wir beispielsweise Ameisenhaufen sehr häufig auf Störzonen. Es ist fast so, als ob sie uns dadurch daran hindern wollen, diesen Platz, der für uns weniger geeignet ist, aufzusuchen. Weitere Hinweise, wie die Pflanzen zum Ausdruck bringen, welche Orte für uns geeignet oder weniger geeignet sind, kannst du hier nachlesen:

**Bäume**

Bäume haben eine sehr vielfältige Art, uns zu zeigen, welche Energie an Orten vorhanden ist. Gerade wenn sie in ungewöhnliche Richtungen wachsen oder seltsame Gebilde an ihrem Stamm wuchern, merken wir, dass da eine besondere Kraft auf sie wirkt. Manchmal sind aber auch die Witterungsbedingungen oder die Umgebung für eine außergewöhnliche Wuchsform verantwortlich. Das gilt es auseinanderzuhalten. Hier folgt eine kleine Übersicht mit den mir am wichtigsten erscheinenden Vorkommen:

Ausweichen: Weicht der Stamm des Baumes in eine Richtung aus und wächst schräg, ist das häufig ein Hinweis auf Energielinien oder Wasseradern.

Drehung: Weist der Stamm eine Rechts- oder Linksdrehung auf, zeigt das einen Ort mit rechts- oder linksdrehender Energie an. In der Regel gilt rechtsdrehend als aufbauend und linksdrehend als ableitend.

Harmonisches Erscheinungsbild: Bäume mit gleichmäßig verteilten Ästen, die äußerst harmonisch wirken, markieren Orte, die für längere Aufenthalte gut geeignet sind.

Hohlraum: Bildet der Baumstamm einen Hohlraum, haben wir die Möglichkeit, uns in die Energieachse des Baumes zu stellen. Vorsicht, das kann auch ein sehr aufwühlendes Erlebnis sein!

Krebsartige Wucherungen: Sie deuten ebenfalls auf Energiezonen oder Wasseradern hin.

Sitzgelegenheiten: Bäume, die uns mit ihrer Wuchsform eine Sitzgelegenheit anbieten, laden uns geradezu ein, Platz zu nehmen. Dies ist oft ein Aufenthaltsort, der sich zur Regeneration oder Entspannung eignet.

Wächterbäume: Bei ihnen handelt es sich um besonders markante Exemplare, die häufig an Randzonen stehen, wie am Waldrand, an Fluss- oder Seeufern oder an Wegkreuzungen. Sie haben einen auffällig harmonischen Wuchs mit ausladenden Ästen in alle Richtungen und eine sehr starke Präsenz. Sie markieren häufig eine Schwelle zu einem besonderen Ort.

*Wer sich eingehender mit den Wuchsformen von Bäumen beschäftigen will, sei auf Guntram Stroehr verwiesen, der zu diesem Thema ein ausführliches Buch geschrieben hat (siehe Seite 250).*

**Pflanzen**

Neben Bäumen gibt es zahlreiche weitere Pflanzen, die Hinweise auf besondere Energiefelder geben können. Sehr wichtig sind hier die sogenannten Zeigerpflanzen. Sie galten in früheren Kulturen häufig als heilig. Wo sie in von Natur aus wachsen und besonders gut gedeihen, handelt es sich meistens um Orte mit ausgeprägten Energien. Eine kleine Auswahl möchte ich hier kurz vorstellen:

Strahlensucher: Holunder, Hasel, Tollkirsche, Brennnessel, Distel, Fingerhut, Efeu, Mistel

Strahlenflüchter: Rosengewächse wie Obstbäume

Ausgeprägtes Mooswachstum: An diesen Orten herrscht häufig eine sehr hohe Vitalkraft. Sie eignen sich besonders gut zur Regeneration.

Flechten: Sie zeigen an, dass in dieser Gegend die Luft besonders gut ist.

## Achtsamkeit und Selbstwahrnehmung

Fangen wir bei der inneren Vorbereitung an. Hierbei ist wichtig, gut mit uns selbst in Kontakt zu kommen. Dies hilft uns zu spüren, ob uns ein Ort guttut oder nicht. Und wie dieser Ort gestaltet sein sollte, damit er uns unterstützt. In unserer heutigen Zeit haben wir diesen Kontakt leider häufig verloren. Wir werden beeinflusst von zahlreichen Informationen, die beständig auf uns einprasseln, sodass wir oft gar nicht mehr unterscheiden können, wer wir sind, was wir wollen und was von außen kommt. Wir verlieren uns im alltäglichen Dauergeplapper von Politik, Medien, Religion, Wissenschaft und vielem mehr. Und wissen oft gar nicht mehr, was unserem Selbst entspricht, was unsere eigene Wahrheit ist. Wenn wir aber die Gelegenheit bekommen, wieder auf unsere eigene Stimme zu hören, merken wir plötzlich, dass wir eigentlich ganz genau wissen, was gut für uns ist und was nicht. Wir haben ein ganz eindeutiges Gespür dafür – das nennt man Selbstvertrauen. Viele von uns haben heutzutage einfach nur vergessen, wie sich dieses Selbstvertrauen anfühlt. Achtsamkeits- und Wahrnehmungsübungen können uns dabei helfen, wieder in Verbindung zu kommen mit unserem Körper. Denn unsere eigene Wahrnehmung und Intuition ist für das Auffinden von Kraftorten unerlässlich.

Nun ist das Wort Achtsamkeit mittlerweile etwas abgenutzt durch seine inflationäre Verwendung. Es ist zum Modewort geworden und deshalb in vieler Munde. Doch was will Achtsamkeit eigentlich wirklich sagen? Achtsamkeit heißt, diesen einen Moment wirklich so wahrzunehmen, wie er ist, und ganz und gar in dem aufzugehen, was ich gerade in diesem Moment mache. Es geht hier um Aufmerksamkeit, Gewahrsein ohne Wertung, Respekt, Erkennen, Akzeptieren, Erforschen, Nicht-Identifizieren.

So wie in der buddhistischen Fabel, in der ein Mönch oder eine alte weise Frau gefragt werden, was ihr Geheimnis ihrer inneren Ruhe sei. Sie antworten, dass sie sitzen, wenn sie sitzen, gehen, wenn sie gehen, essen, wenn sie essen, fasten, wenn sie fasten, schweigen, wenn sie schweigen, reden, wenn sie reden und hören, wenn sie hören. Die meisten Menschen hingegen sind gedanklich schon auf dem Weg, während sie noch sitzen; wenn sie gehen, wollen sie bereits am Ziel sein, wenn sie essen, wollen sie fasten, und wenn sie fasten, wollen sie schon wieder essen. Wenn sie schweigen, wollen sie reden, wenn sie reden, reagieren sie nur auf das Gesagte der anderen, und wenn sie zuhören, überlegen sie schon wieder Fragen und Einwände. Achtsamkeit bedeutet, heute zu leben, im Hier und Jetzt, sich auf den Moment zu konzentrieren, sich an den schönen Dingen des Lebens zu freuen und auch im Leiden einen Sinn zu sehen.

Wir sind aber mit den Gedanken meist schon beim nächsten Schritt, während wir den einen machen. Im Hier und Jetzt zu leben heißt nicht, dass wir keine Pläne mehr machen sollen oder über unsere Zukunft nachdenken. Es heißt eher, dass wir dies ganz zielgerichtet tun sollten. Die meiste Zeit vergeuden wir aber unsere Aufmerksamkeit mit Gedanken über die Vergangenheit, also mit Dingen, die wir nicht mehr verändern können, oder mit Gedanken über unsere Zukunft, und zwar mit Themen, die sowieso in dieser Form nie stattfinden werden. Vielleicht malen wir sogar den Teufel an die Wand und beeinflussen so unsere Zukunft mit unseren Gedanken auch noch negativ. Dabei vergessen wir zu leben. Denn das Leben findet im Jetzt statt! Wirklich leben heißt, offen und neugierig zu sein – mit wachen Augen und Sinnen wahrzunehmen. Dabei sind wir ganz entspannt und gesammelt in uns. Unsere Aufmerksamkeit ist voll und ganz auf den jetzigen Augenblick gerichtet. Und wir lösen uns von unseren Vorurteilen, Wertungen und Erwartungen. Wir nehmen die Dinge einfach so, wie sie sind. Das Denken sollten wir dabei ausschalten und uns einfach auf unsere Sinneswahrnehmungen konzentrieren.

Das hilft uns, wieder ein Gespür zu bekommen, was uns in diesem Moment gerade guttut. Denn wenn wir mit den Gedanken in der Vergangenheit oder in der Zukunft sind, sind wir nicht im Jetzt. Doch nur im Jetzt haben wir Kontakt mit unserem wahren Selbst. So gelingt es uns, wieder auf unser Selbst zu hören und ihm zu vertrauen. Dann merken wir auch, was an einem Ort unser Wohlbefinden steigert und was nicht.

Achtsamkeit gibt uns auch das gewisse Flow-Gefühl, im Fluss zu sein, mit dem Leben zu fließen. Dieses Gefühl haben wir nur, wenn wir in diesem Moment aufgehen und mit ihm verschmelzen. Kinder können das in der Regel noch ganz gut. Sie denken beim Spielen nicht an all das, was noch erledigt werden muss. Oder wer sie vielleicht gestern geärgert hat. Sie gehen wirklich ganz und gar in dem auf, was sie gerade tun.

Wie bekommen wir das mit der Achtsamkeit überhaupt hin im Alltag? Es ist wie bei allem – mit regelmäßigem Training. Indem wir uns immer wieder daran erinnern und uns bewusst machen, wie wichtig diese Achtsamkeit ist. Sie schulen wir, indem wir Dinge aufmerksam machen, ohne dabei ins Werten zu gehen. So versinken wir ganz im Hier und Jetzt. Das können wir zum Beispiel auf dem Weg zur U-Bahn, indem wir uns wirklich auf den Weg konzentrieren und nicht schon an die Arbeit oder an die Freizeitbeschäftigung am Abend denken. Wir können uns beim Kochen wirklich auf die Zubereitung der Nahrung konzentrieren, was übrigens auch gleich einen positiven Effekt auf die Speisen hat, da wir dort positive Energie hineingeben.

Wenn wir einen guten Kontakt zu uns selbst herstellen wollen, ist es hilfreich, in die Stille zu gehen. Dann erhalten wir Zugang zu unserer inneren Intelligenz. Sie weiß, was gut für uns ist und was der nächste Schritt ist. Um unsere eigene Stimme wieder zu hören, ist es wichtig, ihr zuhören zu können. Wenn wir aber beständig von äußeren Einflüssen beschallt werden, hören wir sie nicht. Begeben wir uns also in die Ruhe hinein und machen nichts.

Nimm dir immer wieder – am besten täglich – Zeit, setze dich an einen Ort, an dem du dich wohlfühlst, und sei einfach. Das ist der erste Schritt, um wieder ins Spüren zu kommen. Im nächsten Schritt kannst du anfangen, Kontakt mit deinem Körper aufzunehmen. Hierbei kann uns eine Bodyscan-Meditation ganz gut unterstützen.

Wir spüren ganz bewusst alle Körperteile und sehen sie an, ganz unabhängig davon, ob sie sich gut oder schlecht anfühlen, vollkommen wertfrei. Den Körper zu spüren ist eine gute Ressource, um im Hier und Jetzt anzukommen. Wenn wir unsere Aufmerksamkeit auf unseren Körper richten – auf unsere Atmung, auf unsere Füße oder Hände – steigen wir aus unserem Gedankenkarussell aus. Wir nehmen die Gegenwart und den aktuellen Moment wahr.

Im nächsten Schritt können wir den Kontakt zur Außenwelt wieder aufbauen. Absichtslos. Ohne zu werten. Wir nehmen die Geräusche wahr und die

Düfte. Der Blick wird weich, wir schauen passiv, üben uns im absichtslosen Wahrnehmen. Was fühle ich?

Eine weitere Übung, um ein gutes Gefühl für den Körper zu bekommen, ist, ihn jeden Morgen zu begrüßen. Unser Körper leistet jeden Tag Großes für uns – ganz automatisch, ohne dass wir uns darüber Gedanken machen müssen. Wenn wir ihm jeden Morgen ein wenig Aufmerksamkeit schenken, steigert das unser Körperbewusstsein und ist gleichzeitig ein Ausdruck unserer Dankbarkeit.

Durch die Übungen zur Kontaktaufnahme mit unserem Selbst kommen wir wieder ins Spüren und merken, was unsere Bedürfnisse sind. Nun sind wir gut vorbereitet für die Suche nach unserem magischen Platz. Wir können anfangen, unser Umfeld oder einen von uns zuvor festgelegten Ort zu durchstreifen und wahrzunehmen. Dabei geht es darum, ganz aufmerksam und achtsam zu sein. Die Veränderungen an kraftvollen Orten sind häufig nur subtil. Deshalb ist es wichtig, immer wieder innezuhalten und hinzuspüren. Auch den eigenen Zustand, vor und nach dem Besuch eines Platzes oder dem Durchführen einer Übung zu erfassen und zu vergleichen, kann sehr hilfreich sein. Deshalb ist die ideale Fortbewegungsart für diesen Zweck zu Fuß. Sie entspricht unserem von der Natur vorgegebenen Tempo. Je häufiger wir die Gegend achtsam durchstreifen, umso besser wird unsere Wahrnehmung. Wir fangen an, die Schwingung zu spüren und einzutauchen in diese Welt. Je mehr wir unser Denken weich werden lassen, also die Gedanken ziehen – kommen und gehen lassen und nicht an ihnen festhalten, je mehr wir unseren Verstand einmal ruhen lassen und nicht versuchen, alles mit ihm zu erfassen, desto leichter fällt es uns, in diese Schwingung zu kommen. Die Aufmerksamkeit auf unseren Atem zu lenken, hilft uns dabei. Wir lassen alles sein und nehmen einfach nur wahr, ohne zu werten, ohne die Dinge zu benennen, ohne zu überlegen, welcher Baum oder welche Pflanze uns da gerade begegnet. Wir tauchen in unser Umfeld ein mit den Augen und der Entdeckerfreude eines Kindes. In diesem Zustand schauen wir, was uns anzieht, und finden so unseren magischen Ort.

Manchmal fallen wir bei der Suche auch noch in alte Gewohnheitsmuster, zum Beispiel überlegen wir dann doch wieder, welche Pflanze das wohl sein könnte. Oder woher das ein oder andere Geräusch wohl kommt. Oder wir gehen immer wieder dieselben Wege. Der erste Schritt ist schon getan, wenn wir bemerken, dass es so ist. Und dann können wir das als Einladung sehen, einmal etwas Neues zu wagen, die Welt mit anderen Augen zu sehen. Dies hilft uns, unsere Wahrnehmung zu verfeinern.

Manchmal dauert es ein wenig, bis sich das gewünschte Aha-Erlebnis einstellt. Es braucht seine Zeit, das kann langsam sein, Schritt für Schritt. Es ist ein Prozess, der wieder in Wechselwirkung steht mit allem um uns herum. Was wir in unserem Inneren wandeln, bereichert auch wieder den Ort und wirkt sich positiv aus.

## Übungen

### Kontaktaufnahme mit unserem Selbst

**Diese Übungen dienen alle dazu, in guten Kontakt zu uns selbst zu kommen. Bereits die erste mag für manche schon recht schwierig sein, besteht sie doch darin, einfach nichts zu tun. Genau diese Nicht-Anwesenheit von Ablenkung führt uns jedoch auf direktem Wege zu uns und zu unseren wahren Bedürfnissen. Genau das ist die wichtigste Voraussetzung, um herauszufinden, was gut für uns ist und welches der für uns passende magische Platz ist.**

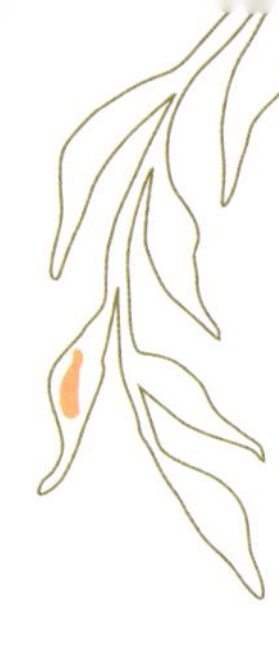

## Einfach sein

Setze dich an einen Platz, an dem du dich wohlfühlst. Es ist von Vorteil, wenn du von dort in die Natur blicken kannst oder der Platz sich im Freien befindet.

Komme dort an und richte dich so ein, dass es dir gut geht. Sieh dich um. Achte auf deinen Atem. Und fange an, dich zu spüren. Dein Sein wahrzunehmen. Wie empfindest du dich? Was zeigt sich? Gibt es einen ersten Impuls? Kommen Gedanken? Oder Emotionen?

Versuche, einfach alles wahrzunehmen, ohne es zu bewerten oder verändern zu wollen. Mache das so lange, wie es für dich angenehm ist. Das können am Anfang auch nur ein paar Minuten sein.

## Den Körper begrüßen

**Diese Übung eignet sich besonders gut am Morgen. Ich mache sie gern bei geöffnetem Fenster. Zuerst sehe ich dabei nach draußen, begrüße den Tag und die Natur, die Pflanzen und Tiere. Dann starte ich mit der Übung.**

Stelle dich aufrecht hin mit hüftbreit geöffneten Beinen und lockeren Knien. Nimm zunächst ein paar tiefe Atemzüge und lass die frische Luft deine Sinne beleben und die Lebensgeister wecken.

Strecke dann deine Arme nach oben und mache dich ganz groß. Wenn du magst, kannst du auch auf die Zehenspitzen gehen.

Lass dann deinen Oberkörper langsam, Wirbel für Wirbel, nach unten gleiten bis zu deinem tiefsten Punkt. Achte dabei darauf, dein Becken nach vorn zu kippen, sodass dein Rücken rund ist. Wenn es möglich ist, kannst du die Beine strecken. Das dehnt die Rückenmuskulatur und die Faszien wie auch die Beinrückseite. Wiederhole den Vorgang dreimal.

Begib dich dann auf ein Bein und stelle dir vor, wie es tief verwurzelt ist. Wenn du Probleme mit dem Gleichgewicht hast, halte dich ruhig mit einer Hand irgendwo fest. Bewege beim anderen Bein erst die Zehen, dann das Fußgelenk auf und ab. Mache dann Kreise mit dem Fußgelenk in beide Richtungen. Bewege dann den Unterschenkel vor und zurück und als Nächstes das ganze Bein.

Bleibe dabei mit deiner Aufmerksamkeit immer bei dem Körperteil, der gerade dran ist. Du kannst ihn begrüßen, dich freuen, dass er da ist, und dich für die Dienste bedanken, die er täglich für dich leistet.

❁ Wiederhole den Vorgang mit dem anderen Bein.

❁ Stelle dich dann wieder hüftbreit hin und strecke die Arme nach vorn aus. Spreize die Finger beider Hände ein paarmal und kippe dann die Hände nach oben und unten. Mache als Nächstes Kreise mit den Händen in beide Richtungen. Bewege dann die Unterarme nach oben und unten. Nimm die Hände dann auf die Schultern und mache Kreise nach vorn und hinten.

❁ Stelle dich wieder aufrecht hin. Kippe dann das Becken nach rechts und links und nach vorn und hinten. Mache Kreise mit dem Becken in eine Richtung und in die andere.

❁ Zu guter Letzt ist der Kopf dran. Drehe ihn vorsichtig von links nach rechts. Kippe dann das Kinn nach unten und drehe den Kopf mit gekipptem Kinn nach links und rechts. Blicke dann wieder geradeaus und kippe den Kopf seitlich nach links und rechts. Gehe hier bitte äußerst behutsam vor, um deinen Nackenbereich zu schützen.

❁ Strecke dich zum Abschluss noch einmal nach oben aus und lass den Oberkörper nach unten fallen. So hast du deinen Körper einmal in Bewegung gebracht.

## Bodyscan

**Beim sogenannten Bodyscan wandern wir durch unseren Körper und richten unsere Aufmerksamkeit auf die verschiedenen Regionen. Es geht hier darum, einfach wahrzunehmen, ohne verändern zu wollen oder zu werten. Die Regionen mögen sich unterschiedlich anfühlen. An den einen spürst du mehr und an den anderen vielleicht weniger. Manchmal ist es eher angenehm und manchmal unangenehm. Idealerweise machst du die Übung im Liegen. Du kannst sie aber auch im Sitzen durchführen.**

❁ Richte dich für die Übung bequem an einem Platz ein, sodass du dich wohlfühlst und entspannen kannst. Wenn du ganz an deinem Platz angekommen bist, lenkst du deine Aufmerksamkeit auf deinen Atem. Atme langsam ein und aus.

Schließe die Augen. Stelle dir vor, wie du dein Körpergewicht immer mehr an die Erde abgibst. Geräusche werden von außen an dich herangetragen. Du nimmst sie wahr. Und lässt sie ziehen. Gedanken kommen und gehen, wie Wolken ziehen sie vorbei.

Spüre nun, wo du mit deinem Körper den Boden berührst. An den Fersen, Waden, Schenkeln, am Becken, Rücken, an den Schultern, Armen, Händen, am Nacken, am Kopf. Gibt es Stellen, an denen du keinen Kontakt zum Boden hast? Wie nimmst du sie wahr? Fühlt sich alles gleich an? Oder unterschiedlich? Kannst du bestimmte Körperteile besonders gut wahrnehmen? Gibt es Bereiche, die sich unangenehm anfühlen? Und solche, die sich gut anfühlen? Gibt es irgendwo Schmerzen? Oder Verspannung? Wo ist es warm? Und wo kalt?

Wandere dann mit deiner Aufmerksamkeit noch gezielter zu den einzelnen Körperteilen. Beginne beim rechten Fuß. Wie liegt er auf? Wie fühlt er sich an? Gehe dann weiter zum Unterschenkel. Oberschenkel. Ganzes rechtes Bein. Starte dann auf der anderen Seite mit dem linken Fuß, Ferse, Unterschenkel, Oberschenkel. Ganzes linkes Bein. Fühle dann dein Becken, die Hüftknochen, die inneren Organe. Gehe dann zum unteren Rücken. Prüfe immer wieder, wie sich die Bereiche anfühlen – angenehm oder unangenehm. Kalt oder warm. Oder ganz anders? Wandere die Wirbelsäule nach oben zu den Schulterblättern. Schultern. Brustkorb. Wie wird er durch den Atem bewegt? Fühlt er sich weit oder eng an? Gehe dann weiter zum rechten Arm. Oberarm. Ellenbogen. Hand. Finger. Und zum linken Arm. Oberarm. Ellenbogen. Hand. Finger. Fühlen sie sich gleich an? Oder unterschiedlich? Gehe dann zum Hals. Nacken. Kiefer. Fühlen sie sich verspannt an? Oder locker? Wie fühlt sich dein Gesicht an? Der Mund, die Nase, die Augen?

Lass um deine Augen ein inneres Lächeln entstehen.

Richte zum Abschluss noch einmal deine Aufmerksamkeit auf deinen ganzen Körper von oben bis unten. Der Atem kommt und geht. Was bemerkst du? Fühlt sich etwas anders an als zuvor?

Komme dann ganz langsam wieder zurück mit deiner Aufmerksamkeit und öffne die Augen. Spüre ein wenig nach, bevor du dich aufrichtest.

### Meditation mit Sinneswahrnehmungen

**Setze dich auf deinen Meditationsplatz oder einfach einen Platz, an dem du dich wohlfühlst. Nimm eine aufrechte Haltung ein. Entweder sitzt du gerade auf einem Stuhl, mit den Beinen auf dem Boden, oder du benutzt ein Meditationskissen.**

Komme an deinem Platz und bei dir an. Atme tief ein und aus. Schließe die Augen. Richte deine Aufmerksamkeit auf das Hören. Welche Geräusche nimmst du wahr? Dein eigenes Atmen? Wo kannst du es am meisten hören? Und wo noch? Und vielleicht gibt dein Körper auch noch andere Geräusche von sich. Ein Gluckern oder Rauschen? Welche Geräusche dringen von außen an dein Ohr? Vögel? Wind? Stimmen? Verkehr? Was noch?

Richte dann deine Aufmerksamkeit auf deinen Tastsinn. Was kannst du spüren? Bemerkst du, wo an deinem Körper Berührung stattfindet? An der Kleidung. An der Unterlage. Kannst du deinen eigenen Atem an der Nase oder im Rachenraum spüren? Gibt es noch weitere Berührungen? Vielleicht einen Luftzug von außen? Oder etwas anderes?

Richte dann deine Aufmerksamkeit auf deinen Geruchssinn. Bemerkst du einen Duft in der Luft? Ein Parfüm? Eine Kerze? Blumen?

Vielleicht kannst du ja sogar etwas schmecken?

Öffne abschließend ganz langsam deine Augen. Mache erst kleine Sehschlitze und blinzle ein wenig, sodass das Licht nur etappenweise an deine Augen dringt. Sieh dich dann um. Was kannst du sehen? Versuche, die Dinge einfach nur wahrzunehmen, ohne sie gleich zu benennen und zu bewerten. So wie ein Kind, das die Welt ganz neu entdeckt. Widme dich für einige Augenblicke deinem Sehsinn.

Komme dann mit der Aufmerksamkeit wieder zu deinem Atem, um die Übung abzuschließen.

### Emotionen wahrnehmen

**Setze dich an einen Platz, an dem du dich wohlfühlst. Nimm eine bequeme**

**Haltung ein. Um ganz aufmerksam zu bleiben, ist es von Vorteil, wenn du aufrecht sitzt.**

Richte deine Aufmerksamkeit auf deinen Atem und folge ihm für einige Atemzüge. Wenn du möchtest, kannst du die Augen schließen. Versuche, für einen Moment deinen Kopf leer zu machen, und prüfe, wie du dich in diesem neutralen Zustand fühlst. Denke dann an etwas Positives, zum Beispiel deinen letzten Urlaub, ein schönes Erlebnis, eine Feier, ein Treffen mit einer geliebten Person. Was fühlst du? Wo in deinem Körper nimmst du die Gefühle wahr? Versuche dabei, die Haltung eines inneren Beobachters einzunehmen, ohne dich von deinen Empfindungen vollkommen vereinnahmen zu lassen.

Denke dann an etwas Negatives, zum Beispiel eine unangenehme Situation, eine unsympathische Person oder etwas, das dir Angst gemacht hat. Was fühlst du jetzt und wo in deinem Körper nimmst du es wahr? Versuche auch hier, in der beobachtenden Position zu bleiben.

Wechsle zwischen diesen beiden Zuständen immer wieder hin und her. So trainierst du deine Wahrnehmung und Unterscheidungsfähigkeit zwischen angenehm und unangenehm.

## Energiefelder wahrnehmen

**In den vorherigen Übungen haben wir uns sehr viel mit unserer Selbstwahrnehmung auseinandergesetzt. Nun ist es an der Zeit, in Kontakt mit dem Außen zu gehen. Genau wie wir Menschen haben auch Pflanzen ein Energiefeld. Dieses können wir wahrnehmen, wenn wir uns achtsam annähern. Dies funktioniert besonders gut über unsere Hände, da wir dort recht empfindsam sind.**

Suche dir einen Baum, der dir gut gefällt. Er sollte an einem Ort stehen, an dem du möglichst ungestört bist. Nähere dich langsam an und prüfe, ob der Baum auch sicher sein Einverständnis gibt. Dies kann ein Rascheln in den Zweigen sein, ein angenehmes Kribbeln im Bauch oder Ähnliches. Wenn du eher ein unangenehmes Gefühl hast, suche dir einen anderen Baum. Wenn der Baum dir auf seine Art seine Erlaubnis gegeben hat, dich anzunähern, beginne, sein Energiefeld wahrzunehmen.

- Du kannst dich mit ausgestreckten Armen annähern und prüfen, ob du das Energiefeld über die Hände erspüren kannst. Eventuell fühlst du ein Kribbeln in den Fingerspitzen oder ein magnetisches Ziehen in den Handflächen oder eine Wärme. Schau, was sich zeigt, und nähere dich behutsam an.
- Sobald du das Energiefeld spürst, kannst du es ein wenig untersuchen. Du kannst schauen, ob es sich überall gleich anfühlt und wie weit es geht. Vielleicht kannst du ja auch wahrnehmen, wie weit dein eigenes Energiefeld geht und wo es sich mit dem des Baumes überschneidet. Wo ist die Grenze? Und vielleicht kommt dir noch eine andere Idee, was du erforschen könntest. Sei kreativ.
- Mache diese Übung, solange es sich stimmig anfühlt für dich. Bedanke dich zum Abschluss bei dem Baum, dass er sich dir geöffnet hat. Wenn du möchtest, kannst du noch ein kleines Geschenk dort ablegen, zum Beispiel ein paar Nüsse, einen schönen Stein oder etwas Wasser.

# Ziele und Absichten

Nun kannst du dir überlegen, welche Ziele und Absichten du eigentlich mit der Suche nach deinem magischen Platz verfolgst. Eventuell willst du einfach nur entspannen, vom Alltag abschalten, die Seele baumeln lassen und neue Kraft tanken. Dann ist das dein Ziel, deine Absicht. Gerade wenn wir von den Herausforderungen des Lebens, dem beruflichen oder familiären Alltag so in Beschlag genommen sind, dass unsere Zeit sehr streng getaktet ist, ist kaum noch Raum für andere Dinge. Oft sind wir dann froh, wenn wir einfach nur zehn Minuten zum Durchatmen haben. Genau dann ist es hilfreich, deinen magischen Platz aufzusuchen, denn dort kannst du diese zehn Minuten für dich so optimal nutzen, dass du wieder neue Kraft tankst und gestärkt weitermachen kannst. Wenn du etwas mehr Zeit hast, kannst du deinen Aufenthalt an deinem Kraftort auch kreativ gestalten. Dies unterstützt uns dabei, einmal den Verstand auszuschalten und die Gedanken loszulassen. Kreativität regt unsere rechte Gehirnhälfte an, unser übergeordnetes Denken. In unserem Alltag beanspruchen wir hingegen eher unsere linke Gehirnhälfte – also das logische Denken – übermäßig. So stellen wir wieder ein gesundes Gleichgewicht zwischen den beiden Seiten her.

Und dann besteht da noch die Möglichkeit, dass du etwas mehr willst; dass du ein Interesse daran hast, dich weiterzuentwickeln und etwas zu verändern, dass du dich mit dir selbst und deinem Leben auseinandersetzen willst. Dabei muss das eine ja das andere nicht ausschließen. Mal kann das eine für dich passend sein und mal das andere – je nachdem, in welcher Situation du dich gerade befindest. Suche dir einfach das heraus, was sich für dich gerade stimmig anfühlt.

Wenn du entschleunigen möchtest, sind häufig schon der bloße Aufenthalt an deinem magischen Platz und ein paar Wahrnehmungsübungen zielführend. Durch die kreativen Übungen tauchst du einfach noch ein bisschen tiefer in das Flow-Gefühl und die Entspannung ein. Während die Rituale an sich ja schon an ein gewisses Thema gebunden sind.

Der persönlichen Weiterentwicklung widme ich mich sehr ausführlich im Hauptteil des Buches – der Kraftort als Coach. Denn die Aufenthalte in der Natur und an unseren magischen Plätzen in ihr bieten uns dafür so viele Möglichkeiten. Dabei habe ich stets einen Leitsatz von Klaus Wienert im Kopf, dem Lehrer meiner Kinesiologie- und Coachinglehrgänge: »24 Stunden am Tag verbringst du mit einer Person, und das bist du selbst. Sollten wir diese Zeit nicht so gut und erfüllt wie möglich gestalten?«

Bei deiner persönlichen Weiterentwicklung geht es um das, was dich ausmacht – auf beruflicher, familiärer, partnerschaftlicher, körperlicher Ebene. Was entspricht deinem Seelenziel? Welches ist dein wichtigstes Anliegen? Was möchtest du in deinem Leben verändern? Wie möchtest du dein Leben in Zukunft gestalten? Womit verbringst du deine wertvolle Zeit? Welches sind deine Leidenschaften? Deine Potenziale und Talente? Was entspricht deiner wahren Natur? Wie sieht dein soziales Umfeld aus? Kannst du dort so sein, wie du bist? Fühlst du dich in deinem wahren Kern gesehen und anerkannt? Vielleicht möchtest du dein Leben in eine neue Richtung lenken, deine wahren Bedürfnisse erforschen und erkennen, wer du bist. Oder du möchtest mehr Klarheit in deine Beziehungen bringen, dich von einer Abhängigkeit lösen, eine Trennung bekräftigen und alte Verletzungen transformieren. Es könnte ebenso deine Absicht sein, Informationen zu einer Entscheidung sammeln zu wollen und so den nächsten Schritt zu erkennen sowie deinen weiteren Weg besser zu verstehen. Eventuell geht es dir aber mehr darum, Freude im Leben zu spüren, deine Erfolge zu feiern und neue Ideen zu finden.

Themen gibt es genug. Bei alldem ist es wichtig, in der Selbstverantwortung zu bleiben. Der Kraftort kann uns nur die Antworten liefern, die wir auch zulassen. Je mehr wir uns über unsere Bedürfnisse im Klaren sind, desto gezielter können wir den für uns passenden Kraftort auswählen. Die Natur hält viele verschiedene Landschaftsformen für uns bereit, und du kannst dir die für dich passende dann entsprechend aussuchen. Und vielleicht findest du dort genau die Antworten auf deine Fragen oder die Begebenheiten, um deinem Thema auf die Spur zu kommen, mehr über die Hintergründe oder Verstrickungen zu erfahren und eine gute Lösung zu finden. Dabei bedeutet, in der Selbstverantwortung zu bleiben, manchmal auch zu erkennen, dass ich an einem Punkt angelangt bin, an dem ich allein nicht mehr weiterkomme und es nun an der Zeit ist, sich Hilfe und Unterstützung von außen zu holen. Denn diese Arbeit kann uns auch in Kontakt bringen mit unseren Widerständen und Blockaden, mit unseren Schmerzen und Leiden, mit unseren Mustern und Glaubenssätzen. Kraftorte können uns helfen, uns diese ins Bewusstsein zu holen. Wichtig ist, dass wir innerlich darauf vorbereitet sind.

Mache dir im Vorfeld also ein paar Gedanken zu deinen Zielen und Absichten. Du kannst dich fragen, in welcher Verfassung du dich gerade befindest. Was du brauchst. Welche Erwartungen und Bedürfnisse du hast. Vielleicht beschäftigt dich ein spezielles Thema, bei dem du dir mehr Klarheit erhoffst. Oder du hast Fragen, die du dem Kraftort stellen möchtest? Was wünschst du dir? Was kann der Kraftort erfüllen? Und welche Verantwortung und Rolle hast du dabei?

Wenn du möchtest, kannst du dein Ziel oder deine Absicht in einem Satz formulieren. Dieser sollte dann möglichst präzise und im Präsens gehalten sein, mit dir als aktivem Part und mit einem Vorhaben, das für dich auch wirklich erreichbar ist. Wenn es dir um Entschleunigung geht, könnte der Satz zum Beispiel lauten: »Ich entspanne und tanke neue Kraft.« Und wenn es um eine Entscheidung geht: »Ich erhalte das notwendige Wissen, um meine Entscheidung zu treffen.«

Natürlich wirken Kraftorte auch, wenn wir sie spontan besuchen, ohne unsere Absicht vorher preiszugeben. Doch wenn wir uns über unser Ziel und unsere Erwartungen klar werden, können sie stärker, fokussierter wirken. Sie können uns Lösungen zeigen für unsere Lebenssituationen, uns neue Kraft und frischen Mut geben. Lass dich überraschen, was die Begegnung mit deinem Ort für dich bereithält. Du wirst sicherlich die ein oder andere Antwort finden.

## Praktische Vorbereitung

An erster Stelle ist es wichtig zu sehen, wo man hingeht. Für den Besuch des eigenen Gartens oder Balkons ist keine allzu große Vorbereitung notwendig. Für den Ausflug zu einem Ort im Grünen schon mehr. Du solltest dir also folgende Fragen stellen: Wo gehe ich hin? Was mache ich dort? Was nehme ich mit? Wichtig ist beim Besuch von Kraftorten auf jeden Fall, die Natur zu respektieren und ihr achtsam zu begegnen. Ausgewiesene Landschaftsschutzgebiete heißen so, weil die Natur Schutz vor uns Menschen benötigt und die Tiere und Pflanzen dort in Ruhe gelassen werden sollen. Dort haben wir nichts zu suchen, so schön es manchmal wäre, diese unberührte Natur anzusehen. Sie ist unberührt, gerade weil wir nicht dort sind. Aber auch sonst ist es wichtig, einen achtsamen und respektvollen Umgang zu pflegen. Reiße keine Pflanzen einfach aus und verlass vorgezeichnete Wege nicht. Oft können wir nicht genau absehen, welchen Schaden wir anrichten, wenn wir uns irgendwo querfeldein bewegen. Die Auswirkungen sind uns manchmal nicht bewusst.

Für den Ausflug in unbekanntes Terrain ist es außerdem ratsam, eine Karte in Papierform oder als App mitzunehmen, um sich nicht zu verirren. Und natürlich sollte für dein körperliches Wohl gesorgt sein in Form von Nahrung und Schutz, also ordentliches Schuhwerk, wetterfeste Kleidung, Sonnenschutz, ausreichend zu trinken und zu essen. Gibt es Einkehrmöglichkeiten auf dem Weg, oder sollte man sich ausreichend Brotzeit einpacken?

Wenn du an deinem magischen Platz Übungen durchführen möchtest oder ein Ritual, solltest du hierfür die entsprechende Ausrüstung mitnehmen. Wenn du spontan sein möchtest, nimm einfach alles mit, was infrage kommen könnte. In der Checkliste findest du eine gute Grundausstattung. Wichtig ist auch hier, alles wieder mitzunehmen und nichts in der Natur zurückzulassen.

# Checkliste für innen und außen

**Auf die Selbst-Wahrnehmung kommt es an**

- Achtsam handeln
- Langsam fortbewegen
- Innehalten
- Den Körper spüren
- In Schwingung gehen
- Was fühlt sich gut an? Was brauche ich?
- Welche Ziele und Absichten habe ich?

**Draußen unterwegs**

- Karte der Gegend und ein Kompass
- Bequeme Outdoor-Schuhe, ggf. wasserdicht
- Geeignete, wetterfeste Kleidung
- Zecken- und Mückenschutz
- Sonnenschutz
- Ausreichend Wasser
- Brotzeit, Müsliriegel, Nüsse
- Material für Übungen
- Schreibutensilien
- Dankesgabe für Natur
- Sitzkissen oder Decke
- Pflaster, Verbandsmaterial
- Taschenmesser
- Sammelbeutel

# Dem Kraftort begegnen

Nun bist du also bestens vorbereitet, um deinen magischen Platz zu finden. Auf welche Art und Weise kannst du ihm begegnen? Um wirklich gut in deiner Selbstwahrnehmung zu bleiben, ist es von Vorteil, wenn du allein und zu Fuß unterwegs bist. Meistens können wir uns am besten auf den Ort einlassen, wenn wir bereits den Weg dorthin oder zumindest ein gutes Stück erwandern. Dies hilft uns, erst mal bei uns selbst anzukommen. Zu viel Ablenkung im Außen entfernt uns von unserer inneren Anbindung.

Bevor du losmarschierst, kannst du mit den Übungen zur Aktivierung des Energieflusses noch einmal deine Körperwahrnehmung stimulieren und so sicherstellen, dass Körper, Geist und Seele in einer guten Balance sind und du »angeschaltet« bist. Dadurch wird deine Aufmerksamkeit wach und klar, und du bist im Hier und Jetzt verankert. Dann kannst du dich mit der höheren Macht, an die du glaubst – sei es Gott, das Universum, Engel, geistige Helfer – verbinden und um eine gute Führung und Schutz bitten. Zusätzlich kannst du einen schützenden Gegenstand mitnehmen – einen Stein oder ein Amulett.

Vergiss dann alles Wissen über Kraftorte. Du hast es sowieso in deinem Gehirn irgendwo abgespeichert. Mache dich außerdem frei von Erwartungen oder Vorstellungen, wie dein Platz aussehen soll, und lass dich überraschen, wohin deine Füße dich tragen. Manches zeigt sich erst beim zweiten oder dritten Hinsehen. Deshalb lass dir Zeit. Gehe am besten nicht zu schnell. Setze bewusst einen Fuß vor den anderen und spüre in dich hinein. Wie fühlst du dich? Gut oder schlecht? Verändert sich das Gefühl im Verlauf deines Wegs? Gibt es etwas, was dich magisch anzieht? Worauf fällt dein Blick? Gib diesem Gefühl nach und sieh hin, was sich dort verbirgt.

Unser Körper ist unser Wahrnehmungsinstrument an Kraftorten. Wir nehmen ständig mit unserem Körper wahr. Selbst wenn wir uns dessen nicht immer bewusst sind. So kommunizieren wir auch ständig mit den Energien des Ortes, an dem wir uns befinden. Je bewusster wir uns selbst werden, desto besser können wir unsere persönlichen Möglichkeiten ausschöpfen, mit dem Ort in Austausch zu kommen. Die Wahrnehmungsübungen zur Kontaktaufnahme mit der Natur unterstützen dich dabei. Durch sie kannst du dein Umfeld sehr achtsam erkunden, indem du deine Schritte ganz bewusst setzt und dabei die Aufmerksamkeit auf deinen Atem richtest. Dann spielst du mit dem Fokus, indem du im Wechsel auf dich und auf die Geräusche und Dinge um dich herum achtest. So setzt du deine Selbstwahrnehmung in Bezug zu deiner Umgebung.

Folgendes ermöglicht dir, darauf zu achten, wie dein Körper reagiert: Wie fühlt sich dein Atem an, dein Herzschlag, ist dir kalt oder warm? Was machst du, wenn du einem Platz näherkommst, der dir gefällt. Wirst du langsamer oder schneller? Welche Plätze rufen besondere Körpergefühle in dir hervor? Herzklopfen, Schwitzen, Druck auf der Brust oder eher Weite, Kloß im Hals, Fluchtreflex oder Ähnliches? Welche Gefühle hast du? Welche Gedanken? Welcher Platz nährt dich? Wo fühlst du dich heiler? Manchmal sind es versehrte Plätze, die uns rufen – ein Steinbruch, ein verletzter Baum. Das sagt auch etwas über uns aus.

Irgendwann kommt der Moment, und du fühlst dich magisch angezogen von einem Platz. Halte dann einen Moment inne, bevor du dich dem Ort weiter näherst. Gehe nun noch einmal ganz gezielt in die Stille und löse dich von deinen Gedanken, lass den Alltag draußen und öffne dich für den Ort. Dann begrüße den Ort und nimm Kontakt mit ihm auf. Schaue, wie er auf dich wirkt und was er so alles für dich bereithält. Nähere dich ganz behutsam. Vielleicht entdeckst du ein Eingangstor oder eine Schwelle. Du kannst auch selbst einen solchen Übergang gestalten, indem du einen Stock hinlegst oder einen Strich ziehst.

Bevor du sie übertrittst, prüfe, ob du willkommen bist. Verweile einen Moment und gib darauf acht, welche Zeichen die Natur dir schickt. Das kann ein Geräusch sein, ein Windstoß oder ein Lichteinfall. Vielleicht taucht auch ein Tier auf. Manchmal ist es nicht der richtige Eingang. Dann ist es ratsam, sich einen anderen zu suchen. Wenn du die Erlaubnis hast, den Kraftort zu besuchen, halte noch einmal inne und spüre in dich hinein. Was empfindest du? Was taucht auf? Bilder, Emotionen? Blicke noch mal auf dein Ziel, deine Erwartungen. Streife noch einmal all das ab, was hinderlich ist für den Besuch. Das hilft dir, Abstand zu gewinnen zu der Welt da draußen und dich wirklich ganz auf den Ort einzulassen. Lass alles, was hinderlich ist, in die Erde fließen, oder übergib es einem Gewässer (je nachdem, was in deiner Nähe ist). Dann kannst du die Schutzwesen anrufen, dass sie dich begleiten sollen.

Bei der Begegnung mit dem Kraftort ist es wichtig, sich in den Platz hineinzufühlen und sich dabei mit den unterschiedlichen dort vorhandenen Ebenen auszutauschen. Diese Ebenen gehen in Kommunikation mit uns, sie haben eine Auswirkung auf uns und können unsere Sichtweise für Zusammenhänge und Beziehungen erweitern. Orte haben eine Energie, in gewisser Art und Weise eine Seele. Mit dieser gilt es, Kontakt aufzunehmen, um Erlaubnis zu bitten, diesen Ort betreten zu dürfen. Nur dann kann uns der Ort den Dienst erweisen, den wir uns wünschen. Es geht hier auch um Geben und Nehmen. Wir bekommen etwas von dem Ort, wir dürfen in seine Energie eintauchen. Und hinterlassen etwas von uns an ihm – unsere Energie, indem wir in Schwingung gehen, und eventuell eine kleine Gabe – ein Schluck Wasser, ein paar Nüsse, ein Lied oder einfach eine Umarmung, so wie in der Einleitung erwähnt.

Achte nun darauf, was dir der Ort zeigt. Was fällt dir ins Auge? Sind es bestimmte Formen oder Farben? Gibt es eine Stelle, an der du dich in Ruhe niederlassen möchtest? Gehe immer wieder nach innen und prüfe, wie der Ort auf dich wirkt. Ist er beruhigend oder anregend? Gibt es Gedanken, die immer wieder auftauchen? Was wollen sie dir sagen? Wie verhält es sich mit deinem Zugang zu deinem inneren Wissen, zu deiner Intuition? Welche Gefühle kommen hoch? Was sagen sie über dich aus? Welche Bereiche vermeide ich? Wo fühle ich mich wohl? Was fällt mir als Erstes auf? Gibt es Motive, Bilder, die immer wieder auftauchen? Welche Körperbereiche nehme ich wahr? Gibt es Gerüche, die vorrangig sind? Und was bewirken sie in mir? Gibt es Stellen, an denen ich innerliche Wärme oder Kälte spüre?

Schaue einfach, was kommt, ganz im Hier und Jetzt. Ohne die Dinge zu werten oder »weghaben« zu wollen. Wenn negative Gedanken und Gefühle auftauchen, gib ihnen Raum, nimm sie an und lass sie erst mal sein. Sie gehören zu uns dazu. Bleibe in Kontakt mit deiner inneren, intuitiven Wahrnehmung und spüre, was dir guttut und was nicht. Vertraue deinem eigenen Gefühl.

Kraftorte können uns auch in Kontakt bringen mit unseren Widerständen und Blockaden, mit unseren Schmerzen und Leiden, mit unseren Mustern und Glaubenssätzen. Sie können uns helfen, uns diese ins Bewusstsein zu holen. Wichtig ist, dass wir innerlich darauf vorbereitet sind, dass sie auftauchen können. Wenn wir sie dann anerkennen und durch unseren inneren Beobachter beschreiben, verlieren sie ihre Übermacht, und wir können sie aus einer gewissen Distanz heraus betrachten. Dies hilft uns dabei zu erkennen, dass es sich lediglich um eine Erinnerung handelt und es gar keinen Grund gibt, uns von ihr überwältigen zu lassen, denn in der Gegenwart befinden wir uns an einem sicheren Ort.

Und vielleicht öffnet sich dein Platz immer weiter, je länger du mit ihm in Kontakt kommst. Und du entwickelst einen Sinn dafür, was sonst noch so da ist. Eventuell fühlt es sich so an, als ob außer dir noch jemand da wäre. Vielleicht ist es ein Tier? Oder ein Naturwesen? Oder dir fallen bestimmte Formen oder Düfte auf. Lass dich überraschen!

Du kannst dem Ort auch etwas über dich erzählen, um dann Antworten zu erhalten. Kraftorte sprechen in Bildern, Zeichen, Gedanken, Empfindungen, Tönen, Düften, Formen und Farben. Sie gilt es, in unsere Sprache zu übersetzen. Im Verlauf des Buches erhältst du noch viele weitere Tipps, wie bestimmte Landschaftsformen dir helfen können, Themen zu bearbeiten. Und du bekommst Übersichten über die Bedeutung der Himmelsrichtungen sowie der Botschaften von Bäumen, Pflanzen und Tieren.

Wenn du dann deinen Lieblingsort oder mehrere davon gefunden hast und du sie immer wieder aufsuchst, kannst du dabei zusehen, wie er sich zu den unterschiedlichen Tageszeiten verhält und wie er sich im Laufe des Jahres verändert. Und auch dazu kannst du wieder Rückschlüsse auf dich selbst ziehen. Denn unsere Bedürfnisse verändern sich mit dem Kreislauf des Jahres. Du kannst schauen, wo welche Himmelsrichtungen liegen und was du wo wahrnimmst. Oder welche Wirkung die Witterungsbedingungen und das Wetter haben. Wie sieht es dort aus, wenn es regnet, wenn es neblig ist und wie, wenn die Sonne scheint oder wenn Schnee liegt? Und du kannst dich mit der Geschichte des Ortes auseinandersetzen. Welche Bedeutung hat sein Name? Wie hat er sich entwickelt? Was hat an dem Ort stattgefunden? Welche Personen haben dort schon gelebt? Gibt es Stellen, die vollkommen unzugänglich sind? Was wird dort wohl geschützt? Je öfter wir an einem Platz sind, desto besser lernen wir ihn kennen und lesen. Deshalb können auch Orte aus unserer Kindheit, zu denen wir einen besonderen Bezug haben, gute Kraftplätze sein.

# Übungen

## Kontaktaufnahme mit der Natur

### Meditatives Gehen

**Suche dir eine Strecke, die du idealerweise schon ein wenig kennst. Halte für die Übung einen Moment inne und nimm ein paar tiefe Atemzüge.**

- Fange dann an, ganz bewusst einen Fuß vor den anderen zu setzen. Nimm dabei wahr, wie deine Füße abrollen, wie sich deine Beine und Arme im Rhythmus deines Gehens bewegen. Achte auf deinen Atem. Tauche voll und ganz in das Gehen ein und verweile im Hier und Jetzt. Begrüße deine Gedanken und lass sie freundlich weiterziehen, ohne an ihnen festzuhalten. Wenn du dich in ihnen verlierst und es bemerkst, freue dich, dass du es wahrgenommen hast und komme einfach wieder zurück auf deinen Atem.
- Um dich besser auf deinen Atem konzentrieren zu können, kannst du ihn mit deinen Schritten zählen, z.B. vier Schritte einatmen, sechs Schritte ausatmen.
- Irgendwann kommt der Moment, in dem du wirklich im Hier und Jetzt ankommst. Manchmal ist es nur für ein paar Sekunden. Aber die Abschnitte werden immer öfter und länger. Dann tauchst du voll und ganz ein in das Wunder der Natur.

### Lauschen

**Suche dir einen Ort, an dem du dich wohlfühlst und ungestört bist.**

- Stelle dich bequem hin und achte zunächst auf deinen Atem, um ganz bei dir anzukommen.
- Sieh dann geradeaus und lass deinen Blick unscharf werden. Konzentriere dich auf das, was du hören kannst. Lausche aufmerksam, welche Geräusche an dein Ohr dringen. Welche davon stammen von dir selbst und welche von außen? Welche sind nah und welche eher fern? Was ist sehr präsent und was eher unauffällig? Wie reagierst du auf die Geräusche? Welche findest du angenehm und welche eher nicht?
- Bewege deinen Kopf von oben nach unten. Verändern sich dabei die Geräusche?

- Drehe dann den Kopf von links nach rechts und prüfe, ob sich etwas verändert.
- Drehe dich dann um ein Viertel nach rechts und mache dort die gleiche Übung.
- Drehe dich so lange weiter, bis du wieder am Ausgangspunkt angekommen bist.

### Den Fokus verändern

**Diese Übung spielt mit unserem Sehsinn, also dem Sinn, der von den meisten unter uns am häufigsten und intensivsten beansprucht wird. Sobald wir ihn benutzen, treten die anderen Sinne oft in den Hintergrund. Dabei nehmen wir ihn kaum bewusst wahr. Diese Übung lädt dazu ein, einmal ganz bewusst mit ihm zu spielen. Suche dir dafür einen Platz in der Natur, der möglichst vielfältig ist.**

- Stelle dich bequem hin und lass den Platz auf dich wirken.
- Schließe dann die Augen für einen Moment und richte deine Aufmerksamkeit auf den Atem.
- Öffne dann die Augen wieder und schaue, was dir als Erstes in den Blick fällt. Begutachte diesen Gegenstand nun ausgiebig, indem du ihn aus unterschiedlichen Distanzen betrachtest. Du kannst ganz nah rangehen – also zoomen – oder etwas weiter weggehen – also die Weitwinkelperspektive einnehmen. Welche Details nimmst du wahr?
- Du kannst auch mit deinen Händen einen kleinen Ausschnitt formen und dadurch bestimmte Details noch stärker hervorheben.
- Wenn du den einen Gegenstand ausreichend betrachtet hast, kannst du dich drehen, wieder die Augen schließen und schauen, was dir dann in den Blick fällt. Mache die Übung, solange es dir Spaß macht.

# Erste Annäherung. Gestaltungsmöglichkeiten für Entschleunigung und Kreativität

Haben wir nun unseren magischen Platz gefunden, an dem wir uns aufhalten möchten, ist die Bandbreite an Möglichkeiten, diesen Aufenthalt zu gestalten, sehr groß. Später im Buch geht es darum, den Kraftort auch als Coach für die eigene Weiterentwicklung zu nutzen. Manchmal wollen wir aber einfach nur zur Ruhe kommen, abschalten vom Alltag und uns entspannen. Nähern wir uns also langsam an. In diesem Kapitel erhältst du einige Ideen und Vorschläge zur Entschleunigung, um deiner Kreativität freien Lauf zu lassen oder ein kleines Ritual zu gestalten. Bitte denke dabei noch mal daran, achtsam und respektvoll mit der Natur umzugehen.

# Wahrnehmen mit allen Sinnen

Um sich ganz und gar der Energie von Orten zu öffnen, ist es von Vorteil, all seine Sinne einzusetzen. Was kann ich mit ihnen wahrnehmen? Was kann ich spüren, sehen, hören, riechen oder fühlen? Welcher Sinn ist besonders ausgeprägt? Auch für das Finden des richtigen Ortes haben wir bereits Wahrnehmungsübungen gemacht. Dabei ging es darum, den eigenen Körper zu spüren und dadurch ein besseres Gefühl für die Umgebung zu erhalten. Nun richten wir ein besonderes Augenmerk auf unsere fünf unterschiedlichen Sinneswahrnehmungen. Denken wir einmal an Kinder und wie sie ihre Welt entdecken. Sie tauchen ganz in den Moment ein und nehmen mit allen Sinnen wahr. In unserer Erwachsenenwelt ist das Sehen besonders ausgeprägt. Oft ist es sogar so, dass nur die Dinge für uns wirklich existieren, die wir auch sehen können. Auch das Gehör ist sehr präsent. Gerade auch, weil wir permanent von Geräuschkulissen umgeben sind. Richtige Stille erfahren wir selten, und oft wirkt sie regelrecht unheimlich auf uns, wenn sie einmal da ist. Kinder möchten noch ein möglichst umfassendes Bild von ihrer Welt erhalten. Bei ihnen sind der Tast-, Geruchs- und Geschmackssinn noch viel stärker ausgeprägt. Bereits in der achten Schwangerschaftswoche entwickelt sich der Tastsinn. Das Baby spürt die Bewegungen der Mutter – eingebettet in die Fruchtblase. Es merkt, ob die Mutter über den Bauch streichelt, den Körper sanft wiegt oder vielleicht schnell läuft. Auch für uns Erwachsene ist der Tastsinn neben dem Sehen und Hören die wichtigste Wahrnehmungsart. Unser Tastsinn ist, genau wie das Gehör, immer im Einsatz. Nur merken wir es meistens nicht bewusst. Wir spüren den Stoff unserer Kleidung auf unserer Haut oder den Wind im Gesicht. Unsere Haut ist unser größtes Sinnesorgan – bei einem Erwachsenen umfasst sie eine Fläche von zwei Quadratmetern. Über den Tastsinn nehmen wir nicht nur unsere Außenwelt wahr, sondern wir spüren auch uns selbst. Deshalb ist Berührung äußerst wichtig für unser seelisches Gleichgewicht, vor allem natürlich die Berührung mit anderen Menschen.

Kinder setzen ihren Tastsinn noch sehr viel ein bei der Entdeckung der Welt. Sie berühren alles und stecken sich vieles auch gern in den Mund, ist doch unsere Zunge eines unserer empfindlichsten Tastorgane. Kinder sind also noch offen für alle Möglichkeiten und einfach nur neugierig auf das, was sich zeigt, ohne es gleich zu bewerten.

Genau diese Herangehensweise hilft uns ebenfalls bei der Kontaktaufnahme mit unserem Platz. Lassen wir also unserem inneren Kind freien Lauf und ertasten die Umgebung mit den Händen, ziehen unsere Schuhe aus und erkunden die Bodenbeschaffenheit mit unseren bloßen Füßen, planschen im Bach oder klettern auf einen Baum. Wir können unsere Augen schließen und den Geräuschen zuhören. Und wir können die verschiedensten Gerüche einatmen. Über unseren Geruchssinn nehmen wir übrigens auch wahr, was wir als gut oder schlecht empfinden – angefangen bei guter oder verdorbener Nahrung. Wir merken so auch, ob eine andere Person, ein möglicher Partner, zu uns passt oder nicht, ob wir den anderen »gut riechen können«. Pro Minute nehmen wir zwölf bis fünfzehn Düfte ganz unbewusst wahr. Hier haben wir nun die Gelegenheit auszuprobieren, wie viele davon wir bewusst unterscheiden können. Unseren Geschmackssinn sollten wir in der Natur mit Vorsicht zum Einsatz bringen. Natürlich können wir Blätter von Bäumen, Früchte oder ein paar Kräuter pflücken und probieren. Aber nur, wenn wir uns vollkommen sicher sind, dass sie bekömmlich sind. Schließlich gibt es auch jede Menge Pflanzen, die sich gut zu schützen wissen und ziemlich giftig sind.

# Schärfung der Sinneswahrnehmung

## Deinen Platz mit allen Sinnen erkunden

**Diese Übung lädt dich dazu ein, deinen Platz mit all deinen Sinnen zu erkunden. Du kannst sie im Stehen oder Sitzen machen, je nachdem, wie weiträumig du dein persönliches Erlebnis gestalten möchtest.**

- Schließe einen Moment die Augen und lausche. Welche Geräusche nimmst du wahr? Hier geht es nun vor allem um das, was von außen an dein Ohr dringt. Ein Rascheln? Ein Vogelgezwitscher? Ein Kratzen? Ein Plätschern? Ein Rauschen? Auch das Wetter können wir häufig hören – den Wind oder Regen?
- Schaue dann, was du riechen kannst. Den Duft der Erde? Oder der Bäume? Laub? Zapfen? Welche Düfte gibt es um dich herum? Vielleicht kannst du den ein oder anderen schmecken?
- Öffne dann langsam wieder die Augen und lass den Blick schweifen. Versuche dabei, ganz offen zu bleiben wie ein Kind. Wir neigen dazu, den Dingen gleich einen Namen zu geben und sie zu bewerten. Versuche einmal, einfach nur wahrzunehmen, was du siehst. Welche Farben? Formen?
- Beginne dann, deine Umgebung zu ertasten. Berühre den Boden, die Pflanzen, die Bäume. Wie fühlt sich dein Umfeld an? Vielleicht kannst du die Sonne auf deiner Haut spüren oder den Wind? Du kannst natürlich auch deine Schuhe ausziehen und die Erkundungstour mit den Füßen fortsetzen. Schließe zwischendurch immer wieder die Augen, um dich voll und ganz auf das Tasten zu konzentrieren.

## Einen Gegenstand mit allen Sinnen wahrnehmen

**Du kannst die Erkundungstour deines Platzes auch nur mit einem einzelnen Gegenstand durchführen. Hier können wir unsere verschiedenen Sinne noch gezielter einsetzen.**

- Suche dir einen Gegenstand in der Natur. Das kann ein Baum oder Strauch sein, ein Stück Holz, eine Frucht, eine Blume. Sieh intuitiv hin, was dir ins Auge fällt und dich wie magisch anzieht. Betrachte den Gegenstand dann zunächst von allen Seiten. Welche Farben nimmst du wahr? Welche Formen? Ist der Gegenstand gleichmäßig geformt oder eher ungleichmäßig?

- Betaste den Gegenstand als Nächstes ausgiebig. Wie fühlt er sich an? Eher glatt oder rau? Schmeichelnd oder kratzig? Weich oder hart?
- Prüfe nun, ob du den Gegenstand hören kannst. Gibt er Geräusche von sich?
- Zuletzt kannst du den Gegenstand beschnuppern und schauen, welchen Geruch er hat.
- Sollte es sich um etwas Essbares handeln, kannst du natürlich auch deinen Geschmackssinn benutzen. Nimm hierzu den Gegenstand vorsichtig in den Mund und ertaste ihn mit der Zunge. Finde heraus, wie sich der Geschmack langsam entfaltet, je länger du ihn im Mund behältst. Fange dann erst an zu kauen. Vielleicht bemerkst du, wie sich der Geschmack verändert, je länger du kaust.

Tipp: Diese Übung können wir auch zu Hause (oder im Büro) mit einem Apfel, einer Traube, einer Rosine oder irgendetwas anderem Essbaren machen.

# Der Kreativität freien Lauf lassen

Unsere Kreativität wird meistens durch Nichtstun angeregt. Andererseits können uns kreative Übungen auch wieder stärker in unsere innere Mitte bringen und in Kontakt mit der Natur. Zum Beispiel können wir ganz bestimmte Dinge suchen. Indem wir unsere Aufmerksamkeit auf dieses konkrete Ziel richten, kommen wir ganz in dem Moment an. Oft haben wir dann auch das gewisse Flow-Gefühl. Hierbei können wir unterschiedlich vorgehen. Entweder suchen wir ganz bestimmte Dinge, wie Herbstlaub, Kastanien oder Ähnliches, und schmücken damit unser Zuhause oder legen ein schönes Mandala daraus. Oder wir versuchen einmal, Dinge mit unterschiedlichen Eigenschaften zu finden – etwas Weiches, etwas Leichtes, etwas Spitzes, etwas Rundes usw. Ergänzend könnten wir uns überlegen, welche davon *unsere* hervorstechendsten Eigenschaften sind und welches Naturmaterial dazu passt. Auch Musik ist eine kreative Gestaltungsmöglichkeit für den Aufenthalt am Kraftort. Eine Teilnehmerin meiner virtuellen Kraftreisen hat beispielsweise immer ihre Flöte mit an die Orte ihrer Wahl genommen und dort gespielt – sehr intuitiv und ohne feste Noten. Kleine Fingerzimbeln, Glöckchen oder Rasseln eignen sich ebenfalls gut zum Mitnehmen. Oder wir basteln unser Instrument selbst aus dem, was die Natur bereithält. Oder wie wäre es mit raschelndem Laub oder aneinanderschlagenden Hölzern als Klangkörper? Oder mit einem Lied, das wir vor uns hinträllern?

Ich habe die Erfahrung gemacht, dass sich die Natur über Musik freut. Es kann auch eine Art der Dankbarkeit sein, die wir der Natur gegenüber ausdrücken, dafür dass sie uns neue Kraft schenkt.

Schaue einfach, mit welchen der folgenden Übungen du deine Kreativität ausleben kannst. Und vielleicht gelingt es dir auch, in das gewisse Flow-Gefühl einzutauchen, das wir erleben, wenn wir voll und ganz aufgehen in dem, was wir gerade tun. Das macht diese Übung auch sehr meditativ und heilsam.

## Sammelspiel

Bei diesem Spiel kannst du deiner Sammelleidenschaft freien Lauf lassen oder sie neu entdecken. Du erkennst dabei, welche Vielfalt die Natur für uns bereithält und kannst Rückschlüsse ziehen, wie du diese Vielfalt auf dein Leben und dich selbst übertragen kannst.

Beginne, Dinge zu sammeln, die verschiedenen Eigenschaften zugeordnet werden können. Etwas Rundes, Glattes, Weiches, Flauschiges, Leichtes, Schweres, Spitzes, Kantiges. Dinge in verschiedenen Farben. Etwas, mit dem man Geräusche machen kann. Etwas Duftendes. Sei kreativ, was dir selbst noch alles einfällt. Wenn du möchtest, sortiere deine Sammelstücke nach ihren Eigenschaften und überlege, welche davon dir am besten gefällt. Was sagt das über dich aus? Welche dieser Eigenschaften gibt es auch in deinem Leben?

## Steinmännchen bauen

Diese Übung eignet sich besonders gut an einem Fluss- oder Seeufer, weil dort in der Regel viele flache Steine vorkommen. Vielleicht hast du aber auch einen anderen Platz, der für dich besser passt. Suche dir zunächst einige Steine, die dir als geeignet erscheinen und baue dann ein Steinmännchen aus ihnen. Ideal ist es, wenn die unteren Steine etwas größer sind und dann kleiner werden. Prüfe, wie viele Steine du aufeinanderlegen kannst, ohne dass dein Steinmännchen einstürzt. Wenn du fertig bist, kannst du dein Steinmännchen auch noch mit Zapfen, Blättern oder Ähnlichem verzieren. Oder du baust eine ganze Steinmännchen-Familie.

## Naturbild anfertigen

Überlege dir zunächst, welches Bild du mit Naturmaterialien anfertigen willst. Das kann ein Kopf sein, eine Form, zum Beispiel ein Herz, ein Mandala oder etwas ganz anderes. Du kannst dir ein Thema überlegen, zu dem du ein Bild anfertigen möchtest, wie zum Beispiel dein letzter Urlaub oder ein Traum, den du schon lange umsetzen möchtest. Deiner Kreativität sind dabei keine

Grenzen gesetzt. Manchmal kommt auch erst beim Sammeln die zündende Idee. Suche dann in der Natur, welche Materialien du finden kannst. Je nachdem, was dir angeboten wird, kannst du eventuell Rückschlüsse auf dein Thema ziehen. Gehe dann zu deinem Lieblingsplatz und schmücke ihn mit deinem Bild.

## Dein Lieblingsstück finden

Diese Übung ist nicht besonders anspruchsvoll und kann ganz einfach in einen Spaziergang eingebaut werden. Gerade wenn wir einmal nicht so viel Zeit haben, ist sie ideal. Denn du hältst auf dem Weg einfach die Augen offen und siehst hin, was du Schönes findest. Einen schönen Zapfen oder einen Stein. Es sollte etwas sein, das du mitnehmen kannst und das dich zu Hause immer wieder an die Natur erinnert. Du kannst dir auch überlegen, warum du ausgerechnet diesen Gegenstand ausgesucht hast. Vielleicht verbindest du ja eine schöne Erinnerung oder einen Gedanken damit. Gib ihm zu Hause einen schönen Platz.

## Naturrassel herstellen

Für deine Naturrassel brauchst du einen Zweig, bunte Bänder (zum Beispiel Wollreste), Samen, die du in der Natur sammeln kannst oder bereits zu Hause hast, und ausgehöhlte Nussschalen, am besten von Walnüssen. Gib die Samen dann in die Nussschalen, klebe sie zu und binde sie mit schönen bunten Bändern zusammen. Bevor du die Schalen zuklebst, kannst du kurz ausprobieren, ob die Samen in ihnen wirklich ein Rasselgeräusch erzeugen. Zum Abschluss befestigst du sie an deinem Stock. So hast du eine wunderbare Rassel, mit der du der Natur ein Lied vorspielen kannst.

# Rituale gestalten

Rituale helfen uns, mit uns und dem Ort in einen achtsamen Kontakt und Austausch zu kommen. Sie können wie ein Türöffner wirken. Sie sollten mit Hingabe und Achtsamkeit durchgeführt werden. Oft werden sie sehr ernsthaft gesehen. Doch eigentlich sind sie nichts anderes als eine achtsam durchgeführte Handlung. Auch viele Dinge, die wir im Alltag erledigen, sind Rituale – die Meditation am Morgen, das Zähneputzen am Abend oder das gemeinsame Essen mit Familie und Freunden. Wenn wir ein Ritual mit Bedacht ausführen, bietet es uns die Möglichkeit, den Moment zu würdigen und zu feiern. Wir können damit etwas Größerem Ausdruck verleihen. Rituale können uns dabei unterstützen, einen neuen Punkt in unserem Leben zu setzen, unsere Dankbarkeit zu zeigen, etwas zu verändern oder auch etwas loszulassen. Dabei muss ein Ritual nicht unbedingt lange dauern. Es kommt eher auf die innere Haltung an. Es sollte von Herzen kommen und genau nach unseren eigenen Bedürfnissen ablaufen, sodass es wirklich authentisch ist. Es ist wichtig, sich den Anfang und das Ende des Rituals bewusst zu machen und diese zu markieren. Wir können uns vorstellen, dass wir eine Schwelle übertreten oder auch einen Schutzkreis um uns ziehen. So grenzen wir uns von der Welt da draußen ab und treten in unseren Raum ein.

### Dankbarkeitsritual

**Du kannst diese Übung mit Naturmaterialien durchführen, die du vorher gesammelt hast, oder kleine Zettel benutzen, ganz wie du möchtest. Bereite zusätzlich eine oder mehrere Kerzen und etwas Räucherutensilien vor, wenn vorhanden.**

- Begib dich an deinen magischen Platz, den du für diese Übung ausgesucht hast. Richte dich an dem Platz ein und ziehe einen imaginären Schutzkreis um dich. Zünde dann die Kerzen an und halte deine Naturmaterialien oder die Zettel mit Stift bereit.
- Lass dich nun nieder und komme ganz zur Ruhe. Richte deine Aufmerksamkeit auf deinen Atem und verbinde dich mit dir, mit deinem wahren Sein.
- Lass nun eine gewisse Zeitspanne – die letzten Monate, das letzte Jahr, dein ganzes Leben – Revue passieren und überlege dir, wofür du dankbar bist. Das können große Geschenke sein, die das Leben für dich bereitgehalten hat. Das können aber auch Kleinigkeiten wie die tägliche Tasse Kaffee am Morgen sein.
- Nimm für jedes Detail ein Naturmaterial oder einen Zettel, den du beschriftest, und lege diesen vor dich hin. Fahre so lange fort, bis du die ganze Zeitspanne durchgegangen bist und dir nichts mehr einfällt. Halte dann inne und betrachte die Naturmaterialien oder Zettel vor dir. Verbinde dich dabei mit dem Gefühl der Dankbarkeit und lass es durch deinen Körper strömen – dein Körper ist vollkommen erfüllt von Dankbarkeit.
- Gib diesem Gefühl Raum, sodass es sogar über deinen Körper hinausgeht und du geradezu überfließt vor Dankbarkeit.
- Zünde dann die Räucherutensilien an. Sie sollen ein Symbol dafür sein, dass du etwas zurückgibst für die vielen Geschenke, die du erhalten hast. Wenn du in der Natur bist, kannst du auch noch ein paar Nüsse oder Saaten für die Tiere hinterlassen. Oder es fällt dir noch etwas anderes ein, das du gern zurückgeben möchtest. Lass deiner Kreativität ruhig freien Lauf.
- Genieße dann das Gefühl der Dankbarkeit und des Zurückgebens

noch für einen Moment, und atme den Duft der Räucherstäbchen dabei ein.

- Beende dann das Ritual, wenn es sich für dich stimmig anfühlt, indem du alles wieder aufräumst und den Schutzkreis auflöst. Die Naturmaterialien oder Zettel kannst du aufheben und dich täglich mit dem Gefühl der Dankbarkeit verbinden.

### Reinigungsritual mit vier Elementen

**Wenn wir beginnen, uns mit Energiefeldern und ihren Schwingungen auseinanderzusetzen, haben wir hin und wieder das Gefühl, dass wir uns energetisch einer Reinigung unterziehen sollten. So wie die regelmäßige Dusche ist es auch für unser Energiefeld wichtig, es immer wieder zu reinigen. Dazu ist dieses Ritual geeignet.**

- Lege dir eine kleine Schaufel oder etwas zum Graben, Räuchermaterial (idealerweise weißer Salbei oder Weihrauch) und eine Kerze bereit. Wenn du in der Natur Feuer machst, selbst wenn es nur eine Kerze ist, achte bitte darauf, dass um die Stelle herum keine Pflanzen wachsen und der Untergrund nicht brennbar ist. Wenn es an deinem Ort keine natürlichen Wasservorkommen gibt, halte auch eine Flasche oder einen Eimer mit Wasser bereit.
- Begib dich nun an deinen Platz und komme einen Moment zur Ruhe. Sieh dich dann um und suche ein Naturmaterial, das symbolisch für das steht, was du loslassen möchtest. Wenn du es gefunden hast, nimm es mit und richte dich an deinem Platz ein. Lege alle Dinge, die du vorbereitet hast, in Reichweite.
- Ziehe jetzt einen imaginären Schutzkreis um dich. Lass dich nieder und komme ganz bei dir an. Richte deine Aufmerksamkeit auf deinen Atem und verbinde dich mit dir, mit deinem wahren Sein. Bitte die Kraft der Elemente – Erde, Feuer, Luft und Wasser – um ihre Unterstützung bei der Transformation und Heilung deiner Themen.
- Nimm dann das Naturmaterial in die Hand und lass alles, was nicht zu dir gehört, dort hineinfließen. Schaue, welche Stellen in deinem Körper gereinigt werden wollen. Gehe dabei deinen ganzen Körper von den Zehenspitzen bis zum Scheitel nach und nach

durch. Gehe dann auch über in dein Energiefeld. Lass alles in den Gegenstand fließen.

- Wenn du das Gefühl hast, dass alle Stellen gereinigt sind, grabe ein kleines Loch in die Erde und übergib das Naturmaterial mit allem, was du loslassen möchtest, der Erde. Spüre noch einen Moment nach, welches neue Empfinden sich in dir einstellt und bedanke dich bei der Erde.
- Entzünde nun die Kerze und stelle sie vor dich hin. Setze dich aufrecht hin, richte deine Aufmerksamkeit auf deinen Atem und sieh in die Flamme. Stelle dir vor, wie die reinigende Kraft des Feuers durch dich hindurchströmt und alle Zellen in deinem Körper sowie dein Energiefeld durchstrahlt. Wenn du vollkommen erfüllt bist von der Kraft des Feuers, bedanke dich auch bei ihm.
- Zünde dann die Räucherstäbchen oder das Räucherwerk an. Zur Reinigung eignet sich besonders gut weißer Salbei oder Weihrauch. Hülle dich nun vollkommen ein mit dem Rauch, von den Fußsohlen bis zum Scheitel, und spüre, wie er die letzten Überreste der Energien, die nicht zu dir gehören, noch davonträgt. Verteile den Rauch auch um dich herum an deinem Platz. Lösche das Räucherwerk abschließend und bedanke dich beim Element Luft.
- Nun gehst du zum Wasser oder nimmst deinen Wasserbehälter und reinigst deine Hände, dein Gesicht und wenn du möchtest auch deine Füße oder andere Körperteile. Nimm die reinigende, Leben spendende Kraft des Wassers wahr und bedanke dich bei ihm für seine Wirkung.
- Komme nun wieder ganz bei dir und deinem Atem an. Stelle dir vor, wie ein Lichtstrahl von oben durch dich hindurchfließt und dich ganz und gar erfüllt mit reinem Licht. Vielleicht hat das Licht auch eine Farbe. Dieses Licht erreicht jede Zelle und jedes Teilchen in deinem Körper und deinem Energiefeld und erfüllt dich ganz und gar mit neuer, frischer Energie – deiner Energie.

Wenn es sich für dich stimmig und richtig anfühlt, beende das Ritual. Verneige dich vor den Elementen, bedanke dich noch einmal bei ihnen und bitte sie um ihren Segen. Verneige dich auch vor dem Platz und dir selbst und bedanke dich ebenfalls. Hebe den Schutzkreis auf und räume alle deine Sachen wieder zusammen. Hinterlasse den Platz so, wie du ihn vorgefunden hast.

Tipp: Wenn du für ein ausführliches Ritual keine Zeit hast, kannst du dich auch einfach von Licht durchfließen lassen und dir dabei vorstellen, dass alle fremden Anhaftungen wegfließen – wieder an ihren Ursprung zurück – und du von neuer, frischer Energie erfüllt wirst. Dann machst du also einfach den letzten Teil des Rituals für sich.

## Ritual für einen Neuanfang

**Suche eine Frucht oder Blüte aus der Natur. Vielleicht hast du schon etwas zu Hause – eine Kastanie oder eine Nuss. Oder du unternimmst einen Spaziergang und hältst nach etwas Ausschau. Wenn du das Passende gefunden hast, begib dich an deinen Platz.**

Betrete ihn ganz bewusst mit dem Gedanken, dass nun dein Ritual beginnt. Wenn du möchtest, ziehe einen imaginären Schutzkreis um dich. Setz dich und betrachte die Frucht oder Blüte ganz aufmerksam. Nimm dieses Wunder der Natur mit allen Sinnen wahr. Lass dich inspirieren und entdecke die Beschaffenheit. Wie dick ist die Schale? Wie sieht der Kern aus?

Werde dir auch bewusst, dass das, was du in Händen hältst, ein Same ist, aus dem neues Leben entsteht. Oder eine Blüte, aus der eine Frucht wächst. Um dieses neue Leben entstehen zu lassen, müssen sich beide öffnen. Ganz im Vertrauen, dass daraus etwas Gutes entsteht.

Nun überlege dir, was du von dieser Frucht oder Blüte auf dich übertragen kannst. Wenn du möchtest, kannst du dir dazu auch Notizen machen. Wie ist deine Schale beschaffen? Und wie dein Kern? Was kannst du selbst wahrnehmen? Und was können andere von dir sehen? Welche Samen wohnen in dir, die ausgesät werden wollen? Was könnte alles daraus entstehen? Welche Aspekte davon sind bereits nach außen sichtbar und welche nicht? Zeigst du das Wunder, das in dir steckt, das, was deinen wahren Kern ausmacht? Oder hältst du es eher versteckt? Bist du zufrieden mit dem, was du zeigst? Oder möchtest du etwas verändern? Wie sollte diese Veränderung aussehen und welchen Schritt kannst du dazu unternehmen?

Überlege dir zwei bis drei Handlungen für deinen Neuanfang, die du in unmittelbarer Zukunft umsetzen kannst. Das muss nichts Großes sein, aber es gibt der neuen Richtung bereits die notwendige Energie.

Gehe dann symbolisch zwei bis drei Schritte für diesen neuen Weg und beende damit das Ritual.

# Im Gespräch mit dem Kraftort – der Kraftort als Coach

# Die Botschaften deines Platzes verstehen

Wie bereits erwähnt, kannst du deinen magischen Platz natürlich »nur« als Wohlfühlort nutzen, um dort zur Ruhe zu kommen, neue Energie aufzutanken und wieder zu dir selbst zu finden. Damit ist auch schon sehr viel gewonnen. Häufig gelangen wir dann aber an einen Punkt, an dem wir uns fragen, ob das alles gewesen sein soll. Je häufiger und intensiver wir an Kraftorten, vor allem in der Natur, verweilen, desto mehr fühlen wir uns verbunden mit dem großen Ganzen. Unsere Perspektive erweitert sich, und wir beginnen, aus einer höheren Warte einen Blick auf uns selbst zu richten. Dann entsteht meistens der Wunsch, mehr aus dem Leben zu machen und die eigenen Herzensangelegenheiten zu verfolgen.

Mich persönlich begleitet dieser Wunsch bereits viele Jahrzehnte, und ich habe auf meinem Weg viele Möglichkeiten kennengelernt. Ausschlaggebend ist hierbei, wie offen ich für Veränderungen bin. Die meisten Menschen wünschen sich ja viele Veränderungen für ihr Leben. Eine andere Arbeit, andere Nachbarn, eine harmonischere Familie, weniger Ärger und Stress, mehr Geld, mehr Erfolg, mehr Freiheit, mehr Wohlbefinden usw. Doch möchten sie sich selbst dabei nicht verändern, sondern nur die äußeren Umstände. Die Wahrnehmung unserer Außenwelt wird aber maßgeblich von unseren Anschauungen und unserer inneren Lebenseinstellung beeinflusst. Die Veränderung beginnt in uns selbst. Das haben bereits viele Wegbereiter wie Mahatma Gandhi oder der persische Gelehrte Rumi erkannt. Wenn wir beginnen, unser Umfeld und unseren Umgang damit bewusster wahrzunehmen, uns selbst zu beobachten und unsere Haltung, unsere innere Einstellung zu steuern, haben wir die Möglichkeit, das Leben zu führen, welches wir uns wünschen.

Wie fangen wir am besten damit an? Einen guten Hinweis liefern uns Situationen, in denen wir uns ärgern, uns ausgeliefert oder gestresst fühlen, in denen wir nicht weiterkommen – und die uns immer wieder begegnen. Große Herausforderungen oder Krisen im Leben geben uns meistens die Möglichkeit, große Entwicklungsschritte zu gehen. Vielleicht geht es aber auch um ein Ziel, das ich einfach nicht erreichen kann, weil ich mir selbst immer wieder im Weg stehe. Oder ich fühle mich nicht rundum wohl in mir und merke, dass da noch Verbesserungspotenzial vorhanden ist. Häufig kreisen wir auch immer wieder um die gleichen Gedanken, die zu nichts führen und uns schon lange begleiten. Je öfter wir den inneren Beobachter aktivieren, desto schneller kommen wir unseren Themen auf die Spur. Dabei kann unser Kraftort unterstützen. Denn die Magie eines Platzes entfaltet sich um so viel mehr, wenn wir lernen, seine Botschaften zu verstehen. Wenn wir mit ihm ins Gespräch kommen, ihm die Fragen stellen, die uns beschäftigen, kann er uns helfen, unsere Blockaden, einschränkende Muster oder Glaubenssätze zu erkennen und uns Lösungsmöglichkeiten aufzeigen. Einen guten Einstieg dazu bilden die gezeigten Wahrnehmungsübungen. Sie ermöglichen es uns nicht nur, uns besser auf den Platz einzulassen, sondern auch, unseren Körper und Geist aus einer gewissen Distanz zu betrachten. So beginnt die bewusste Wahrnehmung. Dann können wir Schritt für Schritt feststellen, ob es Situationen oder Personen gibt, die Gefühle in uns auslösen, die wir lieber nicht fühlen möchten oder die unserem wahren Selbst gar nicht entsprechen. Wir stellen vielleicht fest, dass wir uns in manchen Situationen wie fremdgesteuert fühlen oder unausgeglichen sind. Oder wir bemerken Gefühle wie Ärger oder Angst, Neid oder Überheblichkeit, Ausgeliefertsein oder Ohnmacht.

Diese Gefühle wahrzunehmen, ohne sie zu werten, sondern erst einmal ihre bloße Existenz anzuerkennen, ist der erste Schritt. Nun können wir darüber reden. Wir können unserem Platz, den Bäumen, Pflanzen oder Tieren dort, den Gegenständen, die wir dort aufgestellt haben, von uns erzählen. Von unseren Gefühlen, Ängsten, Sorgen. Wir können unser Anliegen zum Ausdruck bringen und sagen, was wir gern verwandeln möchten. Wenn der Platz mit uns zu reden anfängt, entfaltet sich seine ganze Magie. Er sendet uns Botschaften, in seiner ganz eigenen Art sich auszudrücken – durch Bilder, Tiere, Pflanzen, Geräusche oder Gerüche. Hier gilt es, mit all unseren Sinnen einzutauchen und diese Botschaften in unsere Sprache zu übertragen.

Einen kleinen Vorgeschmack, wie ein solches Gespräch ablaufen kann, soll dir die folgende Schilderung eines meiner Einzelcoachings bieten. Dort übernehme ich die Funktion einer Übermittlerin zwischen der Natur und meinen Klienten. Mit Sandra war ich in der Aubinger Lohe bei München unterwegs. Ihr Thema war, in Balance zu kommen, gut die Waage zu halten und für sich sorgen zu können – inmitten der Herausforderungen des Alltags.

An einem warmen Sommertag trafen wir uns und wählten einen Weg an einem kleinen Bach entlang als Einstieg in ihr Thema. Der Bach plätscherte fröhlich vor sich hin und begleitete uns bis zu einer Stelle, an der ein Stamm quer über ihm lag. Dort nutzten wir die Gelegenheit zu verweilen, Kontakt aufzunehmen und uns ein wenig abzukühlen. Der Stamm – wie eine Brücke über dem Bach liegend – gab uns bereits den Hinweis, dass wir mit ihrem Thema auf der richtigen Spur waren. Auf dem Weiterweg blieb Sandra an einem mit Pilzen bewachsenen Baum stehen, von dem sie ganz fasziniert war. Plötzlich hüpfte uns ein Frosch aus dem Laub entgegen und blieb ganz ruhig sitzen, sodass wir ihn ausgiebig begutachten konnten. Seine Krafttier-Botschaft gab Sandra entscheidende Erkenntnisse für ihre persönliche Entwicklung und Heilung. An einer Weggabelung forderte ich Sandra dazu auf, sich zu überlegen, welche

Wege sie denn bevorzugen würde und was sie daraus für ihren Lebensweg ablesen könne. Sie entschied sich intuitiv für einen schmalen, von Wurzeln durchsetzten Pfad mitten durch den Wald. Auf ihm traf sie dann auf eine Birke, die sich mitten auf dem Weg niedergelassen hatte. Sie half Sandra, sich mit der Leichtigkeit und Reinigung zu verbinden, nicht zu ihr gehörige Energien loszulassen und wieder neue Kraft zu tanken, um so ihre innere Balance wieder besser halten zu können. Zuletzt zog sie eine Rune aus dem Säckchen, das ich immer dabei habe. Sie stand symbolisch für das Fließen mit den natürlichen Kreisläufen des Lebens. Abschließend gestaltete Sandra mit Zweigen ein Runen-Bild und verinnerlichte so ihre Botschaft.

Es wird deutlich, dass Gespräche mit der Natur vielfältig ablaufen und die unterschiedlichsten Elemente dabei mit einbezogen werden können.

Dieses Buch gibt dir viele Werkzeuge an die Hand, wie du selbst die Botschaften der Natur entschlüsseln kannst. Dabei gehe ich ausführlich auf die verschiedenen Landschaftsformen ein, gebe Tipps zu den Fragen, die du dir an den Orten stellen kannst, und beschreibe passende Übungen und Rituale. Denn es gibt Qualitäten und Wirkungen, die sich an manchen Plätzen mehr entfalten als an anderen. Diese Beschreibungen sollen also eine kleine Entscheidungshilfe sein, den geeigneten Platz für dich und dein Thema zu finden. Ergänzend findest du zahlreiche Anregungen, wie du die Botschaften der Bäume, Tiere und Pflanzen entschlüsseln kannst. So dient dir die Natur als Spiegel und Wegweiser für das, was deine Seele dir mitteilen möchte.

Um dieses Buch zu einem flexiblen, für viele Situationen passenden Ratgeber zu machen, werden die Landschaftsformen und Hinweise nach einzelnen Kategorien vorgestellt. So getrennt voneinander kommen sie in der Realität natürlich kaum vor. Doch so kannst du dir genau die für dich passenden Tipps und Übungen zusammenstellen. Zum Einstieg findest du noch ein paar allgemeine Übungen, die gut in jede Situation mit eingebaut werden können.

### Der Natur eine Frage stellen

**Diese Übung ist sehr gut geeignet, wenn du eine konkrete Frage hast, die dich beschäftigt. Dabei kann es um ein Problem gehen, welches dich gerade vor Herausforderungen stellt oder etwas, das dich belastet. Vielleicht möchtest du auch etwas verändern und weißt nicht genau, wie. Oder dir begegnen immer wieder die gleichen Situationen, und du möchtest verstehen, was dahintersteht.**

- Formuliere deine Frage möglichst so, dass sie dein Anliegen deutlich zum Ausdruck bringt, zum Beispiel »Wie kann ich besser Grenzen setzen und Nein sagen?« oder »Wie schaffe ich es, in meiner Mitte zu bleiben?«. Nimm während der Übung immer wieder Kontakt zu deiner Frage auf, ohne an ihr festzuhalten oder ins Grübeln zu kommen.
- Begib dich an den Platz, der dir für diese Übung persönlich am geeignetsten erscheint. Das kann ein fester Punkt sein, an dem du gern verweilst, oder eine Gegend nach Wahl, in der du dich frei bewegst.
- Halte zu Beginn inne und richte deine Aufmerksamkeit auf deinen Atem. So nimmst du ganz bewusst Kontakt zu dir selbst und zu deinem Umfeld auf. Wenn du möchtest, kannst du die Augen schließen und lauschen.
- Wenn du sie wieder öffnest, fällt vielleicht etwas ganz deutlich in dein Blickfeld. Sieh dich ganz bewusst um, gehe dabei sehr achtsam vor, denn oft liegen die Antworten in den kleinen Details. Was fällt dir auf? Ist es eine besondere Wuchsform an einem Baum? Eine andere Pflanze? Oder ein Tier, das sich bemerkbar macht? Vielleicht bewegt sich auch etwas im Geäst oder im Laub? Nimm die Zeichen wahr und versuche, sie für dich zu deuten. Was wollen sie dir sagen? Was bedeuten sie für dich?
- Nimm gern die Informationen, die du in diesem Buch als Interpretationshilfe findest, zur Unterstützung. Jeder Baum, jede Pflanze, jedes Tier hat eine eigene Botschaft. Beschäftige dich mit ihrem Wesen, ihrem Charakter und ihrer Beschaffenheit und finde so die richtigen Antworten auf deine Fragen.

### Lösungsorientierte Aufstellung

Die systemische Arbeit bringt häufig Zusammenhänge ans Licht, die wir durch einfache Überlegung nicht herstellen würden. Diese sehr hilfreiche und heilsame Methode können wir in Bezug auf die unterschiedlichsten Bereiche anwenden. Dabei gilt zu beachten, dass du mit der Aufstellung dein inneres Konzept, dein inneres Bild zu dem von dir gewählten Thema sichtbar machst. Du kannst beispielsweise eine Aufstellung zu den Aspekten Selbstliebe, Erfolg, Beziehungen, Vertrauen oder Geld in deinem Leben machen. Anders als bei Aufstellungen, die professionell von einem Coach oder Therapeuten angeleitet werden, möchte ich dich hier zu einer etwas vereinfachten Form einladen, damit du dich nicht in Prozesse verstrickst, die du allein schlecht lösen kannst. Du gehst dabei wie folgt vor:

- Begib dich an deinen Platz und komme dort einen Moment zur Ruhe. Nimm dann Kontakt mit deinem Thema auf und schaue, welche Aspekte dir dazu einfallen. Eventuell ist es hilfreich, diese aufzuschreiben.
- Nimm alles an, was dir in den Sinn kommt, egal ob es dir passend erscheint oder nicht.
- Sammle dann der Reihe nach zu jedem Aspekt ein passendes Objekt in der Natur. Achte bereits beim Sammeln darauf, was dir dazu einfällt. Das kann eine Idee sein, ein Gedanke oder ein Gefühl. Vielleicht sagt auch die Beschaffenheit des Objekts etwas über mögliche Zusammenhänge aus.
- Wenn du zu jedem Aspekt das richtige Objekt gesammelt hast, lege sie alle vor dich hin. Prüfe nun, wie es sich anfühlen würde, wenn das Thema gelöst oder dieser Bereich in deinem Leben in vollkommener Balance wäre. Lass dabei alle Einwände außen vor und gehe davon aus, dass es wie durch ein Wunder möglich ist, diesen Zustand einfach so zu erreichen.
- Lege dann die Objekte der Reihe nach an den Platz, der für das Lösungsbild der richtige ist. Spüre noch mal genau hin, ob jedes Objekt wirklich an den Platz gehört und auch in Bezug zu den anderen Objekten in einem guten Verhältnis steht.
- Verändere die Position so lange, bis das Bild für dich stimmig ist. Lass das

Bild dann noch einmal auf dich wirken und verinnerliche diesen Zustand. Beende die Übung, indem du alles wieder der Natur zurückgibst.

Hilfreich ist es, wenn du dich auch im Nachhinein für einige Zeit täglich mit diesem gelösten Zustand verbindest, denn unser System braucht eine Weile, um solche neuen Gefühle zu verinnerlichen. Sonst kehren wir allzu schnell wieder in den alten Trott zurück.

### Lebensmosaik

**Ein Lebensmosaik kann dir Hinweise geben auf die wichtigen Themen in deinem Leben und dir helfen, mehr Klarheit über deine Wünsche, Träume und Visionen zu erhalten. Dazu gestaltest du ein Naturbild mit dem Thema deines Lebens.**

Am besten fängst du damit an, die einzelnen Etappen oder Phasen deines Lebens zu durchlaufen, und schaust, was hier auftaucht. Mache dir bei Bedarf Notizen dazu. Suche zu jedem Thema ein passendes Naturmaterial. Beantworte dabei auch folgende Fragen: Was liegt mir am Herzen? Was erdet mich? Was macht mich aus? Was sind meine Werte? Was waren meine größten Erfolge? Wie könnte ich sie feiern? Was war mein größter Schmerz? Welche Fähigkeiten habe ich gebraucht, um ihn auszuhalten oder zu überwinden? Welche Fähigkeiten habe ich gebraucht, um durch schwierige Lebensphasen durchzukommen? Habe ich diese Fähigkeiten schon einmal anerkennend wahrgenommen? Was sind meine Ängste? Wozu sind sie gut? Wobei helfen sie mir? In welchen Situationen fühle ich mich unwohl? Was müsste ich an mir verändern, dass ich mich besser fühle? Was sind meine Träume und Visionen? Was ist mein tiefster Wunsch? Was sehen meine Familie und Freunde in mir? Welches Bild haben sie von mir?

Gestalte ein Mosaik mit den Materialien, die du gesammelt hast, und beschäftige dich dabei intensiv mit diesen Fragen. Prüfe, ob dir die Materialien oder deine Umgebung Antworten geben können.

Wenn du fertig bist mit deinem Mosaik, betrachte es noch einmal von außen als Ganzes. Schaue, ob du noch etwas verändern möchtest. Wenn das der Fall ist, überprüfe innerlich, was dieser Wunsch nach Veränderung bedeuten könnte. Bleibe so lange dabei, bis du ein stimmiges Bild erhältst.

- Nimm es dann eine Weile aus der Distanz wahr und verinnerliche dieses Bild. Nimm seine Botschaften mit auf den Weg und überlege dir, welches nun deine nächsten Ziele sind und welche ersten Schritte du unternehmen kannst, um sie umzusetzen.
- Löse das Bild zum Abschluss wieder auf, indem du alles der Natur zurückgibst und es in die göttliche Ordnung stellst. Das bedeutet, dass du eine höhere Kraft – das Universum, die geistige Welt oder wie auch immer du sie nennen magst – darum bittest, dir bei der Umsetzung, Transformation und Heilung deiner Themen zu helfen, sodass es zum höchsten Wohle für alle ist.

# Berge und Täler

Berge gibt es zahlreiche auf unserer Erde – in den verschiedensten Formen. Vom felsigen hohen Gipfel bis hin zum kleinen Hügel. Berge sind unverrückbar. Sie thronen, oft majestätisch, über der Landschaft. Daher kommt auch das berühmte Bild des »Felsen in der Brandung«. Berge haben sich erhoben aus den Tiefen der Erde. Sie *sind* Erde. Und sehen uns schon viele Tausende von Jahren zu. Der Berg *ist* einfach nur. Wir können einmal versuchen, selbst zum Berg zu werden. Einfach da sein und sitzen. Majestätisch. Ganz geerdet. Mit festem Boden unter uns. Und nach oben strebend in den Himmel.

Berge sind häufig von Sagen und Legenden umrankt. In der griechischen Mythologie sind sie Wohnort der Götter. Manchmal ist der Berg selbst auch ein Gott. Die malerischen Namen, die sie zumeist tragen, zeugen davon. Auf den Gipfeln berühren sich Himmel und Erde. Deshalb dienten sie gern als Rückzugsort für die Weisen verschiedener Kulturen, um dort den Geist zu klären und neue Perspektiven zu erlangen. So wird den Bergen vermutlich schon lange eine besondere Kraft zugeschrieben. Die Menschen früher empfanden ihre Größe oft als furchteinflößend, angesichts ihrer Unbezwingbarkeit und Unkontrollierbarkeit. So entstanden Bezeichnungen wie Höllental oder Teufelsschlucht.

Betrachten wir Gebirge vom Standpunkt der Geomantie finden wir dort häufig geologische Verwerfungen und Kontaktzonen. Für uns erkennbar werden sie an Schluchten oder tiefen Talgräben. Hier sind wir dem Erdinneren ganz besonders nahe. Wir können die verschiedenen Gesteins- und Erdschichten betrachten, eingehender studieren und aus ihnen Rückschlüsse ziehen auf die Energie. Beispielsweise hat Basalt eine hohe magnetische Wirkung. Quarz hat eine ordnende, strukturierende Kraft. Karst ist sehr wasserdurchlässig und brüchig. Sandstein speichert die emotionalen Aspekte, und Ton hat eine dämpfende Funktion.

Wir können die in den Felsen arbeitenden Kräfte spüren. Die Abstrahlungen bilden ein sehr starkes Energiefeld. Durch ihre Erhöhung wirken Berge wie Verlängerungen der Erdstrahlung. Was die Menschen auf künstliche Art mit den Menhiren oder Obelisken machen, finden wir hier auf natürliche Weise. So bündeln sie die Energie aus dem Kosmos und geben sie ab. Das macht sie zu wichtigen Energiezentren der Erde, die stark aufgeladen sind und häufig eine sehr anregende oder verstärkende Wirkung haben. Ganz besonders kraftvolle Orte können Grate oder Bergrücken sein, da sie häufig entlang von Erdenergielinien verlaufen. Deshalb werden sie gern Drachenrücken genannt. Nicht selten überkommt uns ein Gefühl der Unruhe oder ein übermäßiger Aktivismus in den Bergen. Manche spüren auch die unwahrscheinliche Lebenskraft. Und oft sind wir einfach nur überwältigt angesichts ihrer Größe.

Die Welt der Berge ist von diesen gegensätzlichen Energien geprägt. Von gewaltigen Felsmassiven und sanften Hügeln, von rauschenden Wasserfällen und leise dahinplätschernden Bächen, von engen Schluchten und weiten Tälern. Wir werden demütig und respektvoll angesichts der ungebändigten Naturgewalt, die sich hier zeigt. Sie äußert sich auch in dem rauen Klima und den ungewöhnlichen Witterungsbedingungen.

# Mein Gespräch mit der Sonnenspitze

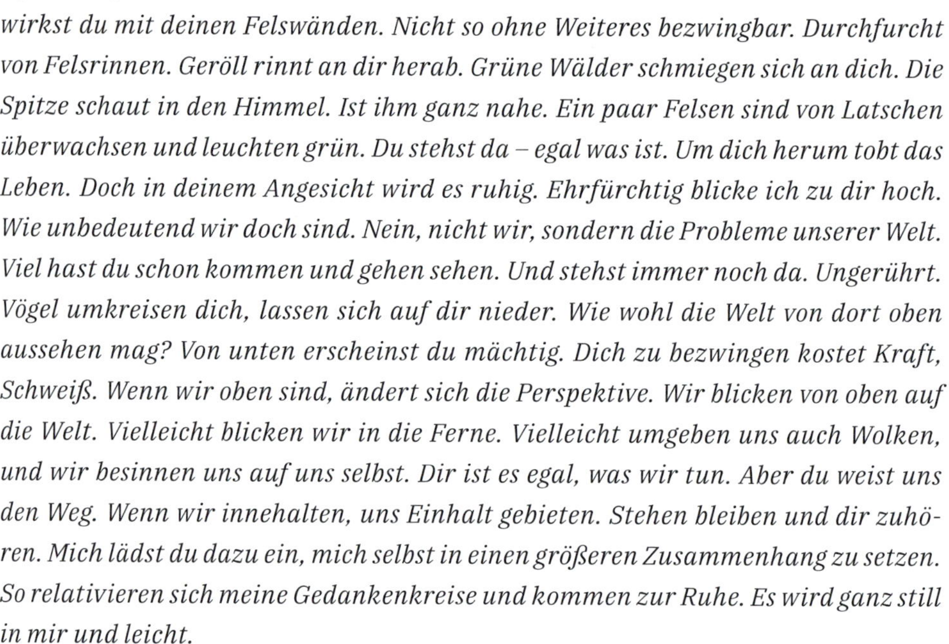

*Berg – majestätisch thronst du vor mir. Von Wolken umschmeichelt. Wie ein mächtiger König schaust du über dein Land. Unnahbar wirkst du mit deinen Felswänden. Nicht so ohne Weiteres bezwingbar. Durchfurcht von Felsrinnen. Geröll rinnt an dir herab. Grüne Wälder schmiegen sich an dich. Die Spitze schaut in den Himmel. Ist ihm ganz nahe. Ein paar Felsen sind von Latschen überwachsen und leuchten grün. Du stehst da – egal was ist. Um dich herum tobt das Leben. Doch in deinem Angesicht wird es ruhig. Ehrfürchtig blicke ich zu dir hoch. Wie unbedeutend wir doch sind. Nein, nicht wir, sondern die Probleme unserer Welt. Viel hast du schon kommen und gehen sehen. Und stehst immer noch da. Ungerührt. Vögel umkreisen dich, lassen sich auf dir nieder. Wie wohl die Welt von dort oben aussehen mag? Von unten erscheinst du mächtig. Dich zu bezwingen kostet Kraft, Schweiß. Wenn wir oben sind, ändert sich die Perspektive. Wir blicken von oben auf die Welt. Vielleicht blicken wir in die Ferne. Vielleicht umgeben uns auch Wolken, und wir besinnen uns auf uns selbst. Dir ist es egal, was wir tun. Aber du weist uns den Weg. Wenn wir innehalten, uns Einhalt gebieten. Stehen bleiben und dir zuhören. Mich lädst du dazu ein, mich selbst in einen größeren Zusammenhang zu setzen. So relativieren sich meine Gedankenkreise und kommen zur Ruhe. Es wird ganz still in mir und leicht.*

Berge erheben sich über die normale Welt. Wir fühlen uns dem Himmel dort näher und blicken von oben auf alles herab. Unsere Welt da unten relativiert sich und es eröffnen sich neue Perspektiven. Dazu müssen wir gar nicht den steilsten, mächtigsten Berg erklimmen. Den gleichen Effekt können wir auf einem Hügel oder auf einem Fels haben. Auf ihnen können wir zu denselben

Ergebnissen kommen wie auf einem entlegenen Gipfel. Diese Erhabenheit bietet eine Art von Schutz. Denn von oben haben wir einen guten Überblick darüber, was sich nähert. Wir haben alles unter Kontrolle. Deshalb wurden auch Burgen oder Kirchen gern auf Anhöhen errichtet.

Berge können uns viel erzählen über die Höhen und Tiefen im Leben, über das Gewinnen und Scheitern. Der Anstieg auf einen Berg verdeutlicht uns, dass es anstrengend sein kann, Höhepunkte zu erreichen. Vor allem dann, wenn wir uns nur auf das Ziel konzentrieren und nicht auf den Weg. Wenn wir einen Berg erklimmen wollen, müssen wir konzentriert sein. Im jetzigen Moment. Ablenkungen können schlimme Folgen haben. Für manche Gipfel benötigen wir viel Kraft, Ausdauer, Übung und einen großen Willen. So ist es auch im Leben manchmal mit sehr viel Mühe und Disziplin verbunden, bestimmte Ziele zu erreichen. Es ist nicht immer leicht. So können wir den Anstieg auf einen Berg zum Anlass nehmen, um uns zu fragen, was in unserem Leben anstrengend ist und welches Ziel wir dort oben auf dem Gipfel durch diese Mühen erreichen wollen. Ist es uns das wert? Für welche Höhepunkte in unserem Leben lohnt es sich, gewisse Anstrengungen in Kauf zu nehmen? Und für welche nicht? Liegt unser Ziel wirklich dort oben? Oder vielleicht irgendwo anders? Ist es wirklich notwendig, den Gipfel zu erklimmen? Oder gibt es noch ein anderes Ziel, das eventuell besser und weniger beschwerlich zu erreichen ist? Wir können uns fragen, wo wir das Gefühl haben, bergauf zu gehen und nicht voranzukommen. Was bremst uns aus? Was hindert uns daran, unsere Ziele zu erreichen? Gerade wenn es steil bergauf geht, ist es weniger förderlich, immerzu auf das Ziel zu schauen. Das macht den Weg noch beschwerlicher. Oft hilft es dann, einmal stehen zu bleiben und sich die Dinge am Wegesrand anzusehen. Sie können uns Hinweise geben, wo wir vielleicht einen anderen Blickwinkel einnehmen oder unseren Weg anpassen sollten. Es fällt uns leichter, einen steilen Weg zu bewältigen, wenn wir ihn Schritt für Schritt gehen und uns wirklich auf jeden einzelnen Schritt konzentrieren. Wir können bei jedem Schritt hinsehen, was sich rechts und links am Wegesrand befindet. So kommen wir eventuell langsamer zum Ziel, aber vielleicht leichter und müheloser. Wenn wir eine steile Strecke zu schnell zurücklegen, sind wir auch nicht unbedingt schneller. Wir müssen dann häufiger Pausen einlegen und verschnaufen. Wenn wir langsam gehen und auf die Atmung achten, verändert sich auch langsam das Blickfeld. Wir richten die Aufmerksamkeit nach innen oder auf das, was ganz direkt in unserem Umfeld ist. Dann wird der Weg zum Ziel. Und wir beginnen, das Ziel loszulassen, uns nicht mehr allzu sehr darauf zu versteifen. So wird das Gewahrsein frei für alternative Möglichkeiten. Diese entfalten sich in ihrer schönsten Pracht auf dem Gipfel. Bevor wir den Gipfel erreichen, können wir kurz innehalten und bewusst den Übergang wahrnehmen.

Wie fühlt es sich an, wenn die Anstrengung des Bergaufgehens ein Ende hat und wir am Gipfel angelangt sind? Es ist einfach ein herrliches Gefühl. Auf dem Gipfel fühlt sich alles so leicht an. Wir genießen die Aussicht, der Blick geht in die Weite. Wir können uns ausruhen, Rast machen und unseren Erfolg genießen. Und uns fragen, ob wir die Höhepunkte und Erfolge in unserem Leben auch schon gefeiert haben? Welche Fähigkeiten uns dabei geholfen haben, diese Erfolge zu erreichen? Mit dem Gipfel verbinden wir den Höhepunkt. Wir fühlen uns dort erhaben, den kleinen, niedrigen Dingen des Lebens entzogen. Der Blick schweift in die Ferne über die Landschaften und kann in jede Richtung ungehindert gehen. Hier fühlen wir uns mit dem Göttlichen verbunden. Wir vergessen die Welt unter uns und sind losgelöst davon. Das heutige Gipfelkreuz ist eine Art Kraftsymbol ähnlich wie früher die Kultplätze auf Gipfeln. Auf dem Gipfel kann so einiges wieder in Fluss kommen. Nicht umsonst sind in den Bergen auch häufig die Quellen der größten Flüsse zu finden. Der Gipfel bietet uns Gelegenheit zum Perspektivenwechsel.

Manchmal – wenn wir uns zu sehr auf eine Sache fokussieren – sind wir wie in einem Tunnel gefangen und sehen nichts anderes mehr außen herum. Wir sind vollkommen eingenommen von dieser einen Idee und kreisen ständig mit den Gedanken um sie, um das, was geht, und das, was nicht geht. So ein

Perspektivenwechsel gibt uns die Möglichkeit, innezuhalten und die Angelegenheit von mehreren Seiten neu zu betrachten. Wir können uns fragen, ob es eventuell von dort oben eine andere Sicht auf unser Thema gibt. Uns vorstellen, dass wir es wie ein Adler von oben betrachten, und sehen, was sich verändert. Dann eröffnen sich oft ganz neue Optionen, an die wir noch gar nicht gedacht haben. Wenn wir uns umsehen und darauf achten, was sich am Gipfel so alles befindet, können wir dazu zusätzliche Hinweise finden.

Vielleicht fällt uns etwas ins Auge, das eine Botschaft für uns hat. Und vielleicht erkennen wir plötzlich, dass manche Dinge, die sehr stark in unserem Fokus waren und die wir schon mehr oder weniger lange mit uns herumtragen, nun keine Bedeutung mehr haben. Dann können wir sie dort am Gipfel loslassen.

Besonders beeindruckend fand ich in diesem Zusammenhang das Cruz de Ferro auf dem spanischen Jakobsweg. Dabei handelt es sich um ein Eisenkreuz, das den höchsten Punkt des Weges in den Bergen von León markiert. Es ist Tradition, einen Stein aus seiner Heimat mitzubringen, der symbolisch für das steht, was man loslassen möchte. Seit Jahrhunderten oder vielleicht Jahrtausenden legen Pilger dort ihre Sorgen und auch ihre Sünden ab. Sie schreiben all das, was sie bewegt, auf ihre Steine oder lassen ihre Gedanken dort hineinfließen – und hinterlassen sie an diesem Kreuz. Ein stattlicher Hügel ist im Laufe der Zeit dort entstanden, und er wächst immer weiter in die Höhe. Ein sehr berührender Ort, aufgeladen von den Bitten und Wünschen Tausender Menschen. Diese Tradition hat mich inspiriert für mein Loslass-Ritual am Berg. Denn etwas wirklich loszulassen ist gar nicht so einfach – läuft es doch stets Gefahr, wieder zu uns zurückzukehren.

Und dann wartet auf der anderen Seite der Berge auch immer das Tal. Zwangsläufig geht es wieder hinab, wenn wir einmal hinaufgegangen sind. Der Abstieg kann etwas Befreiendes haben, etwas Leichtes. Wir können die Erkenntnisse, die wir während des Aufstiegs und auf dem Gipfel gewonnen haben, nun verinnerlichen. Vielleicht haben wir auch etwas loslassen können und wollen uns überlegen, womit wir den frei gewordenen Platz in uns füllen wollen.

Doch auch beim Abstieg ist es noch ratsam, auf unsere Schritte zu achten und mit der Konzentration auf dem Weg zu bleiben. Er kann einige Tücken und Fallen bergen. Wir können ins Rutschen kommen oder stolpern. Hier ist es wichtig, unsere Füße zu spüren und nach unten zu denken. Wenn wir uns unsere Füße wie Wurzeln vorstellen und uns damit mit den echten Wurzeln verbinden, können wir Halt finden. Und so lehrt uns der Berg, behutsam einen Schritt vor den anderen zu setzen – immer so, wie das Gelände es uns gerade erlaubt. Mal gilt es, sich ausschließlich auf den nächsten Schritt zu konzentrieren, mal gibt es Gelegenheit, unseren Blick auch in die Weite schweifen zu lassen und zu sehen, was um uns ist.

Übertragen wir nun das Auf und Ab des Berges auf die Höhen und Tiefen im Leben, stoßen wir auf eine interessante Tatsache. Denn im Leben verbinden wir das Hinauf eher mit etwas Positivem – nach oben gehen, einen Höhepunkt erreichen. Auf dem Berg empfinden wir dieses Hinauf oft als recht anstrengend. Vielleicht ist das ein Hinweis darauf, dass wir im Leben oft zu sehr die Ziele im Blick haben und zu wenig auf den Weg achten. Und darüber vergessen, dass es mit viel Disziplin und Ausdauer verbunden sein kann, einen Höhepunkt im Leben zu erreichen. Dies ist vor allem sehr häufig der Fall, wenn wir die Erfolge anderer sehen und anfangen, uns mit ihnen zu vergleichen. Dann sehen wir nur den Ruhm oder die Errungenschaft, aber nicht, wie die Person dorthin gekommen ist. Wir wollen so sein wie sie, um auch den gleichen Erfolg zu haben. Doch haben wir alle unseren eigenen Lebensweg, unsere eigenen Themen und unterschiedliche Wege, unsere Höhepunkte zu erreichen. Vergleiche sind dabei weniger zielführend. Authentizität und unsere eigene Wahrheit leben eher. So wie das häufig Oscar Wilde zugeschriebene Zitat besagt: »Sei du selbst, alle anderen sind bereits vergeben.«

Ja, und das Hinunter, das uns am Berg so leicht und unbeschwert vorkommt, sehen wir im Leben eher als etwas Negatives, als ein Scheitern. Hier ist es angebracht, etwas genauer hinzusehen. Denn das Hinuntergehen birgt durchaus seine Tücken, kann der Weg doch auch steil und rutschig sein. Und so ist andersherum das Scheitern nicht unbedingt negativ zu bewerten. Im Gegenteil kann es sehr wichtige Erkenntnisse für uns bereithalten. Und so ist es am Ende eventuell gar kein Scheitern, sondern das Eröffnen ganz neuer Möglichkeiten.

Mir selbst ging es einmal so, als ich als Teilnehmerin auf einer Coaching-Wandertour mit einer Gruppe rund um den Königssee unterwegs war. Wir hatten bereits ein paar Wandertage hinter uns, die mich ziemlich herausgefordert hatten, und für den nächsten Tag waren Unwetter und ein Wetterumschwung vorhergesagt. Ich hatte kein gutes Gefühl dabei, die Tour fortzusetzen, vor allem nicht unter dem Aspekt, aufgrund der Gewittervorhersage unter Zeitdruck zu stehen. Schweren Herzens entschied ich mich, gemeinsam mit meinem Mann, die Tour abzubrechen und früher abzusteigen. Ich empfand dies zunächst als totales Scheitern – auf sportlicher und auf gemeinschaftlicher Ebene, mussten wir uns doch dann von der Gruppe trennen. Letztendlich erwies es sich aber als großes Glück. Ich hatte den Mut gezeigt, zu mir zu stehen und einfach auf mein Gefühl zu hören. Mein Mann und ich hatten eine eindrucksvolle Wanderung zurück mit vielen landschaftlichen Höhepunkten. Und das Gewitter kam genau zum richtigen Zeitpunkt, als wir schon sicher unten im Tal waren. Am nächsten Tag konnten wir uns bei strömendem Regen im Hotel am Königssee erholen.

So ist es manchmal vielleicht gar nicht wichtig, den Gipfel zu erreichen. Das Leben hält für uns alle eigene Wege bereit. Manchmal ist der richtige Zeitpunkt noch nicht gekommen, wir müssen noch etwas lernen, oder dieser Weg ist einfach nicht der richtige für uns. Und wenn sich ein Erfolg mal noch nicht einstellen will, brauchen wir vielleicht noch eine Ruhephase, um dann richtig loslegen zu können.

Letztendlich geht es also darum, seine Ziele im Auge zu behalten und immer wieder zu überprüfen, einen Schritt vor den anderen zu setzen, ausdauernd zu bleiben, sich frei zu machen von Vergleichen mit anderen und stattdessen auf das eigene Gefühl zu hören.

Werfen wir abschließend noch einen kurzen Blick auf die Sonderformen der Berge. Da sind zum einen die Vulkane. Sie haben eine ganz eigene Energie, denn in ihnen ist das Feuer der Erde noch sehr aktiv, und deshalb strahlen sie eine noch größere Unruhe aus. Bei meinen Aufenthalten auf der Insel La Palma wurde ich von ihr ganz besonders ergriffen. Ich konnte das Brodeln im Erdinneren und die Kräfte der Feuergeister regelrecht spüren. Hier ist das aktivierende Feuerelement stark am Wirken – es transformiert und reinigt die Umgebung und schafft Raum für neues Leben, während es auch seine zerstörerischen Kräfte entfaltet.

Und dann gibt es noch die Orte mit auffälligen Felsformationen. Hier eröffnet sich oft eine ganz eigene Welt. Manche Felsen wirken so, als ob ein Riese sie dort fallen gelassen hätte. Und manche Formen sind ganz besonders skurril. Viele dieser Felsen sind sehr kraftvoll und wurden früher häufig als Kultsteine verehrt. Gerade durch ihre vielfältigen Formen können wir in ihnen lesen und wichtige Botschaften für uns erhalten. Ich erinnere mich an die Begegnung mit dem Wackelstein im Bayerischen Wald. Er liegt in einer ganz besonders energiegeladenen Zone, die auch am Wuchs der umliegenden Buchen erkennbar ist. Es sieht aus, als ob sie tanzen. Der Wackelstein ist ein riesiger Fels, der wie durch Zauberhand von einer einzelnen Person bewegt werden kann. Ein wundervoller Ort mit sehr aktivierender Energie.

# Das Felsenmeer im Wental auf der Schwäbischen Alb

*Plötzlich tauchen sie auf. Wie aus dem Nichts. Skurrile Felsenformen erstrecken sich über die sanften Hügel. Auf einem Gebiet von maximal einem Quadratkilometer. Als ob sie da jemand vergessen hätte. Versammelt in Grüppchen stehen sie beisammen – groß, mittel, klein. Wie Familien. Sie sehen freundlich aus. Laden ein zum Herumtollen, Versteckenspielen, Klettern – nach oben, außen herum und zwischen den Löchern und Felsspalten hindurch. Es ist ein Ort der Freude, der guten Energie, zum Aufladen und Krafttanken. Er stimmt mich positiv, frohmütig und gleichzeitig ruhig und gelassen. Es tut gut, hier zu sein, zu verweilen und einfach nur zu sein. Den Tag zu genießen. Der Himmel strahlt blau, die Sonne lacht, der morgendliche Nebel lichtet sich. Es kehrt Klarheit ein. Leichtigkeit macht sich breit.*

## Coachingfragen auf einen Blick

- Welche Botschaften hält der Berg für mich bereit? Beim Aufstieg, auf dem Gipfel und beim Abstieg?
- Welche Berg- und Talfahrten ziehen sich durch mein Leben?
- Was ist anstrengend in meinem Leben? Welches Ziel möchte ich durch diese Anstrengungen erreichen? Was ist mir dieses Ziel wert?
- Für welche Höhepunkte in meinem Leben lohnt es sich, gewisse Anstrengungen in Kauf zu nehmen?
- Welche Schritte könnte ich unternehmen, um es leichter werden zu lassen?
- Was hindert mich am Vorankommen? Was bremst mich aus? Was hindert mich daran, meine Ziele zu erreichen?

- An welchen Stellen sollte ich einmal innehalten und meinen Weg überdenken?
- Wo sollte ich weniger auf das Ziel blicken, sondern eher auf die einzelnen Schritte und diese nach und nach angehen?
- Und wo sollte ich mein Ziel überdenken? Eventuell ein neues Ziel festlegen?
- Wie steht es mit den Höhepunkten, den Erfolgen, die ich in meinem Leben bereits erreicht habe? Habe ich sie bereits gebührend anerkannt und gefeiert? Mir dafür auf die Schulter geklopft? Welche meiner Fähigkeiten haben mir dabei geholfen, diese Erfolge zu erreichen? Wie kann ich sie besonders gewinnbringend einsetzen?
- Wo könnte ich einmal einen Perspektivenwechsel gebrauchen? Wo könnte es eventuell eine andere Sichtweise auf mein Thema geben? Welche anderen Optionen könnte es geben?
- Welches der Dinge, die ich mit mir herumtrage, hat eventuell keine Bedeutung mehr? Was möchte ich loslassen? Welche neue Erkenntnis möchte ich an den frei gewordenen Platz setzen?
- Wo in meinem Leben bin ich gescheitert? Was habe ich daraus gelernt? Wie könnte ich das Scheitern auch zu einem Erfolg werden lassen? Was sollte ich dazu an meiner Sichtweise ändern? Inwiefern war das Scheitern ein wichtiger Entwicklungsschritt für mich?

# Auf dem Berg

## Loslass-Ritual am Berg

Diese Übung eignet sich besonders gut, wenn du ein Thema hast, an dem du schwer trägst, etwas, was dich belastet. Auch wenn du das Leben generell als sehr anstrengend empfindest. Setze dich zunächst mit dem auseinander, was du loslassen willst. Häufig wollen wir die Dinge loslassen, die uns an uns nicht gefallen, die uns schmerzen, die uns Angst machen oder Ähnliches. Doch ihre Existenz hat natürlich einen Grund. Sie haben durchaus ihre Berechtigung, wollen sie uns doch auf etwas hinweisen, uns etwas zeigen. Deshalb bringt es in der Regel nichts, sie einfach nur loszulassen. Häufig kehren sie dann wieder zu uns zurück. Viel wichtiger ist es, uns zu überlegen, warum sie da sind und was sie für einen Nutzen für uns haben. Um das herauszufinden kannst du dieses Ritual machen:

- Gehe zu einem Berg und suche dir an seinem Fuß einen Gegenstand, der für das steht, was du loslassen willst. Nimm ihn mit und begib dich auf den Anstieg.
- Setze dich auf dem Weg nach oben damit auseinander und stelle dir folgende Fragen:
Wozu dient mir das? Was soll es mir sagen? Was darf ich lernen? Wenn die Last zu schwer wird, halte inne und sieh hin, ob du am Wegesrand irgendwelche Zeichen entdecken kannst, die dir weiterhelfen. Die Natur weist dir den Weg.
- Nimm die Ankunft am Gipfel bewusst wahr. Wie fühlt es sich an, den Aufstieg nun geschafft zu haben? Was macht das mit deiner Last? Gibt es hier einen Perspektivenwechsel oder eine andere Sicht auf das Thema? Eventuell fällt dir auch hier etwas ins Auge, das noch wichtig sein könnte.
- Prüfe dann, ob du alle Fragen beantwortet hast oder ob noch etwas offen ist. Überprüfe innerlich, ob es stimmig ist, den Gegenstand loszulassen, oder ob es noch etwas aufzuarbeiten gibt.

- Suche dir nun einen geeigneten Platz, um dein kleines Loslass-Ritual zu vollziehen. Nimm den Gegenstand dazu noch einmal bewusst in die Hand, schließe die Augen und lass alles hineinfließen, was gehen darf.
- Bedanke dich noch einmal für die Dinge, die sich gezeigt haben, denn sie haben dich dorthin geführt, wo du gerade stehst.
- Übergib den Gegenstand dann der Erde, indem du ihn vergräbst oder einfach am Gipfel an einer guten Stelle ablegst. Bitte Mutter Erde um ihren Segen und um Transformation und Heilung.
- Wenn du möchtest, kannst du noch ein kleines Dankeschön mit dazugeben.
- Schaue nun, wie es sich anfühlt, wenn du ab jetzt ohne diese Last durchs Leben gehst. Wie fühlst du dich? Was könntest du nun stattdessen tun? Was fällt dir ein? Vielleicht bekommst du eine neue Erkenntnis, ein schönes Bild oder einen Wunsch.
- Nimm das Neue mit auf deinen Abstieg und lass es einfach wirken. Verbinde dich auch im Nachgang immer wieder mit ihm, um es noch besser zu verankern.

### Adlerperspektive

**Diese Übung eignet sich besonders, wenn du eine Frage oder ein Problem einmal aus einem anderen Blickwinkel betrachten möchtest.**

Nutze den Aufstieg auf einen Berg, um dir darüber klar zu werden, um welches Thema es geht und um es von allen Facetten zu beleuchten. Vielleicht findest du auch das ein oder andere Zeichen in der Natur, welches bereits erste Antworten auf deine Fragen liefert oder dir neue Impulse gibt.

Wenn du den Gipfel erreicht hast, halte inne und lass diese neue Perspektive mit ihrem Ausblick auf dich wirken.

Sieh ausgiebig in alle Richtungen und überlege dir dabei, wie deine Frage oder dein Problem aus dieser Perspektive von oben wohl aussieht. Als ob ein Adler sich in die Lüfte erhebt und auf dein Thema schaut.

Lass ein Bild vor deinem inneren Auge entstehen. Sammle dann Naturmaterialien (du kannst auch schon auf dem Weg zum Gipfel damit anfangen) und gestalte mit ihnen dieses Bild. Es ist, als ob sich diese neue Perspektive materialisieren würde.

Betrachte es dir genau, wenn du damit fertig bist. Was macht es mit dir und deinem Thema? Bemerkst du eine Veränderung? Lass dich überraschen, was geschieht.

## Exkurs: Tiere und ihre Botschaften

Wenn sich dein Weg mit Tieren kreuzt, kann diese Begegnung eine Botschaft für dich enthalten. Dies ist meist der Fall, wenn das Tier in einer bestimmten Situation zu dir kommt oder es einen ganz besonderen Eindruck auf dich macht. Ein Tier, das mich beispielsweise schon sehr lange begleitet, ist der Eichelhäher. Er besucht mich immer wieder, kommt sogar auf meinen Balkon und holt sich Eicheln, die ich dort hinlege. Er sagt mir, dass ich geduldig sein soll, wenn es mir einmal wieder nicht schnell genug gehen kann, und dass ich vertrauen soll. Die Samen, die ich säe, werden irgendwann aufgehen und Früchte tragen, so wie die Eichenbäume, die er pflanzt, indem er seine Eicheln versteckt.

Dann hatte ich in einer Zeit, in der ich durch verschiedene berufliche Projekte sehr unter Druck stand, in einem Park eine Begegnung mit einer Spinne. Sie hing einfach in der Luft, direkt vor mir, mitten auf dem Weg. Dazu entwickelte sich folgendes Selbstgespräch in mir: Die Spinne hängt in der Luft, genauso, wie ich mich gerade fühle. Hilflos. Ohnmächtig. Doch eigentlich ist sie gar nicht hilflos. Sie kann an ihrem Faden nach oben klettern, sich in alle Richtungen drehen, hin- und herschaukeln, sich sonnen, sich vom Wind irgendwohin wehen lassen. Sie kann auch in ihr Netz klettern. Es besteht aus Fäden, die sie gesponnen hat. Sie kann es beliebig erweitern in alle Richtungen. Es ist flexibel. Es bietet ihr Schutz, denn es ist äußerst stabil. Und Nahrung. Sie kann dort einfach warten, bis sich etwas darin verfängt. Ganz im Vertrauen, dass dies zum richtigen Zeitpunkt geschehen wird. Die Spinne hat also sehr viele Optionen. Und diese habe ich auch. Ich bin gar nicht hilflos. Ich kann die Dinge angehen, Schritt für Schritt. Ganz im Vertrauen, dass sich alles zum richtigen Zeitpunkt fügen wird.

Bei der Begegnung mit Tieren ist Achtsamkeit und Behutsamkeit von allergrößter Wichtigkeit. Wir bemerken sie oft nur, wenn wir die Augen und Ohren offen halten. Manche Tiere ergreifen bei der Anwesenheit von Menschen recht schnell die Flucht. Wenn wir uns aber leise und vorsichtig bewegen, können wir uns ihnen manchmal nähern. Die Tiere scheinen es instinktiv zu merken, ob wir ihnen wohlgesonnen sind oder nicht. Und ob wir uns für sie interessieren. Denn sie sind neugierig.

Wenn wir uns Tieren annähern, vor allem den scheuen unter ihnen, ist es wichtig, auf unser Inneres zu achten. Sind wir irgendwie aufgewühlt? Oder eher entspannt? Sind wir ängstlich? Oder abgelenkt? Achte auch auf Gefühle, die auftauchen, wenn du ein Tier länger beobachtest. Was könnte dir das sagen? Gibt es eine Verbundenheit mit dem Tier? Versuche erst, dir ein eigenes Bild zu machen. Prüfe, was du mit dem Tier verbindest. Welche Eigenschaft fällt dir als Erstes zu ihm ein? Überlege, wie das Tier lebt und was du daraus ablesen kannst. So ergibt sich deine ganz eigene Botschaft. Ergänzend dazu findest du nachstehend ein paar Impulse, die vollkommen meiner subjektiven Sichtweise entsprechen und jederzeit durch eigene Aspekte ergänzt werden können.

Adler: Macht, Weitblick, Selbstvertrauen

Ameise: Emsigkeit, Organisationstalent, Ordnung

Amsel: Freude, Lied des Lebens, Harmonie

Biene: Ausdauer, Süße, Lebensgrundlage

Eichelhäher: Tatkraft, Aussaat, Wachsamkeit

Eichhörnchen: Neugier, Vertrauen, Lebensmut

Ente: Partnerschaft, Hingabe, Schutz

Esel: Genügsamkeit, Eigensinn, innere Führung

Eule: Intuition, Stille, Licht und Dunkel

Falke: Beobachtungsgabe, Wendigkeit, Sonnenkraft

Fisch: Anpassungsfähigkeit, Gefühlswelt, Lebensstrom

Frosch: Entwicklung, Sprungkraft, Mut

Fuchs: Intelligenz, Orientierung, Enttarnung

Gans: Gemeinschaft, Verantwortung, Instinkt

Hase: Lebenskraft, Regenerationskraft, Fülle

Hirsch: Vitalität, Kraft, Ausdruck

Huhn: Rangordnung, Fruchtbarkeit, Schöpferkraft

Hund: Gefährte, Gegenwärtigkeit, Treue

Katze: Übersinnlichkeit, Unabhängigkeit, Entspannung

Krähe: Schattenseiten, Befreiung von Altlasten, Achtsamkeit

Kuh: Genährt sein, Glück, Geduld

Maus: Rückzug, Innenschau, Tarnung

Meise: Aufgewecktheit, Fröhlichkeit, Geselligkeit

Pferd: Wagnis, Verbundenheit, Stärke

Reh: Feinfühligkeit, Sanftmut, Scheu

Schaf: Kraft der Träume, Unschuld, Harmonie

Schmetterling: Entfaltung, Leichtigkeit, Einzigartigkeit

Schnecke: Entschleunigung, Ausdauer, Schutz

Schwan: Schönheit, Eleganz, Verwandlung

Schwein: Erdkraft, Spürsinn, Lebensfreude

Specht: Lebensgestaltung, Rhythmus, inneres Wissen

Spinne: Fesseln sprengen, Lebensfäden weben, Selbstermächtigung

Ziege: Körperkraft, Kräuterwissen, Verteidigung

Wer sich ausführlicher mit den Botschaften der Tiere beschäftigen will, sei auf die zahlreichen Bücher und Karten zu Krafttieren verwiesen, zum Beispiel das Buch »Krafttiere begleiten dein Leben« von Jeanne Ruland. Auch im Internet sind einige nützliche Informationen zu finden.

# Wasser

»Aman iman«, sagen die Tuareg in der Wüste, »Wasser ist Leben.« Wasser ist der Ort, aus dem das Leben kommt. Neben Sauerstoff ist es das wichtigste Element. Denn aus ihm heraus ist alles Leben auf der Erde entstanden. Und auch unser aller Leben beginnt im Wasser – in der Fruchtblase im Mutterleib. Wasser hat also Leben spendende Kräfte und gleichzeitig unglaublich zerstörerische. Die Wucht des Wassers kann ganze Ortschaften dem Erdboden gleichmachen. An ihm zeigt sich, wie nah Leben und Tod, Werden und Vergehen beisammen liegen. So sehen wir hier sehr schön, wie wichtig ein ausgewogenes Gleichgewicht der Kräfte ist. Hier wird der Kreislauf des Lebens deutlich. In der chinesischen Philosophie und Medizin wird dieser Kreislauf mit Yin und Yang bezeichnet. Dabei ist Yang der aktive Part, in diesem Fall also das Leben oder das Werden, und Yin der passive Part, also das Sterben oder Vergehen, die Stille und Ruhe. Dies ist ein Abbild unserer dualen Welt. Alles ist in allem enthalten. Das eine bedingt das andere. Keines von beiden ist gut oder schlecht. Es hat beides seine Berechtigung und gehört zu unserem Leben dazu.

Das Wasser selbst steht auch in einem permanenten Kreislauf. Das wird an seinen unterschiedlichen Formen gut erkennbar. Gasförmig ist es ganz flüchtig und befindet sich stets als Feuchtigkeit in unserer Luft. Es verdunstet aus den Gewässern, bildet Wolken, aus denen es als Niederschlag auf die Erde gelangt. In diesem flüssigen Zustand ist es umschmeichelnd, sanft und gleichzeitig so stark, dass es uns trägt. So füllt es wieder unsere Flüsse und Seen oder versickert in der Erde und tritt als Quelle wieder ans Tageslicht, um dann ebenfalls als Fluss wieder im Meer zu landen. Dabei besteht Wasser aus vielen einzelnen Tropfen. Je nach Zustand bilden sie den Nebel, ein Gewässer, Regen, Schnee oder Eis. Diese Tropfen stehen in ihrem immer wiederkehrenden Kreislauf in Verbindung. Jedes Wassermolekül ist mit der ganzen Wassermasse der Erde verbunden. Und so sind auch wir verbunden – als einzigartige Lebewesen mit allen anderen Lebewesen – mit unseren Mitmenschen, mit den Tieren, Pflanzen und der Erde. Das ist der Kreislauf des Lebens.

Mit seinen unterschiedlichen Formen ist Wasser in der Lage, sich stets seinen Weg zu bahnen. Dabei ist es ein Sinnbild für Bewegung, Flexibilität und Kraft. Es fällt vom Himmel als Regen, Schnee oder Hagel. Als Nebel liegt es über dem Land. Aus der Erde dringt es nach oben aus einer Quelle. Dabei fließt es häufig erst unterirdisch aus verschiedenen Bächen zusammen. Aus der Quelle fließt es dann weiter als Bächlein, um oftmals bis zu einem Fluss anzuschwellen. Dabei geht es immer den Weg des geringsten Widerstands und nimmt dafür auch Umwege in Kauf, um immer gut im Fluss zu bleiben. Es umfließt Hindernisse, indem es sie geschmeidig streichelt und mit seiner Kraft in Form bringt. Oder es bohrt so lange in sie hinein, bis es durch sie hindurchfließen kann. Es transportiert Steine und Bäume mit sich. Wasser trägt, und Wasser verschlingt auch. Es stürzt sich als Wasserfall die steilsten Hänge hinab und bildet einen klaren, stillen See, wenn es in einen Kessel gerät. Dabei bildet es den Lebensraum für zahlreiche Tiere und Pflanzen. Gleichzeitig kann es diesen wiederum zerstören.

Wasser findet immer zu seinem Ziel, manchmal über Umwege. Das dauert dann eben seine Zeit. Wasser ist geduldig. So stellt uns Wasser die Frage, was es für uns und unser Leben bedeuten würde, wenn auch wir den Weg des geringsten Widerstands gehen würden? Wenn wir mit dem Leben fließen würden? Die Dinge einfach so nehmen würden, wie sie kommen, und die Herausforderungen annehmen? Den Widerstand erzeugen wir meistens selbst, indem wir die Steine, die uns in den Weg gelegt werden, zu riesigen Felsen machen. Wir kreisen in Gedanken stets um sie und fühlen uns dabei oft handlungsunfähig aufgrund unserer Ängste, negativen Erinnerungen, Blockaden und Glaubenssätze, die wir mit uns tragen. Wenn wir stattdessen einfach das Jetzt annehmen, so, wie es ist, egal was es bringt, und versuchen, das Beste daraus zu machen, so wie es für uns in diesem Moment gerade möglich ist, können wir auch beginnen zu fließen. So umfließen wir die Steine oder bleiben mit der Kraft des Wassers beständig dran und höhlen mit stetem Tropfen den Stein.

Wasser ist also stets in Bewegung. Selten steht es einmal still. Durch diese Bewegung beeinflusst das Wasser auch die Qualität unserer Luft, indem sich die Ladung der Ionen ändert. Empfinden wir unsere Luft als abgestanden, wie es in schlecht durchlüfteten Räumen der Fall ist, hat sie einen Überschuss an positiv geladenen Ionen. Bei solchen Luftverhältnissen fühlen wir uns müde und sind schnell erschöpft. Ebenso kann dies bei gewissen Wettereinflüssen, wie zum Beispiel Föhn, der Fall sein. Befinden sich dagegen sehr viele negativ geladene Ionen in der Luft, hat das eine anregende und vitalisierende Wirkung auf uns. An fließenden Gewässern oder Wasserfällen ist die Konzentration an negativ geladenen Ionen besonders hoch. Diese Luft regt die Selbstheilungskräfte in unserem Körper an und hemmt die Ausbreitung von Bakterien oder anderen Keimen. Auch in höheren Lagen, wie in den Bergen, ist die Luft meist mit negativ geladenen Ionen gesättigt, da diese die Tendenz haben aufzusteigen, während die positiv geladenen Ionen eher sinken. In diesem Bewusstsein können wir die Luft, die uns umgibt noch einmal ganz anders wahrnehmen und darauf achten, wie wir sie empfinden.

Wasser spendet nicht nur Leben, es hat auch reinigende Wirkung. Innerlich wie äußerlich. Wir benötigen Wasser, um unsere Körperfunktionen am Laufen zu halten. Es ist sozusagen unser Treibstoff, denn wir bestehen zu achtzig Prozent aus Wasser. Und unsere Nieren, die Batterien unseres Körpers, benötigen Wasser, um ihn beständig zu durchspülen. Durch unseren täglichen Wasserkonsum sorgen wir dafür, dass unser Gehirn gut arbeiten kann, Blutkreislauf und Verdauung optimal funktionieren und die Gifte, die wir zu uns nehmen, wieder ausgeschieden werden. So reinigt es uns von innen. Genauso gehört es in der äußerlichen Anwendung zu unserer täglichen hygienischen Pflege dazu.

Diese innerliche und äußerliche Reinigung hat auch eine energetische, spirituelle Seite. In vielen Religionen wird sie heute noch zelebriert. Im Islam findet die traditionelle Waschung vor Betreten der heiligen Räume der Moscheen statt. Und in der christlichen Kultur gilt das Auftragen von Weihwasser als symbolischer Akt der Reinigung. In vielen Ländern gibt es heilige Quellen und Flüsse. Früher galten Quellen, Flussufer oder Seen als Aufenthaltsort von Wassergeistern wie Meeresgöttern oder Nymphen. Und ihnen wurden häufig heilende Kräfte zugesprochen. Diese Reinigung bezieht sich also auch auf feinstoffliche Energien, die sich um uns herum befinden und uns mehr oder weniger guttun. Wasser kann uns dabei helfen, uns davon zu befreien und unser eigenes Energiefeld sauber zu halten. Wir können diese Energien dem Wasser mitgeben, bei der regelmäßigen Dusche, bei einem Bad, zum Beispiel mit Salzwasser in der Badewanne, oder indem wir die Füße in einen Bach halten und uns Wasser ins Gesicht schöpfen. Wir übergeben diese Energien sozusagen dem Fluss des Wassers und kommen so selbst wieder in unseren Fluss. Vielleicht ist das auch der Hintergrund, warum Wasser in der Mythologie einen Ort des Übergangs darstellt. Bei den Griechen oder Ägyptern gelangte man über unterirdische Gewässer in das Reich des Jenseits. Und im Christentum wird die Aufnahme in die Religionsgemeinschaft durch die Taufe mit Weihwasser zelebriert.

Wasser ist also ein Leben spendender und gleichzeitig reinigender Quell. Das Bewusstsein dafür, welche große Bedeutung Wasser für uns hat, ist in unserem Sprachraum ein wenig verloren gegangen. Denn hier steht uns Wasser stets zur Verfügung. So ist es zur Selbstverständlichkeit geworden. Ein wenig mehr Achtsamkeit im Umgang mit Wasser würde vielen von uns sicherlich nicht schaden. Gerade bei Wasserknappheit steigt sein Stellenwert enorm. Diesen hohen Stellenwert hatte es früher überall. Wasser bedeutete und bedeutet Wohlstand. In unserem Sprachgebrauch wird das noch sehr deutlich, denn dort gilt es als Symbol für Überfluss und Fülle. So werfen wir Münzen in Brunnen, weil wir glauben, dass es Glück bringt. Oder sprechen davon, dass das Geld in Strömen fließe. In München gibt es zum Beispiel die Tradition des Geldbeutelwaschens im Fischbrunnen auf dem Marienplatz. Einmal im Jahr, am Aschermittwoch, wird dort der städtische Geldbeutel ausgewaschen in dem Glauben, dass dann die Stadt immer gut bei Kasse bleibe. Nur wer also ausreichend Wasservorräte hat oder Zugang zu Wasservorkommen, kann sich ein Leben in Wohlstand und Fülle erlauben. Wasser sollte weiterhin uns allen zur Verfügung stehen und nicht zu einer Ware degradiert werden.

Wasser umgibt uns also permanent und ist in allem enthalten. So ist Wasser auch ein Informationsträger. Forscher, allen voran der japanische Doktor der alternativen Medizin Masuru Emoto, haben nachgewiesen, dass Wasser die Eigenschaft besitzt, energetische Schwingungen aufzunehmen, zu speichern und an die Umwelt wieder abzugeben. Es verfügt über eine Art Gedächtnis. Viele Jahrzehnte erforschte Emoto, wie Wasserkristalle auf bestimmte Wörter in verschiedenen Sprachen und auf Musik reagierten. Er hat das Wasser diversen Zuständen ausgesetzt und es eingefroren. Diese Kristalle von gefrorenem

Wasser hat er fotografiert und in einem Bildband herausgebracht. Dabei stellte er fest, dass Gebete oder positive Gefühle, wie Dankbarkeit, Liebe, Respekt, die Wasserschwingungen so beeinflussen, dass wundervolle Kristallbilder mit einer sehr harmonischen Struktur entstehen. Wenn Wasser hingegen negativen Gefühlen, aggressiven Worten oder lärmender Musik ausgesetzt ist, wird die Kristallstruktur disharmonisch und unausgeglichen. Das Wasser in unserem Körper verhält sich ebenso und nimmt unsere Informationen auf.

Vielleicht hängt es damit zusammen, dass Wasser zu einem Symbol für unsere Gefühlswelt geworden ist. So sagen wir, dass jemand »nah am Wasser gebaut ist«, wenn er leicht in Tränen ausbricht. Oder, dass »stille Wasser tief sind«, wenn jemand eher introvertiert ist und seine Gefühle nicht nach außen trägt. Der Fisch sowohl als Sternzeichen als auch als Tier steht eng in Zusammenhang mit unseren Gefühlen. Das Element Wasser unterstützt uns dabei, leichter Kontakt mit ihnen aufzunehmen und ihnen näherzukommen. Das Fließen des Wassers bringt sozusagen unsere Gefühle in Fluss. Und so können wir Aufenthalte an Gewässern auch nutzen, um mit unseren Emotionen in Kontakt zu kommen, sie von allen Seiten zu beleuchten, anzunehmen und zuzulassen. Und uns gleichzeitig nicht von ihnen überwältigen zu lassen. Wir haben Gefühle, sie sind ein wichtiger Bestandteil von uns und dennoch *sind* wir nicht unsere Gefühle. Wir können sie beobachten, sehen, was sie mit uns machen, und so Rückschlüsse ziehen auf unsere Wünsche, Träume, Ängste, Blockaden und Sorgen.

Ganz besondere Rückzugsorte im Wasser stellen übrigens Inseln dar. Abhängig von ihrer Größe und Besiedelung ist das natürlich sehr unterschiedlich. Dennoch haben sie eine ganz eigene Energie, sind sie doch vollkommen von Wasser umgeben. Je kleiner sie sind, desto deutlicher wird das erkennbar. Und umso größer das Gefühl der Abgeschiedenheit. Gerade diese kleinen Inseln vermitteln uns häufig den Eindruck eines kleinen Paradieses der Geborgenheit, vollkommen geschützt, umgeben von Wasser. Dort können wir zur Ruhe kommen, die Seele baumeln lassen und das Sein genießen.

Sind wir in der Natur unterwegs, begegnen uns meistens verschiedene Formen des Wassers auf einmal. So erging es mir beispielsweise auf dem Wasserweg in Ehrwald. Dort begegnete es mir rauschend, tösend, glucksend und fröhlich dahinplätschernd. Als Bach, mal rasch dahinströmend, mal langsam fließend, sich zu kleinen Seen anstauend, als Wasserfall sich hinabstürzend aus großer Höhe und auch als Quelle. Die Luft dort war so wunderbar wohltuend – aufgeladen, aktivierend, energiegeladen. Dazwischen die Landschaft, so abwechslungsreich – Berggipfel, Wald, Buckelwiesen. Und dennoch hat jede Wasserform für sich genommen so unterschiedliche Qualitäten, dass ich sie an dieser Stelle gern jede für sich noch ein wenig näher beleuchten möchte.

## Quellen

Quellen sind der Ursprung der meisten Süßgewässervorkommen auf unserem Planeten. Jeder Bach, jeder Fluss entspringt in einer Quelle. Manche treten aus einer Öffnung in einem Felsen hervor, manche sickern durch den Boden nach oben, manche öffnen sich geradezu explosiv nach oben und spritzen ihr Wasser in einer Fontäne empor. Meist hat sich das Wasser unterirdisch gesammelt, ist aus verschiedenen Ecken zusammengelaufen, um gemeinsam an einem Punkt an die Oberfläche zu kommen. Hier zeigt sich also etwas, das zuvor im Verborgenen lag. Es tritt an die Oberfläche, um dort in den Fluss des Lebens zu geraten. So geben uns Quellen Anlass auf unsere verborgenen Seiten zu schauen – versteckte Talente und Potenziale, geheime Wünsche oder Träume. Womöglich ist nun die Zeit gekommen, sie an die Oberfläche zu holen und sie ins

Leben hinauszutragen und so der Welt zu zeigen, was in uns steckt. Auch wenn wir etwas ganz Neues beginnen möchten – einen neuen Lebensabschnitt oder einen neuen beruflichen Weg einschlagen wollen – sind Quellen ein guter Ort, um uns dort frische Energie und Kraft dafür zu holen. Denn dort entsteht ebenfalls etwas Neues.

Quellwasser ist rein, klar, voller Mineralien, die es auf seinem Weg durch die Erdschichten aufgesammelt hat. Es hat eine äußerst hohe Energie und Schwingung. Das Trinken von frischem Quellwasser gehört zu sehr alten rituellen Handlungen. Paracelsus (1493–1541) spricht vom Genius der Quellen als Ursache der Heilwirkung von Trinkkuren. Im Christentum wurden diese heiligen Quellen oft verehrt. Häufig hat man sie mit einem Heiligen als Schutzpatron in Verbindung gebracht, und ihnen wurden bestimmte Heilkräfte für bestimmte Krankheiten zugeordnet. Die Quellen wurden regelmäßig geschmückt und kleine Geschenke dort hinterlassen, wenn die Menschen dort ihr frisches Quellwasser abfüllten. An einigen sind sogar ganze Klöster und damit auch Ansiedlungen entstanden, wie beispielsweise in Wessobrunn oder in Altomünster.

Die Quelle ist also das Symbol schlechthin für die reinigende und heilende Wirkung von Wasser. Insbesondere wenn wir es trinken, ist es durchaus von Bedeutung, auch auf eine gewisse Qualität zu achten. Schließlich versorgen wir damit das Wichtigste, das wir haben – unseren Körper. Wenn wir uns einmal vorstellen, wie wir frisches Wasser aus einer Quelle trinken, wird dieser Zusammenhang vielleicht noch plastischer: Wir treffen – womöglich nach einer langen Wanderung – auf eine Quelle mit ganz klarem, fröhlich dahin plätscherndem Wasser. Wir kühlen unsere Hände daran, genießen die Kühle, geben etwas davon in unser Gesicht und trinken dann ein paar Schlucke. Das frische Nass breitet sich aus in unserem Mund, rinnt durch unsere Speiseröhre hinab in unseren Magen und verteilt sich von dort weiter. Die Energie breitet sich aus in unserem Körper, und wir merken die vitalisierende Wirkung. Wir werden innerlich ganz klar und rein. So gibt uns die Quelle Anlass zur Frage, welche negativen Einflüsse wir aus unserem Körper und Energiefeld lösen und hinausschwemmen wollen. Und wo in unserem Körper und Energiefeld Reinigung angebracht und sinnvoll wäre?

Und dann haben Quellen noch eine sehr beruhigende Wirkung auf uns. Es ist wohl die Verfügbarkeit unseres Lebenselixiers, das uns ein gutes Gefühl gibt. Sie nehmen wir auf durch ihren Anblick, ihren Klang und ihren Geruch. Indem wir sie sehen, hören, riechen und vielleicht spüren. So energetisieren und reinigen uns Quellen nicht nur, sondern bringen uns auch wieder in eine gute Balance und Harmonie.

## Zwei Quellen im Vergleich – Loisach und Brenz

*Da stehe ich nun am Ursprung der Loisach. Das Wasser ruht sanft, in allerlei Grüntönen spiegelt es sich. Ein paar Regentropfen von oben vereinen sich mit ihm und bilden einen wunderschönen Glitzerteppich, wie kleine Diamanten, die ins Wasser fallen. Im weiteren Verlauf wird es wieder munter, plätschert und rauscht dahin, umspült die Felsen. Immer wieder dieses Wechselspiel zwischen ruhig, glasklar, grünlich-bläulich schimmernd, von Schilf umgeben und munter dahinplätschernd, rauschend und leise fließend. Ein Ort für Naturgeister. Ich kann förmlich ihr Lachen hören, ihre leisen Freudenschreie beim Herumtollen in den Gewässern und außenherum. Was für ein Kraftort! Die Quellen sind zahlreich, verteilt hier und da. Von allen Seiten strömt das Wasser herbei, um dann als Loisach seine Reise anzutreten. Hier ist sie noch ganz frei – mal laut, mal leise, mal tosend, mal fröhlich glucksend.*

*Ganz anders hingegen die Quelle der Brenz. Zwischen hohen Felswänden tritt sie empor, tief und unergründlich. Bildet dort einen kleinen See mit tiefblauem Wasser in zahlreichen Farbnuancen schimmernd von Türkis bis Grün. Es ist ganz klar. Da tritt etwas ganz Tiefes an die Oberfläche und kommt in den Fluss. So wie bei uns Menschen, wenn wir bei der Geburt aus der dunklen Geborgenheit der Fruchtblase hinauskommen und in den Fluss des Lebens geraten. An der Brenz wird dieser Fluss gleich gezähmt, aufgestaut durch ein Wehr. So wie es auch bei uns häufig geschieht, gleich nach der Geburt, wenn wir in den hellen Klinikapparat geworfen werden oder das Leben uns gleich in die Mangel nimmt. Dennoch findet die Brenz ihren Weg, breitet sich wieder aus, bildet kleine Seen, Tümpel und schilfbewachsene Zonen, fließt mal rasch dahin, mal ganz ruhig und langsam. Genau wie wir auch unseren Weg ins Leben finden und an unseren Herausforderungen wachsen, uns weiterentwickeln.*

## Flüsse und Bäche

Flüsse und Bäche können regelrechte Kraftadern sein, denn sie geben Informationen, die sie mit sich führen, an ihre Umgebung ab und laden durch ihre Bewegung die Luft mit negativen Ionen auf. Flüsse sind auch Lebensadern. In ihrer Nähe haben die Menschen ihre Siedlungen gebaut, um das Lebenselixier Wasser immer in Reichweite zu haben. Und sie haben ihre Wasserkraft genutzt. In vielen Kulturen haben sie einen hohen Stellenwert, denken wir nur an den heiligen Fluss der Inder – den Ganges – oder den Amazonas in Südamerika. Flüsse befruchten ihre Umgebung und machen sie nutzbar für uns Menschen. Früher vor allem zur Landwirtschaft, als Transport- und Antriebsmittel. Heute zählen sie zu beliebten Naherholungsgebieten, wie zum Beispiel die Pupplinger Au bei München oder die Lechauen bei Augsburg. An ihren Biegungen und Schleifen wie auch an ihren Mündungen bündeln Flüsse ihre Energie, und dort finden wir ganz besondere Kraftorte. Dort wurden häufig Schlösser und Burgen gebaut, die von der positiven Kraft des Wassers umschmeichelt wurden.

Aus den meisten Quellen ergibt sich ein Fluss oder Bach. Flüsse oder Bäche haben also in der Regel einen Anfang und ein Ende, wenn sie sich mit einem anderen Fluss vereinen oder ins Meer fließen. Auf ihrem Weg von diesem Anfang bis zum Ende erleben sie so allerhand, ihnen begegnen die unterschiedlichsten Landschaftsformen, sie fließen durch Schluchten, enge Täler und durch weite Ebenen, in denen sie sich ausbreiten können. Sie treffen auf Wälder, Wiesen, Felder, Berge, Felsen, Steine und noch viel mehr. Menschen sitzen an ihren Ufern, waschen sich in ihnen, angeln, sonnen sich, feiern oder sehen einfach nur dem Lauf des Flusses zu. Manchmal fahren sie auf ihnen in einem Boot oder schwimmen darin. Zahlreiche Tiere laben sich am Fluss. Und um ihn herum entsteht eine vielfältige Pflanzenwelt.

Es ist wie in unserem Leben. Auch wir haben diese und jene Begegnungen, treffen andere Menschen, Tiere, Pflanzen. Bereisen Länder und treffen auf die verschiedensten Landschaftsformen. In unserem Leben werden wir vor Herausforderungen gestellt, werden uns Hindernisse in den Weg gelegt, geht es mal leichter und mal schwerer. Machen wir es doch wie der Fluss. Er fließt einfach so dahin. Egal was passiert. Was macht es mit uns, wenn wir unser Leben mit einem Fluss vergleichen? An welcher Stelle des Flusses befinden wir uns gerade? Wie und wo war unser Ursprung? Und wie sollte das Ende aussehen?

Vor allem, was möchten wir auf dem Weg dorthin noch durchfließen? Was passiert, wenn wir gegen den Strom fließen? Ein interessantes Experiment ist es dabei, einmal an einem Fluss in Fließrichtung zu wandern und dann entgegengesetzt, um zu sehen, wie sich das anfühlt.

Wie gehen wir mit Hindernissen um? Wenn sich dem Fluss ein Hindernis in den Weg stellt, umfließt er es einfach, auch wenn er vielleicht einen Umweg in Kauf nehmen muss und es etwas länger dauert. Oder er bleibt so lange dran, bis das Hindernis nachgibt und aus dem Weg geht. So kann uns der Fluss helfen, selbst wieder »in den Fluss zu kommen«. Er lehrt uns, im Moment zu bleiben, die Herausforderungen anzunehmen, so, wie sie kommen, und sie einfach anzugehen. Egal ob wir sie gut finden oder schlecht. Beständig und beharrlich. Sein Fließen beruhigt uns und lässt uns in die Stille kommen. Als ob er unsere Gedankenströme, die sich um unsere Sorgen und Nöte kreisen, einfach davontragen würde.

Was hindert uns noch daran, in den Fluss zu kommen? Welche Steine legen wir uns selbst in den Weg? Wo wäre es angebracht, ein Hindernis einfach zu umfließen und sich einen anderen Weg zu suchen? Und wo wäre es besser, an dem Hindernis zu arbeiten und es zu verformen?

Wenn wir am Fluss unterwegs sind, regt er auch unsere Gefühle an, bringt unsere Emotionen in Bewegung. Wir können prüfen, wie wir mit ihnen umgehen, ob wir sie einfach annehmen und sein lassen können, ohne uns überwältigen zu lassen. Und eventuell kann der Fluss auch etwas mitnehmen, das nicht mehr zu uns gehört. Wir können uns dem Fluss hingeben und uns vorstellen, wie er durch uns hindurchfließt und so unseren Körper und Geist reinigt. Je nachdem, was wir für den Moment als anziehender empfinden, können wir uns dafür rauschende, reißende Wasserfälle oder Strömungen aussuchen oder sanft dahinplätschernde, beschauliche Bäche.

# Auf dem Lechweg

*Am Ursprung beginnt er – der Weg entlang des Lechs. An einem regnerischen Tag machen wir uns auf zum Formarinsee in der Nähe der Lechquelle. Ruhig liegt er da, der See – ganz glatt. Mit wundervollen Sommerblumen umkränzt. Aus dieser Gegend ergießen sich die Quellen des Lechs, sprudeln über Felsen, Steine, durch Felder, vorbei an grasenden Kühen. Heute ist uns nicht nach langen Aufenthalten zumute, denn der Regen strömt vom Himmel. So ist der erste Tag auf dem Lechweg recht nass – das Wasser hat uns quasi auch von oben begrüßt. Doch es warten noch sonnige Tage auf uns. Schön ist es, einen Fluss zu begleiten. An ihm entlangzulaufen, mal mehr, mal weniger weit entfernt, mal von oben auf ihn herabschauend, mal direkt neben ihm. Und dabei selbst nach und nach in den Fluss kommend. Anfangs ist er noch schmal und klein, schwillt jedoch recht bald an. Er hat eine positive Energie. Seine türkis-blaue Farbe leuchtet uns meist fröhlich entgegen und stimmt uns gleich frohgemut. Wir begleiten ihn lange, durch die verschiedensten Landschaftsformen, durch Berge und Täler, über Brücken bis nach Füssen, wo er sich über den Lechfall ergießt. Für mich hat er eine ganz besondere Magie und zieht mich seither immer wieder an. Er ist quasi zu meinem Lieblingsfluss geworden, zu dem ich immer wieder gern aufbreche. Er stimmt mich fröhlich, macht mich innerlich weit und frei, gibt mir neue Kraft und Energie.*

# Seen

Seen gibt es in unterschiedlichsten Größen – vom kleinen Weiher bis hin zum Süßwassermeer. Ihre Ufer gehören zu den ältesten Siedlungsgebieten. Wir finden dort zahlreiche Pfahlbauten, denn sie waren schon immer beliebte Lebensräume. Sie haben nicht ganz die reißerische Kraft von Flüssen und bergen deshalb nicht so viele Gefahren, wobei sie dennoch ebenfalls mit Respekt betrachtet werden sollten, denn sie haben durchaus ihre Tücken. Gleichzeitig versorgen sie uns Menschen mit Nahrung, und ihre Ufer sind gut geeignet für Landwirtschaft. Doch nicht nur das, irgendwann wurde auch der Freizeitwert von Seen entdeckt, und sie wurden zum beliebten Aufenthaltsort für uns Menschen.

Manche Seen haben einen geradezu majestätischen Charakter, beispielsweise der Starnberger See bei München. Er wird gern der königliche See genannt, da er für die bayerischen Könige ein beliebter Aufenthaltsort war. Wie an vielen Seen bilden auch hier die Ufer Anhöhen, von denen wir auf ihn herabblicken können. Der Blick geht in die Weite, bei schönem Wetter bis zu den Alpen, und davor erstreckt sich der See in seiner ganzen Pracht. Manche Seen sind sogar von regelrechten Steilufern umgeben, wie der Königssee oder der Achensee. Sie machen es schwierig, sich ihnen zu nähern. Sie bleiben lieber für sich. Und andere sind von einem dichten Schilfgürtel umgeben und bilden dadurch einen geschützten Lebensraum für Flora und Fauna, wie beispielsweise der Neusiedler See. So sind die Ufer von Seen sehr unterschiedlich gestaltet, sind mehr oder weniger gut erreichbar für uns. Nicht alle Seen laden uns also gleichermaßen zu sich ein. Manche wollen erobert werden oder nur von Ferne angesehen. Sie setzen sich gute Grenzen. Anlass, sich die Frage zu stellen, wie unsere eigenen Ufer, sprich unsere Grenzen, eigentlich aussehen sollen. Welche Grenzen setze ich für wen? Wen lade ich ein, wen halte ich auf Abstand? Was mute ich mir zu? Wann erschaffe ich einen breiten Uferstrand mit sanftem Einstieg? Und wann die felsige Steilwand?

Was sind eigentlich Seen? Wie entstehen sie? In der Regel handelt es sich bei ihnen um eine Ansammlung von Wasser in einer Senke. Dies kann auf verschiedene Arten dort hinkommen – auf natürliche und auch auf künstliche, durch menschliche Einwirkung. Seen bestehen also aus angestautem Wasser. Das Wasser kommt dort zur Ruhe, bleibt stehen, selbst wenn es natürlich nie vollkommen aus der Bewegung gerät. So ist der See bei ruhigem Wetter glatt, das Wasser ist klar, und die Oberfläche bildet einen Spiegel, in dem sich die Umgebung und auch wir selbst uns reflektieren können. Dabei kann der See einen guten Vergleich zu unserer Gemütslage bieten.

Wenn wir einen Stein in den See werfen, gibt es einen Platsch, und dann zieht das Wasser Kreise, breitet sich aus. Der See wird also durch ein von außen eintreffendes Ereignis bewegt. Genau wie uns manche Ereignisse in unserem Leben bewegen. Sie erschüttern uns, schlagen Wellen, breiten sich aus in uns. Dann ist es manchmal gut – mit etwas Abstand –, an den Kern der Erschütterung zurückzukehren und die Kreise zu beruhigen, die Bahnen neu zu schreiben. So wie sich der See wieder beruhigt und zur Ruhe kommt, seine Oberfläche wieder glättet.

Bei stürmischem Wetter wirft der See Wellen. Das Wasser ist aufgewühlt und oft auch trüb, da der Boden des Sees durcheinandergewirbelt wird. Wenn wir aufgewühlt sind oder im Außen zu viel los ist, fällt es uns schwer, nach innen zu schauen. Wir sind zu sehr gefangen von den Dingen, die uns beschäftigen, ärgern oder gar beängstigen. So ist es in diesen Situationen ratsam, erst wieder ruhiger zu werden, einen Moment innezuhalten, auf den Atem zu hören, bevor wir agieren. Andernfalls verpassen wir die Gelegenheit, unsere Handlungen mit dem abzugleichen, was in unserem Inneren vorgeht, reagieren oft vorschnell und unüberlegt. Wenn es hingegen im Außen ruhig wird, schauen wir leichter in unseren inneren Spiegel. So ist der See auch ein Symbol für Stille und Tiefe. Ebenso kann uns seine Oberfläche einen Spiegel vor Augen halten, uns zeigen, was wir von uns preisgeben und wie wir nach außen wirken.

Und dann gibt es da diese Seen voller Magie, voller Mystik. Viele von ihnen galten von jeher als Orte spiritueller Energie, und wir finden zahlreiche Sagen zu ihnen. Ihnen werden oft magische Kräfte zugeschrieben. So soll im Walchensee bei München ein Waller am Grunde des Sees schlafen und dort kostbare Goldschätze bewachen. Besonders berühmt ist natürlich das Seeungeheuer von Loch Ness. Diese Sagen finden wir häufig an besonders tiefen Seen, die dadurch auch recht unergründlich sind. Ähnlich wie die tiefen Meere sind sie ein Sinnbild für die Tiefen unseres Unbewussten.

## Der See – meine große Liebe

*Ich gehe immer wieder an Seen – ich fühle mich geradezu magisch angezogen von ihnen. Jeder See hat seine ganz eigene Qualität, eine ganz spezielle Energie, und die ist für jeden anders passend – je nach Mensch, Bedürfnis und Lebenssituation. So können wir alle unseren Lieblingssee finden. In meiner Heimat bin ich gern am Wörthsee. Bei einem meiner morgendlichen Aufenthalte ist er ganz klar, glatt – bis auf den Grund einsehbar. Wenn ich weiter hinausschwimme, verschwindet der Boden. Das Wasser ist mineralhaltig und türkisblau. Er fühlt sich fein an, liebevoll umschmeichelnd, leicht. Ich lass mich von den Wellen*

*treiben. Lass alles abwaschen im See, tauche ein, gebe mich hin. Wie dem Treiben des Lebens. Der See zieht das Schwere fort und hinterlässt eine große Leichtigkeit und Freiheit – Abwesenheit von Sorgen, Problemen, Ängsten. Ich begebe mich an meinen Platz unter einer Birke und einer Weide und genieße den Blick in den Himmel. Die Blätter winken mir zu im Wind. Die Stämme strecken sich in die Höhe. Die Birke strebt nach oben zum Licht. Sie unterstützt die Leichtigkeit nach meinem Bad im See. Ihre feinen Blätter flattern leicht im Wind und reflektieren das Licht der Sonne. Sie ist ein Lichtbaum. Die Weide breitet sich zum Wasser aus. Sie verbindet Wasser und Land, wie eine Brücke. Ihre Blätter kräuseln sich wie im Spiel, aus Freude am Leben, daran, an diesem schönen Platz zu stehen. Ich spüre die Wurzeln unter mir, wie sie sich miteinander verbinden. Es ist ein einladendes Ufer. Der See zieht auch gern die Menschen an sich.*

*Bei einer Wanderung in Biberwier war ich am Mittersee. Er hat eine ganz eigene Magie – wie er da liegt –, grün schimmernd und ruhig. Als ob ihn nichts erschüttern könnte. Sein Wasser wird ein wenig vom Wind gekräuselt. Er ist umgeben von Wald. Die Bäume umschmeicheln ihn, neigen ihre Äste sanft zu ihm hin. Als ob auch sie gern ein wenig eintauchen würden in das strahlende Grün. Ich gehe hinein. Das Wasser umschließt mich angenehm kühl. Es ist schön. Ich fühle die Energie des Wassers, die mich nährt, reinigt und alles Verbrauchte abwäscht. Hier tanke ich auf, werde vitalisiert.*

# Meere

Meere umgeben unseren ganzen Erdball – als Ozeane bedecken sie zwei Drittel seiner Oberfläche und bilden den größten Anteil der gesamten Wasservorkommen auf der Erde. Sie sind gewaltig, haben einen ganz eigenen Lebensraum – eine Welt, die für uns nur sehr schwer zugänglich ist, sind wir doch körperlich nicht dafür ausgestattet, unter Wasser zu atmen. Vielleicht ist das der Grund dafür, dass das Meer sinnbildlich für das Unbewusste steht. Tatsächlich ist es so, dass vieles in der Unterwasserwelt noch unerschlossen und unerforscht ist. Ähnliches gilt übrigens für unser Unbewusstes. Hier gibt es ebenfalls noch sehr viele offene Fragen. Sicher ist, dass die meisten Prozesse in uns automatisch ablaufen, ohne dass wir sie bewusst steuern. Unser bewusstes Denken und Handeln setzen wir nur zu einem Bruchteil von vielleicht zehn Prozent ein. Diese Automatismen können wir aber bis zu einem gewissen Grad beeinflussen, indem wir sie in unser Bewusstsein holen, sie durch einen inneren Beobachter aus einer gewissen Distanz betrachten und dann beginnen, zu hinterfragen und gegebenenfalls zu verändern. Dazu bedarf es einer gewissen Übung, Disziplin und Konsequenz. Dazu kann uns das Meer einladen.

Die Gewaltigkeit der Meere vermittelt uns auch eine gewisse Vorstellung von der Größe unserer Erde. Wenn wir auf das Meer hinausblicken, erscheint es so, als ob wir in die Unendlichkeit sehen, als ob sich dort am Ende nichts mehr befindet, die Welt zu Ende ist. So entstand früher das Bild einer flachen Erde, von der wir hinunterfallen ins Nichts, wenn wir über den Rand hinausgehen. Heute wissen wir es besser und können sogar die Krümmung der Erde am Horizont wahrnehmen. Und bemerken, wie die Erde in einem Zusammenspiel mit anderen Himmelskörpern steht. Wir sehen die Sonne und den Mond im

Meer aufgehen oder versinken. Und anhand der Gezeiten sehen wir, wie die Erde vom Mond beeinflusst wird. Bis zu fünfzehn Meter kann der Wasserpegel sich verändern bei Ebbe und Flut, abhängig von der Region und den Zu- und Abflussmöglichkeiten des Wassers.

Warum sollten also nicht auch wir unter dem Einfluss dieser Himmelskörper stehen? So fragen wir uns, unter welchem Sternbild wir geboren sind, mit welcher Sternenkonstellation wir in unser Leben gestartet und welche Prozesse dadurch begünstigt sind. Oder wir überlegen uns, welchen Einfluss sie auf unser tägliches Leben haben.

Als Lebenselixier, so wie das Süßwasser, eignet sich das Wasser der Meere aufgrund seines hohen Salzgehalts für uns Menschen kaum. Dies unterstreicht noch einmal die Bedeutung unserer Süßwasservorkommen auf der Erde, die übrigens nur einen Bruchteil von drei Prozent der Gesamtwassermenge ausmachen. Dennoch bildet auch der Lebensraum Meer eine wichtige Nahrungsquelle für uns. Wir finden dort Algen, die besonders nährstoffhaltig sind, und natürlich Fische und Meerestiere. So haben sich seit jeher viele Menschen an den Ufern der Meere niedergelassen und Siedlungen gegründet.

Geomantisch gesehen sind die Uferzonen der Meere meist sehr kraftvolle Bereiche mit ganz unterschiedlicher Wirkung, die abhängig ist von der Topografie. Ein flacher, lang gezogener Sandstrand wirkt sehr ausgleichend und beruhigend. Auch sanfte, geschwungene Dünen haben einen ähnlichen Effekt. Ich erinnere mich selbst an eine Wanderung entlang eines solchen Strandes auf dem Camí de Ronda in Spanien. Es war ein erhebendes, befreiendes und gleichzeitig harmonisierendes Gefühl. Eine Steilküste kann hingegen eine fast schon aufregende Wirkung auf uns haben. Denn gerade die von der Brandung umspülten Felsen sind besonders kraftvoll. Hier ist die Luft äußerst ionenhaltig, und das Wasser entfaltet eine große Dynamik. Auch Einmündungen von Fließgewässern sind ganz besondere Orte. Hier trifft meist Süßwasser auf Salzwasser, und es bildet sich ein ganz eigener Lebensraum. All das, was der Fluss mit sich trägt, ergießt sich an diesen Stellen ins Meer und geht in seiner Unendlichkeit auf. Es sind also Orte der Befreiung und des Loslassens.

In diesem Zusammenhang hatte ich eine sehr interessante Begegnung auf dem Camí de Ronda in Spanien. Dort führte ein Teil des Wanderwegs an einem langen Sandstrand entlang und traf an einer Stelle auf eine Flussmündung. Jedoch schaffte es der Fluss auf die letzten Meter nicht ins Meer, da ihm der nötige Schwung fehlte. Er versickerte kurz vor seinem Ziel im Sand. Mir ermöglichte dieser Umstand, die Stelle ohne Probleme zu passieren, denn wäre der Wasserstand höher gewesen, hätte ich durch den Fluss waten oder eventuell sogar einen Umweg in Kauf nehmen müssen. Und so kann es auch bei uns manchmal vorkommen, dass wir, wie der Fluss, unser Ziel auf den letzten Metern verpassen und mehrere Anläufe benötigen, um es letztendlich zu erreichen. Dann können wir innehalten und uns fragen, wo uns noch der nötige Schwung fehlte oder welche Kräfte noch dagegen wirkten. Vielleicht sollen wir noch etwas lernen. Oder es soll erst noch die Tür für jemand anderen geöffnet werden, bevor wir durchstarten können. In solchen Momenten helfen uns Zuversicht und Vertrauen in einen höheren Sinn, der Glaube daran, dass auch wir es schaffen werden, und der innere Frieden damit, wenn es doch anders kommen sollte.

# Am Atlantik in Muxía

*Was für ein gewaltiger Ort. Glatt gewaschene, riesige Felsen treffen auf den Atlantischen Ozean. Als Braut des Meeres und des Windes wird er bezeichnet. Und so ist es auch bei meinem Aufenthalt dort stürmisch. Costa da Morte wird dieser Küstenabschnitt genannt. Mir wird schnell deutlich, warum. Das Meer braust gegen die Felsen, umspielt sie, zischt in die Höhe mit unbändiger Kraft. Der Wind saust durch mein Haar, bläst durch mich hindurch und trägt alles Belastende mit sich fort. Genau das Richtige zum Abschluss meiner Pilgerreise auf dem Jakobsweg. Ich fühlte mich dort energetisiert, aufgeladen, alle Lebensgeister wurden erweckt. Die Luft schmeckte feucht und salzig. Ich verbrachte dort Stunden, konnte mich gar nicht mehr trennen, eine solche Faszination übte dieser Platz auf mich aus. Die Sonne ging langsam unter, zeichnete ein wunderbares Farbenspiel in die Wolken, während der Leuchtturm begann, sein Licht hinauszustrahlen in die Ferne. Es ist ein heiliger Ort. Die Legende sagt, dass dort die Jungfrau Maria dem Apostel Jakobus auf einem Boot erschienen sein soll. In versteinerter Form liege es dort zwischen den Felsen, es sei quasi zu einem von ihnen geworden, genau wie das Segel und das Steuer. Die Felsen sollen eine heilende Wirkung haben, wenn man durch sie hindurchkriecht. Und so empfand auch ich diesen Ort als heilig und gleichzeitig heilsam. Wie neu geboren und aufgeladen zog ich von dannen.*

# Coachingfragen auf einen Blick

**Allgemein**

- Was würde es für mich und mein Leben bedeuten, wenn ich wie das Wasser den Weg des geringsten Widerstands gehen würde? Wenn ich mit dem Leben fließen würde? Die Dinge einfach so nehmen würde, wie sie kommen? Als Herausforderung, die es anzunehmen und zu meistern gilt, so, wie es in dem Moment in meinen Möglichkeiten liegt.

- Welche Energien gehören zu mir, und wo unterliege ich fremden Einflüssen? Wie kann ich mich und meine Energien wieder gut in den Fluss bringen? Wo und wann wäre es angebracht, mich von Fremdeinflüssen, Energien, die nicht zu mir gehören, zu reinigen?
  Welche negativen Einflüsse möchte ich lösen und hinausschwemmen? Welche Möglichkeiten stehen mir dafür zur Verfügung, und welche wären die für mich passenden?

- Welche Emotionen habe ich? Was machen sie mit mir? Wie äußern sie sich? Körperlich? Geistig? Welche Rückschlüsse kann ich aus ihnen ziehen auf meine Wünsche, Träume, Ängste, Blockaden und Sorgen?

**Quelle**

- Welche verborgenen Seiten schlummern in mir? Gibt es versteckte Talente, Potenziale, die ich noch nicht auslebe? Oder geheime Wünsche und Träume, die ich gern verwirklichen möchte? Wie wäre es, wenn ich sie umsetzen würde? Wie fühlt sich das an? Welche Schritte kann ich unternehmen, um sie ins Leben zu tragen? Wie kann ich diese Quelle in mir zum Sprudeln bringen?

- Gibt es etwas Neues, das in mir entsteht? Oder befinde ich mich an der Schwelle zu einem neuen Weg in meinem Leben?
  Was könnte die Quelle mir dafür mitgeben?

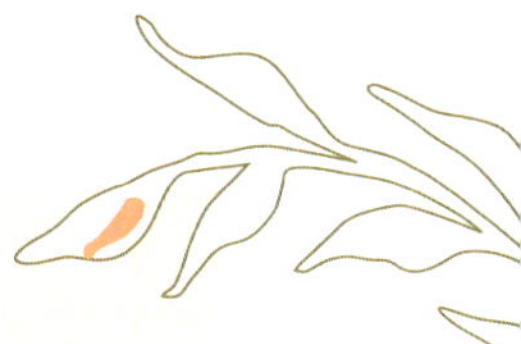

**Fluss**

- Wie fühlt es sich an, wenn ich mein Leben mit einem Fluss vergleiche? An welcher Stelle des Flusslaufes befinde ich mich dann gerade? Wie war mein Ursprung? Und wie sollte mein Ende sein? Was möchte ich auf dem Weg dorthin noch durchfließen?
- Was passiert, wenn ich gegen den Strom fließe? Und wie gehe ich mit Hindernissen um? Kann ich mich dem Fluss des Lebens hingeben? Voller Vertrauen?
- Was hindert mich noch daran, in den Fluss zu kommen? Welche Steine lege ich mir in den Weg? Wo wäre es angebracht, ein Hindernis einfach zu umfließen und mir einen anderen Weg zu suchen? Und wo wäre es besser, an dem Hindernis zu arbeiten und es zu verformen?
- Welche Emotionen bringt der Fluss ans Tageslicht? Wie gehe ich mit ihnen um? Kann ich sie annehmen und sein lassen? Mich mit ihnen beobachten?

**See**

- Wie sollen meine Grenzen aussehen? Welche Grenzen setze ich für wen? Wen lade ich ein, wen halte ich auf Abstand? Was mute ich mir zu? Wann erschaffe ich einen breiten Uferstrand mit sanftem Einstieg? Und wann die felsige Steilwand?
- Ist das Wasser trüb oder klar? Aufgewühlt oder ruhig? Was wühlt mich auf? Welche Ereignisse erschüttern mich? Was beschäftigt, ärgert oder ängstigt mich? Wie schaffe ich es, wieder zur Ruhe zu kommen, meine inneren Wogen zu glätten? Was lässt meinen inneren See klar werden? Wie schaffe ich es, nach meinen inneren Werten und Vorstellungen zu agieren und mich nicht von den äußeren Umständen überwältigen zu lassen? Wie gelingt es mir, überlegt, ruhig und klar zu handeln?

Welchen Spiegel hält mir der See vor Augen? Was sehe ich an der Oberfläche? Was am Grund? Was zeige ich an meiner Oberfläche? Und was liegt in meinem Inneren? Wie wäre es, wenn ich es im Außen präsentieren würde? Und welche Grenzen sollte ich dabei beachten?

**Meer**

 Welche Prozesse laufen in meinem Unbewussten ab? Wie kann ich sie in mein Bewusstsein holen und damit anfangen, sie zu hinterfragen?

 Meere stehen unter dem Einfluss des Mondes, sichtbar durch Ebbe und Flut. Welchen Einfluss könnten die Himmelskörper auf mich haben? Was hat das für eine Bedeutung für mein tägliches Leben? Was wird dadurch mehr oder weniger begünstigt?

## Übungen

# Am und mit dem Wasser

### Wasser wahrnehmen

**Gehe an deinen Lieblings-Wasser-Platz. Das kann eine Quelle, ein See, ein Bach oder Fluss sein. Suche dir dort eine Stelle, an der du das Wasser gut im Blick hast.**

Komme ganz zur Ruhe und sieh auf das Wasser. Beobachte, wie es sich bewegt. Ist es ruhig oder eher aufgewühlt? Schnell oder langsam? Spiegelt sich etwas darin? Was kannst du erkennen? Ist das Wasser eher trüb oder ganz klar? Kannst du auf den Grund sehen? Oder bleibt er eher im Verborgenen? Kannst du etwas auf der Oberfläche sehen? Blätter, Äste? Oder weiter unten im Wasser? Steine? Algen? Pflanzen? Tiere?

- Schließe die Augen und prüfe, welche Geräusche du wahrnehmen kannst. Hörst du das Plätschern oder Glucksen? Hört es sich laut oder leise an?
- Nimm dann Kontakt mit dem Wasser auf. Tauche deine Hände ein und spüre, wie es sich anfühlt. Wie ist die Temperatur? Ist es warm oder kalt? Ist es eher weich oder hart? Du kannst auch deine Füße eintauchen oder den ganzen Körper. Ganz nach deinen Wünschen. Nimm das Wasser mit all deinen Sinnen wahr und schaue, was passiert. Welche Wirkung hat das Wasser auf dich? Welche Gedanken gehen dir dabei durch den Kopf? Wie fühlt sich dein Körper an? Deine Gefühle? Lass allem einfach seinen Lauf und nutze die heilende Wirkung der Natur.
- Wenn du möchtest, kannst du im Anschluss die Coachingfragen zu dem passenden Gewässer beantworten oder mit der nächsten Übung weitermachen.

## Gewässer als Spiegel deiner Emotionen

**Zur Einstimmung ist es empfehlenswert, diese Übung im Anschluss an die vorherige zu machen. Du kannst sie aber auch unabhängig voneinander durchführen. Hier geht es nun um deine Emotionen. Wasser steht sehr eng in Verbindung mit ihnen.**

- Setze dich an deinen Platz am Wasser und blicke auf die Oberfläche. Lass das Wasser auf dich wirken und prüfe, welche Emotionen auftauchen. Nimm einfach nur wahr, ohne zu bewerten. Vielleicht rauschen am Anfang einige unangenehme Gefühle durch dich durch. Erkenne sie an. Sie haben ihre Berechtigung und gehören zu dir. Gib ihnen ihren Raum.
- Lass alles fließen, egal was kommt. Vielleicht meldet sich hier dein inneres Kind, irgendeine Verletzung von früher. Nimm es liebevoll in den Arm und tröste es. Sein Schmerz ist richtig, und jetzt bist du dazu in der Lage, es zu beruhigen.
- Schaue dann, welche positiven Gefühle zu deinem Leben gehören. Freude, Glück, Liebe, Frieden, Behaglichkeit. Was kommt dir in den Sinn? Lade sie ein. Vielleicht erinnerst du dich plötzlich an eine schöne Situation oder du bist einfach nur glücklich, an diesem schönen Platz zu sein.

Tauche dann vollkommen in dieses Gefühl ein. Suche dir einen Gegenstand, der dich an dieses angenehme Gefühl erinnert. So kannst du es mitnehmen und zu einem späteren Zeitpunkt wieder abrufen.

### See-Meditation

**Diese Meditation eignet sich, wenn du in einem aufgewühlten Zustand bist. Sie hilft dir, wieder zur Ruhe zu kommen. Es ist nicht unbedingt notwendig, dazu an einen See zu fahren. Du kannst dir auch einfach nur einen vorstellen.**

Setze dich bequem hin – aufrecht und dennoch entspannt. Richte deine Aufmerksamkeit auf deinen Atem. Atme langsam ruhig und tief.

Richte nun deinen Blick auf den See vor dir. Oder schließe die Augen und blicke auf deinen imaginären See. Wie sieht er aus? Ist seine Oberfläche ruhig oder eher aufgewühlt? Ist sein Wasser eher klar oder trüb? Was kannst du daraus auf den Zustand in deinem Inneren schließen?

Blicke weiter auf die Oberfläche und beobachte, wie alles immer ruhiger wird. Der See wird immer glatter und ruhiger. Die trüben Bestandteile setzen sich am Untergrund ab. Dort werden sie der Erde übergeben und von ihr transformiert. Das Wasser wird immer transparenter und klarer, und du kannst die Dinge am Grunde des Sees erkennen. Was siehst du dort? Schaue genau hin, ohne bewerten zu wollen. Nimm einfach alles so an wie es ist.

Gibt es etwas, was dein Interesse besonders weckt? Ist es ein Gegenstand? Oder eine Farbe? Oder ein Symbol? Verändert es sich, je länger du es betrachtest? Will es dir etwas sagen? Hat es eine Botschaft für dich?

Nimm die Botschaft oder das Geschenk mit, wenn es sich für dich stimmig anfühlt. Richte deine Aufmerksamkeit dann noch einmal auf die ruhige Oberfläche, und genieße die Stille und Weite. Lass alles ruhig werden in dir.

Nimm ein paar tiefe Atemzüge und komme langsam wieder zu dir ins Hier und Jetzt. Wenn du so weit bist, öffne langsam wieder deine Augen.

# Exkurs: Die Elemente und ihre Bedeutung

**Aus den Elementen gehen die Grundprinzipien des Lebens auf der Erde hervor. Sie sind in unterschiedlichen Anteilen in allem enthalten und drücken sich dort in verschiedenen Eigenschaften aus. Auch in unseren körperlichen wie geistigen Zuständen spiegeln sich die Elemente wider.**

Dem Element Wasser habe ich bereits ein ganzes Kapitel gewidmet. Das Feuer verbinden wir vor allem mit der Tatkraft, mit Aktivität und Handlung. Hier setzen wir Dinge um, die wir zuvor im Geiste geplant haben. In unseren Körperprozessen finden wir das Feuer beispielsweise in unserer Verdauung wieder – durch sie verbrennen wir Energie und erzeugen dadurch Wärme. So muss das Element nicht zwingend ein tatsächliches Feuer sein, sondern kann auch einfach durch Wärme oder Licht dargestellt werden. Und natürlich ist die Sonne ebenso dem Feuer zugeordnet.

Das Element Erde bedeutet die Materie schlechthin. Unser Körper, die Nahrung, die wir zu uns nehmen, die Kleidung, die wir tragen, unser Wohnraum – all das ist dem Element Erde zugeordnet. Dazu gehören auch das Geld, das wir verdienen, und die Einkäufe, die wir damit machen. Das Element Erde verbindet uns mit unseren Wurzeln, mit unseren Ahnen und zeigt uns, welche Talente und Potenziale in uns stecken.

Das Element Luft entspricht hingegen eher unserem Geist, unserem Wissen und auch unseren Ideen. Hier findet der Austausch statt mit anderen Menschen. Über die Luft sind wir alle miteinander verbunden, denn wir atmen alle dieselbe Luft tagtäglich ein und aus. Durch ihre Flüchtigkeit gibt uns Luft auch ein Gefühl der Leichtigkeit.

Das Element Äther ist erst später in den Kreis der Elemente aufgenommen worden. Es stellt die energetische, feinstoffliche Welt dar. Ihm sind die Schwingungen zugeordnet, die in unserer Welt erzeugt werden, beispielsweise durch Farben, Klänge oder Wellen.

In der Natur begegnen wir all diesen Elementen in mehr oder weniger konzentrierter Form. Wir können sie auf uns wirken und uns zu neuen Perspektiven oder Ideen inspirieren lassen.

Die folgende Kurzübersicht gibt einen kleinen Überblick, der natürlich beliebig ergänzt werden kann, je nach eigenem Empfinden.

Äther: Feinstoffliche Welt, Klänge, Wellen, Farben, Energie

Erde: Materie, Körper, Nahrung, Wurzeln, Familie, Fülle, Wohlstand, Potenziale

Feuer: Sonne, Licht, Lebenskraft, Wärme, Veränderung, Aktivität, Umsetzung

Luft: Geist, Wissen, Leichtigkeit, Kommunikation, Inspiration, Austausch

Wasser: Bewegung, Gefühle, Empathie, Intuition, Tiefe, Klarheit, Reinheit

# Höhlen und Grotten

Höhlen gehören zu den ersten Wohnstätten der Menschheit. Sie gaben uns früher Schutz vor den Witterungsbedingungen und vor Gefahren. Sie waren unser Rückzugsort, den wir uns manchmal auch mit Tieren teilten. Wir verbinden Höhlen also mit der ältesten Vergangenheit unserer Menschheitsgeschichte. Zahlreiche Fundstücke erzählen von ihr. Welche Kleidung wir trugen und welchen Schmuck, welche Werkzeuge wir nutzten und welche Waffen, wie wir uns ernährten und wie wir lebten. Wir bemalten die Höhlen mit Jagdszenen oder anderen Ereignissen, wie beispielsweise rituellen Handlungen. So waren sie zum Teil auch Kultstätte für uns. Höhlen regen uns dazu an, eine Zeitreise zu unternehmen in diese Vergangenheit. Uns zu überlegen, wie unsere Vorfahren wohl gelebt haben. Wie war ihre Verbindung zur Natur, zu den Pflanzen und Tieren? Waren sie reine Nahrungsquelle oder galten sie als heilig? Wie sahen sie ihre Umgebung an? Wie war ihr Verhältnis untereinander? Für vieles, was wir heute wissenschaftlich erforscht haben, fanden sie ihre eigene Erklärung. Für die Abläufe in der Natur, das Wetter, den

Jahreslauf, das Werden und Vergehen. Obwohl sie diese Abläufe vielleicht anders erklärt haben als wir, waren sie doch vertrauter mit ihnen, denn sie erlebten sie viel unmittelbarer als wir heute. Die Natur war ihr Lebensraum. Genau das ist er auch heute für uns, denn ohne sie um uns herum gibt es kein Leben mehr für uns hier auf der Erde.

Wie wäre es, wenn wir unsere eigene Lebensweise mal ein wenig überdenken würden? Uns überlegen würden, welche Nahrungsmittel wir konsumieren, wie wir uns kleiden, wie wir uns fortbewegen und welche Auswirkungen das auf die Natur hat? Vielleicht könnten wir von den Höhlenmenschen sogar noch etwas lernen? Vielleicht könnten wir die tägliche Verfügbarkeit all dessen, was wir brauchen, weniger als Selbstverständlichkeit hinnehmen und mehr Wertschätzung dafür entgegenbringen?

In Höhlen können wir uns mit den grundsätzlichen Dingen des Lebens auseinandersetzen, sind wir uns in unserem Kern als menschliches Wesen ganz nahe. Wir können zurückgehen zu unseren Anfängen und die Ursprünge unseres Seins entdecken. Alles, was sich in ihnen abgespielt hat, ist in ihrem Schwingungsfeld abgespeichert. Vermutlich fühlen sie sich deshalb so unterschiedlich an. Die Kraft der Erde ist hier besonders intensiv zu spüren, denn hier sind wir ihr besonders nah. Wir befinden uns quasi in ihrem Schoß. Sie sind Eingänge in das Innere der Erde. Werden in verschiedenen Kulturen als Schoß betrachtet. Höhlen können weitläufig in die Erde hineinreichen, mit vielen Gängen. Sie sind dunkel und labyrinthartig. Sie können aber auch nur ganz klein und übersichtlich sein. Gerade die kleineren Hohlräume, die häufig nur Teilhöhlen sind, bezeichnen wir gern als Grotten. In jedem Fall sind wir hier der Urgewalt der Erde näher. Dies kann sich gut oder weniger gut anfühlen.

Geomantisch gesehen sind Höhlen und Grotten starke Verwerfungszonen. Dadurch, dass sie ins Erdinnere führen, weisen sie eine höhere Strahlung auf, denn hier sind wir dem Erdkern näher. Der innere Kern der Erde besteht aus heißer Materie, die eine hochfrequente Strahlung absondert. Sie ist an Verwerfungszonen besonders intensiv und wirkt sehr aktivierend auf uns.

Marko Pogačnik bezeichnet Höhlen als Orte der Transformation und Regeneration, in denen wir auch die Kräfte der Anderswelt wahrnehmen und mit den Seelenwelten kommunizieren können.[8] Wahrscheinlich ranken sich deshalb viele Sagen und Mythen um sie. Man sah in ihnen den Wohnort von Zwergen und Drachen. Die Drachen sind ein Symbol für die großen Erdkräfte, die in Höhlen herrschen. Legenden von Menschen, die die Drachen gezähmt haben, berichten davon, wie die Erdkräfte besänftigt wurden, um so die Höhlen für Menschen nutzbar zu machen. Ist das der Grund, warum es so zahlreiche Mariengrotten gibt? Sollten auch dadurch die Erdkräfte milde gestimmt werden?

Wir erkennen also, welch konträre Wirkung Höhlen auf uns haben. Wir können sie als dunkel, unübersichtlich, unruhig empfinden oder als sehr heimelig, als einen Ort, wo wir uns zurückziehen können und geborgen fühlen. Ich erinnere mich beispielsweise an eine Übernachtung in einem Höhlenhotel in Spanien. Ich fühlte mich dort geborgen wie in Mutters Schoß. Und schlief in dieser Nacht tief und fest bis in die Mittagsstunden. Es war so, als ob sich alle Unruhe in mir gelöst, ich alle fehlenden Schlafstunden dort nachgeholt hätte und einiges geheilt ist in mir. In anderen Höhlen, beispielsweise in den großen Tropfsteinhöhlen, fühle ich mich einerseits überwältigt von ihrer Wunderwelt aus Steinformen, andererseits überkommt mich dort meist ein eher unruhiges Gefühl. Ich zumindest könnte mir nicht vorstellen, dort meine Wohnstätte einzurichten.

So können wir Höhlen also ganz unterschiedlich nutzen. Wir können sehen, ob wir eine finden, die wir als Rückzugsort verwenden möchten, in die wir uns sozusagen einhöhlen können und uns vorstellen, wie wir sie einrichten würden, damit wir uns vollkommen wohl und geborgen darin fühlen. Wir können uns aber auch anregen und aktivieren lassen von den großen, labyrinthartigen

Höhlen. Sie sind ein Wunder der Natur. Und stellen teilweise eine ganz eigene Welt dar – eine Anderswelt mit ihren faszinierenden Formen, mit Tropfen aus Stein, Figuren aus Fels, labyrinthartigen Gängen, Verschlingungen, riesigen, sich öffnenden Räumen, Galerien, kleinen Seen. Ihre Farbenspiele können unsere Fantasie anregen, uns einladen in eine Welt der Vorstellungskraft und uns so andere Perspektiven und Blickwinkel eröffnen auf unsere eigene Welt.

## Coachingfragen auf einen Blick

- Welche Welt eröffnet sich mir, wenn ich in die Wunderwelt von Höhlen eintauche und mich von ihren Formen und Farben inspirieren lasse?
- Welche Wirkung hat auf mich der Gedanke, mich hier an den Ursprüngen des Seins zu befinden? Welche Gefühle, Bilder oder Ideen tauchen dabei auf? Was löst es in mir aus? Denke ich dadurch anders über bestimmte Themen in meinem Leben?
- Könnte ich von den Höhlenmenschen etwas lernen? Wie ist meine Lebensweise im Vergleich zu ihrer? Welche Auswirkungen hat sie auf unseren Lebensraum, auf die Natur? Wie könnte ich der Natur mehr Wertschätzung entgegenbringen für die materiellen Dinge, die mich im Alltag umgeben?
- Wie empfinde ich Höhlen oder Grotten? Wo fühle ich mich geborgen und wo eher unwohl? Was könnte der Grund dafür sein? Wie würde ich mir meine Höhle als Rückzugsort gestalten? Was sagt das über mich aus?
- In welchen Situationen möchte ich mich am liebsten in eine Höhle zurückziehen? Was wäre, wenn ich diesem Wunsch Raum geben würde? Wie fühlt sich das an? Was würde sich verändern? Wo bräuchte ich mehr Rückzug in meinem Leben? Und wo wäre es wichtig und richtig, mehr nach außen zu treten?

Übung

## Sich einhöhlen

**Manchmal möchten wir uns gern vollkommen zurückziehen, uns einhöhlen und ganz für uns sein, so wie ein Bär in seinem Winterschlaf. Nur geben wir uns selten Raum für diesen Wunsch. Diese Übung lädt dich genau dazu ein.**

- Du kannst dir dafür eine vorhandene Höhle in der Natur suchen, dir selbst mit Ästen und Zweigen eine bauen oder dir zu Hause deine Höhle kreieren. Ganz wie es für dich passt und stimmig ist.
- Nimm in deine Höhle alles mit, was du benötigst, um dich wohlzufühlen. Das können Decken und Kissen sein oder auch eine Unterlage aus Laub, Kerzen (bitte Vorsicht mit Feuer in freier Natur!), Räucherwerk oder Duftöle, Schreibmaterial, Musikinstrumente und was dir sonst einfällt. Richte dir deine Höhle so ein, wie es für dich passt, und mache es dir dort gemütlich.
- Genieße dann einfach das Gefühl des Rückzugs, der Geborgenheit, des Für-dich-Seins und mache, was dir gefällt und was dir gerade in den Sinn kommt. Versuche aber möglichst, dich nicht durch äußere Einflüsse, wie Lesen oder aufs Handy schauen, abzulenken. Sondern beschäftige dich ganz und gar mit dir selbst.
- Bleibe so lange in deiner Höhle, wie es sich für dich stimmig anfühlt. Gerade in unserer schnelllebigen Zeit benötigen wir den Rückzug sehr, um wieder bei uns selbst anzukommen, uns zu spüren und zu regenerieren.

# Wald und Bäume

Wald und Bäume bestehen zwar eigentlich aus dem gleichen Grundmaterial, dennoch haben sie ganz unterschiedliche Energien und Qualitäten. Der Wald ist viel mehr als einfach nur eine Ansammlung von Bäumen. Er ist ein hochkomplexes Netzwerk, und das macht die ganz eigene Atmosphäre des Waldes aus.

Wenn wir den Baum isoliert betrachten, nehmen wir diese Welt gar nicht wahr. Insofern passt das Sprichwort »Ich sehe den Wald vor lauter Bäumen nicht« recht gut. Bäume für sich genommen sind schon sehr unterschiedlich, und ihre Energie verändert sich zusätzlich, je nachdem, ob sie in großen oder auch kleinen Gruppen stehen oder einzeln. Ein Baum allein kann bereits einen sehr magischen, kraftvollen Ort darstellen. Beide – sowohl der Wald als auch einzelne Bäume – sind heutzutage häufig von Menschenhand gepflanzt und gehegt. Aus diesem Grund stehen sie in enger Beziehung zu uns und sind uns in der Regel wohlgesonnen. Was erzählen uns der Wald und die Bäume? Sehen wir ein wenig genauer hin.

# Wald

Mit dem Wald verbinden die meisten unter uns heutzutage Erholung. Wir gehen in den Wald zum Spazieren, um frische Luft zu schnappen und neue Kraft zu tanken. Dann gibt es noch diejenigen, die zum Pilze- und Beerensammeln gehen, wobei das schon gar nicht so unproblematisch ist. Denn Wälder sind in erster Linie große Nutzflächen. Sie haben einen Besitzer, und ihre Bäume dienen der Forstwirtschaft. So können wir dort nicht tun und lassen, was wir wollen, und auch der Wald bleibt nicht sich selbst überlassen. Der Mensch greift stets ein, indem er Bäume herausnimmt oder neue pflanzt und Totholz entfernt. So wirken viele Wälder heute regelrecht aufgeräumt. Vielleicht liegt es auch daran, dass wir sie heute immer weniger als unheimlich empfinden. Früher waren sie meist ein undurchdringliches Dickicht, dunkel und undurchsichtig. In ihnen verbarg sich Unbekanntes, was einigen Menschen Angst machte. So beschrieben die Römer, wie furchterregend die Wälder im freien Germanien seien. Die Römer hatten ihre Wälder ja schon seit langer Zeit gerodet, um einerseits die Flächen für die Landwirtschaft zu nutzen, und andererseits benötigten sie das Holz als Bau- und Brennmaterial. In Germanien gab es noch weitläufige, zusammenhängende Waldgebiete, die sich selbst überlassen waren. Dennoch war der Wald für die Germanen eine vertraute grüne Heimat, in der sie sich bestens auskannten. So konnten sie den Römern standhalten.

Wir sehen also, dass es auch hier wieder von der Sichtweise des Betrachters abhängt, ob wir den Wald als Ort ansehen, der Schutz und Geborgenheit bieten kann, oder ihn eher unheimlich empfinden, als Ort voller Gefahren. Wir können uns in ihm verstecken und Nahrung finden in Form von Pilzen, Beeren oder Kräutern. Er kann aber auch unwirtlich sein und Gefahren bergen, wie wilde Tiere oder andere Menschen, die uns nicht wohlgesonnen sind. Wir können uns also zunächst fragen, wie der Wald auf uns wirkt? Empfinden wir ihn eher als bedrohlich oder als angenehm?

Wie wäre es, wenn wir uns ein wenig abseits der Wege aufhalten würden? Sind wir eher neugierig auf das, was da kommt? Oder ängstlich? Wie können wir das auf unser Leben übertragen? Wie verhalten wir uns angesichts unbekannter, unvorhersehbarer Begebenheiten? Stürmen wir gleich darauf los? Oder nähern wir uns eher vorsichtig? Geben wir uns Zeit, uns an die neue Situation zu gewöhnen, einmal einfach abzuwarten? Wie steht es um unser Vertrauen?

Bei unseren Vorfahren in Europa hatten die Wälder einen hohen Stellenwert. Sie waren ein wichtiger Lebensraum für sie, boten sie doch eine Fülle an Nahrungsmitteln von Pilzen über Beeren bis hin zu Tieren. Zudem waren die Wälder der Ort der Heilkundigen, denn dort fanden die Kräuterfrauen, Schamanen und Druiden ihre Medizin. So bedeutet das Wort Druide ja auch Eichenkundiger. Wälder waren heilige Orte, in denen zahlreiche Waldgötter und Baumgeister lebten.

Erst als wir Menschen anfingen, den Wald nicht mehr als heiligen Ort, sondern als Nutzobjekt zu sehen, begann sich unser Verhältnis zu ihm zu ändern. Die Wälder wurden stark gerodet und das empfindliche Gleichgewicht der Natur gestört.

Erst in jüngster Zeit haben wir wieder ein Bewusstsein für die Bedeutung des Ökosystems Wald entwickelt. Heute wissen wir, dass der Wald nicht nur Holz- und Nahrungsquelle für uns darstellt, sondern verantwortlich ist für die Erhaltung des natürlichen Gleichgewichts auf der ganzen Welt. Das Wurzelwerk der Bäume und Geflecht der Pflanzen festigt den Boden und schützt ihn so vor Erosion sowie Erdbewegungen. Gleichzeitig sind die absterbenden Pflanzenreste ein wichtiger Humuslieferant wie auch Wohnort für Insekten. Durch ihr dichtes Netzwerk sind die Böden in der Lage, sehr große Mengen an Wasser zu speichern, und tragen somit zur Stabilisierung des Wasserkreislaufs auf der Erde wie auch zur Verfügbarkeit von Trinkwasser erheblich bei. Zudem binden die Wälder Kohlenstoff, indem sie durch Fotosynthese der Atmosphäre Kohlendioxid entziehen und Sauerstoff produzieren, ohne den es für uns Menschen wie auch alle Tiere kein Überleben hier auf der Erde gäbe. Wir sind also vollkommen eingebunden in dieses Gleichgewicht, und es spielt für den Erhalt unseres Lebensraums eine tragende Rolle.

Gleichzeitig ist es wichtig, dass sich die Wälder nicht zu sehr ausbreiten. Denn einerseits stellen sie wichtige Rückzugsgebiete für scheue Tiere und bestimmte Pflanzen dar, andererseits würden sie alles zuwuchern, wenn wir sie vollkommen sich selbst überlassen würden, und so gäbe es keine offenen Flächen mehr. Es geht also um das gesunde Mittelmaß – die Balance. Dazu können wir einen erheblichen Beitrag leisten.

Was macht das mit uns, wenn wir uns als Teil dieses großen Ganzen betrachten? Wenn wir uns bewusst machen, dass wir eingebunden sind in die Kreisläufe der Natur, in diesen Prozess des Gebens und Nehmens, Werdens und Vergehens? Wir könnten uns außergewöhnlich fühlen, geradezu außerwählt, diese Geschenke erhalten zu dürfen. Aber auch unbedeutend, weil unsere Individualität in diesem großen Ganzen auf gewisse Art und Weise untergeht. Höheres Bewusstsein oder Ego – wer gewinnt die Überhand? Unser Ego gaukelt uns den lieben langen Tag vor, wie wichtig wir doch sind – wir und unsere Gedanken, Gefühle, unsere Befindlichkeiten. Es nährt sich von unseren Problemen, Sorgen, Ängsten, Schmerzen und plustert sich auf. Unser Bewusstsein hingegen erstrebt das Angebundensein, nimmt uns selbst nicht so ernst und setzt uns in Bezug zu einer höheren Ordnung. Durch sie ist alles geregelt, zum höchsten Wohle aller, nur ist das für uns nicht immer gleich ersichtlich. Durch sie erschließt sich uns die wahre Magie der Welt, eine Magie, von der auch wir ein Bestandteil sind. Diese Magie lässt unser Ego klein werden und bringt dadurch unser inneres Licht zum Leuchten.

Gerade der Wald gibt uns vielleicht die Gelegenheit, in diese Magie noch ein Stückchen mehr einzutauchen, denn hier meinen wir, der Natur besonders nah zu sein. Der Lärm der Welt da draußen dringt nur noch gedämpft an unser Ohr, wie in Watte gepackt. Der Wald schützt uns vor den Witterungsverhältnissen – vor Regen genauso wie vor zu starker Hitze. Und so bildet er eine ganz eigene Atmosphäre von Schutz und Geborgenheit. Wir können uns dorthin begeben auf der Suche nach Stille und Ruhe. Und gleichzeitig in den Genuss der heilsamen Kräfte kommen, die dort vorhanden sind.

Beschäftigen wir uns nämlich etwas eingehender mit der Funktionsweise des Waldes, stellen wir fest, dass Aufenthalte im Wald zahlreiche, sehr positive Effekte auf unsere Gesundheit haben. Gerade der gesunde, naturbelassene Wald ist ein riesengroßes Kommunikationsnetzwerk. Alle Lebewesen sind miteinander im Austausch – durch den Waldboden und die Botenstoffe in der Luft. Die Pflanzen haben ein ausgeklügeltes Warnsystem entwickelt, über das sie sich gegenseitig informieren können, wenn sie beispielsweise von Insekten befallen werden. Über die Aussendung von Molekülen werden die anderen Pflanzen gewarnt und können so wiederum die Fressfeinde dieser Insekten anlocken. Auch können sich Bäume vor zu starker Sonneneinstrahlung schützen, indem sie durch Substanzen, die sie absondern, einen blauen Dunst erzeugen. Zweitausend Duftstoff-Vokabeln hat die Wissenschaft mittlerweile erforscht, die zum Austausch dieses Organismus beitragen. Vermutlich gibt es aber noch viel mehr.[9] In diesem Gesamtorganismus hat jedes Element eine bestimmte Aufgabe. Womit wir wieder bei dem Bild der höheren Ordnung wären.

Dieses Kommunikationsnetzwerk funktioniert teilweise durch die Luft und teilweise über den Boden. Dieser ist von vielen Verästelungen durchzogen. Da sind die Wurzeln der Bäume, die sich mit ihren feinen Haarwurzeln ganz weit verzweigen. Sie stehen in Kommunikation mit dem Geflecht der Pilze. Die Pilze, die wir an der Oberfläche sehen können, sind nur ein kleiner Teil davon. Pilze und Bäumen leben in einer Symbiose. Die Bäume erhalten Wasser und Nährstoffe über das Geflecht der Pilze und geben dafür Kohlenhydrate an die Pilze ab. Zahlreiche kleine Insekten und andere Tiere wie auch Mikroorganismen leben außerdem im Waldboden und helfen beim Austausch untereinander. Wenn wir uns vorstellen, dass ein Meter Waldboden etwa 10 000 Jahre in sich trägt, erhalten wir vielleicht eine kleine Idee von dem großen Wunder, das darin steckt.

Dieses Netzwerk hat auch eine positive Wirkung auf uns Menschen. Die Duftstoff-Vokabeln, mit denen sich die Pflanzen austauschen, gehören hauptsächlich zur Gruppe der Terpene, die ebenso in ätherischen Ölen enthalten sind. Sie haben einen positiven Effekt auf unsere Gesundheit. So stärken längere Aufenthalte im Wald nicht nur unser Immunsystem, sondern schützen auch unsere Atmungsorgane, wirken sich positiv auf unser Herz-Kreislauf-System aus, bauen Stresszustände und ihre Folgen ab, hemmen Entzündungsprozesse in unserem Körper, harmonisieren unser Hormonsystem und fördern unsere Selbstheilungskräfte. Wir werden wieder gelassener, und es kehrt Frieden in uns ein. Aus diesem Ansatz heraus ist in Japan der Forschungszweig der Waldmedizin entstanden. Hier wurden die positiven Effekte von Waldaufenthalten auf die menschliche Gesundheit wissenschaftlich erforscht. So ist – unter der Führung des Medizinprofessors Qing Li – der neue Gesundheitstrend des Waldbadens entstanden – japanisch »Shinrin Yoku« oder auch »Einatmen der Waldatmosphäre«. Sogar bei uns in Deutschland ist Waldbaden mittlerweile eine von manchen Kassen offiziell anerkannte Präventionsmethode. Dabei gilt:

Je länger und bewusster wir unseren Aufenthalt im Wald gestalten, desto besser wirkt es. Wir müssen uns dort also nicht unbedingt auspowern, sondern eher verweilen, achtsam wahrnehmen und entspannen. Im Sommer oder nach einem Regenguss ist der positive Effekt noch größer, da dann die Konzentration der Terpene höher ist.[10]

Die Welt des Waldes ist also vielseitig. Er lädt uns dazu ein, durchzuatmen, einen klaren Kopf zu bekommen und gleichzeitig unsere Gesundheit zu fördern. So können wir uns wieder auf das Wesentliche konzentrieren. Wenn wir dem Wald dann mit dem Herzen begegnen, eröffnen sich uns weitere Welten. Dann tauchen wir ein in seine Magie und lernen, seine Botschaften zu lesen. Wir betrachten die Pflanzen und Tiere genauer, sehen, welche Farben und Muster sich zeigen und was wir daraus erkennen können. Und fangen dann womöglich an, uns selbst in ein anderes Verhältnis zu setzen.

## Waldimpressionen

*Wälder habe ich schon zahlreiche durchstreift und dabei so einige Impressionen gesammelt. Da war der sonnige Nachmittag in einem Buchenhain bei Stuttgart. Es war Frühjahr und das Laub der Buchen noch ganz zartgrün und licht. Wie Säulen in einer Kathedrale streckten sich die Buchen gerade zum Himmel empor, und das Sonnenlicht schimmerte durch ihre Blätter hindurch. Es war ein erhebendes Gefühl. Voller Magie. Das Gefühl, ein Teil zu sein von diesem Wunder der Natur. Dazuzugehören. Dabei zu sein bei diesem Wiedererwachen der Welt.*

*Dann war da der Wald mit den tanzenden Buchen rund um den Wackelstein im Bayerischen Wald. Sich windend, als ob sie sich rekeln würden, streckten sie sich empor zwischen schnurgeraden Fichten und Kiefern. Eine Gegend voll flimmernder Energie. Geheimnisvoll. Durchsetzt mit wunderlichen Felsformationen. Mystisch, faszinierend und aufwühlend zugleich. Hier können auch unsere düsteren Seiten zum Vorschein kommen.*

*Ganz zauberhaft magisch fühlte sich hingegen der Lärchenwald bei Ehrwald an. Wie im Märchen. Flimmernde Elfen und Feen schienen um mich herumzutanzen. Das zartgrüne Strahlen der Lärchen hüllte mich ein. Eine lichte, klare, helle Energie erfüllte mich und ließ mich ganz leicht werden, glücklich und frei.*

*Und dann ist da noch mein besonderer Freund – der Eibenwald von Paterzell. Er ist einfach magisch. Gleichzeitig licht und dunkel. Harmonie. Balance. Das dunkle Wesen der Eiben lädt dazu ein, in mein Innerstes zu spüren und mein wahres Selbst zu erkennen. Das sanfte Plätschern des Wassers rundherum trägt alle fremden Energien fort und lässt mein inneres Licht erstrahlen. Hier tauche ich ein in die Magie des Seins.*

## Bäume

Betrachten wir nun den einzelnen Baum, ergibt sich wieder ein neues Bild. Bäume haben ihre ganz eigenen Qualitäten und Eigenschaften. Diese entfalten sich unterschiedlich, je nachdem, ob sie einzeln stehen oder in Gruppen, und dann auch noch abhängig davon, ob sie mit anderen Arten zusammenstehen oder ihren eigenen Artgenossen. Die Eigenschaften der Bäume erschließen sich durch ihr Aussehen, die Beschaffenheit ihres Stamms, ihrer Blätter und ihrer Rinde, ihre typische Wuchsform, die Verwendbarkeit ihres Holzes, ihrer Früchte oder Blätter. Sie haben bestimmte Kräfte, die auf unseren physischen Körper Einfluss haben, und solche, die eine energetische Wirkung haben. So ist beispielsweise der Stamm der Buche sehr glatt und hat eine klare Struktur. Die Buche kann uns also eine gewisse Klarheit vermitteln. Ihre Früchte, die Bucheckern, sind ein wichtiges Nahrungsmittel für die Tierwelt. Aus ihnen wurde früher ein wichtiges Öl gewonnen. Die Buche hat also auch etwas Nährendes, Mütterliches. Sie kann uns eine mütterliche Geborgenheit schenken. Die Linde hingegen ist der Inbegriff von Sanftmut, Harmonie und Frieden. Ihre Blätter sind herzförmig. Ihre Blüten haben lindernde und heilende Wirkung bei Erkältungskrankheiten und viralen Infekten. Unter ihr wird getanzt, gefeiert und Recht gesprochen – im Sinne des Friedens.

So haben die einzelnen Bäume in den unterschiedlichen Kulturen eine bedeutende Rolle gespielt. Sie stellten heilige Orte und auch wichtige Kultplätze bei den Griechen, Römern, Germanen und Kelten dar. Der Baum als Verbindungsachse zwischen Himmel und Erde ist dabei ein häufiges Motiv. Außerdem war der Glaube verbreitet, dass Bäume von Naturwesen bewohnt seien. Bei den Germanen galt die Weltenesche Yggdrasil als Verkörperung der Schöpfung, als Lebensbaum. Vermutlich handelte es sich bei ihr übrigens um eine Eibe.

Die Eiche galt als Kapelle des großen Wotan, die Linde war der Liebesgöttin Freya geweiht und die Weide der Erdmutter Hel. Auch das erste Menschenpaar ging aus zwei Bäumen hervor – der Mann aus der Esche und die Frau aus der Ulme. Im Christentum kommt dem Apfelbaum eine große Bedeutung zu, ist seine Frucht doch verantwortlich für den Sündenfall der Menschheit. Ihn verbinden wir mit Fruchtbarkeit und Erkenntnis wie auch mit Macht und Reichtum, so beispielsweise in Form des Reichsapfels der Herrscher. Die alten

Baumheiligtümer wurden im Christentum oft umfunktioniert und den eigenen Heiligen gewidmet. So gibt es zahlreiche Pilgerstätten, die an Marienerscheinungen im Baum erinnern, wie Maria Eich in Planegg bei München oder Maria Birnbaum bei Aichach.

Denken wir einmal an die Ausstrahlung von uralten, hundert- oder gar tausendjährigen Bäumen können wir diese Anziehungskraft gut nachvollziehen. Sie faszinieren uns Menschen von jeher. Angesichts ihres hohen Alters werden unsere Probleme und Sorgen in ein anderes Maß gesetzt. Wir können uns vorstellen, was der Baum schon alles erlebt und wie viele Jahrhunderte der Geschichte er mitbekommen hat. Dabei stehen Bäume immer an einem Ort, sie können nicht weglaufen. Sie verharren dort und lassen das Leben um sich herum geschehen, sind ein Teil davon. Umtost von Stürmen, die an ihren Blättern ziehen und ihre Äste ins Wanken bringen. Besucht von Vögeln, Eichhörnchen, Insekten und anderen Tieren. Und ebenso von uns Menschen. Wie wäre es, wenn auch wir in unserem Leben so standfest wären wie ein Baum? So verwurzelt in der Erde und gleichzeitig unsere Krone in den Himmel emporstreckend? Was würde in unserem Leben anders verlaufen? Wie würden wir unsere Sorgen und Probleme, Ängste und Nöte wahrnehmen?

Bäume orientieren sich immer auf das Leben und Wachstum. Darauf richtet sich ihre Energie und Kraft. Wenn sie verwundet werden, haben sie die Möglichkeit, diese Wunde wieder zu verschließen, in ihrer Rinde sogar etwas einzuschließen, was nicht zu ihnen gehört. Wenn sie einen Ast verlieren, stecken sie ihre Lebenskraft in den nächsten, auch wenn sie sicherlich unter dem Verlust des einen leiden. Das Leben eines Baumes ist ein kleines Wunderwerk der Natur. Sein Stamm verbindet die Wurzeln im Erdreich mit den Ästen und Blättern. Durch sie zieht sich ein System an Leitungen, ähnlich wie unser Blutkreislauf, über das sich der Baum versorgt. Indem die Blätter Feuchtigkeit an die Umgebung abgeben, entsteht ein Sog, der es ermöglicht, Wasser und Nährstoffe nach oben in die Krone und zu den Blättern zu transportieren. Die dabei entstehende Verdunstungskälte hat kühlende Wirkung und ist ein wichtiger Faktor zur Temperatur- und Klimaregelung. In den Blättern oder Nadeln findet die Fotosynthese statt. Dabei bildet der Baum aus Kohlendioxid, Sonnenlicht und nährsalzhaltigem Wasser Kohlenhydrate. So versorgt er sich selbst mit wichtigen Nährstoffen und produziert gleichzeitig unser Lebenselixier – den Sauerstoff. Seine Rinde schützt ihn außerdem vor äußeren Einflüssen wie Temperaturschwankungen, Bakterien, Pilzen oder Insekten. Der Kontakt mit einem Baum kann uns also auch dazu auffordern, einmal mit unserem eigenen Wunderwerk – unserem Körper – Kontakt aufzunehmen. Wir können uns bewusst werden über all die Mechanismen, die in ihm ablaufen, ganz automatisch, ohne dass sie von uns wissentlich gesteuert werden. Und uns bei ihm bedanken, für das, was er Tag für Tag für uns leistet. Wir sind ebenfalls ein Wunder der Natur, und unser Körper verfügt über ein grandioses System an Selbstheilungsmechanismen. Dazu ist es notwendig, dass wir uns ab und zu darüber klar werden und unseren Körper bestmöglich dabei unterstützen, indem wir ihm, genau wie der Baum, das zuführen, was er am meisten braucht: Bewegung, gesunde Ernährung, frische Luft, Regeneration. Wir können uns fragen, wie wir zu unserem Körper stehen, ob wir ihn liebevoll betrachten oder eher kritisch, ob wir nachlässig

mit ihm umgehen oder eher fürsorglich. Was wäre hier die für uns richtige und passende Vorgehensweise? Und was sollten wir dazu verändern? Denn auch unser eigenes System funktioniert nur gut, wenn wir es entsprechend gut versorgen. Dann können wir die Rinde des Baumes betrachten und uns überlegen, wie es mit unserer Schutzschicht – unserer Haut – steht. Hierbei ist nicht nur der tatsächlich physische Aspekt gemeint, denn auf unserer Haut zeigen sich auch sehr viele innerliche Prozesse. Wir können uns fragen, wie durchlässig wir sind? Was uns unter die Haut geht? Und wie wohl wir uns in ihr fühlen? Wo wäre es angebracht, etwas weniger durchlässig zu sein? Und wo etwas offener?

Hier wird deutlich, dass Bäume viel mehr zu unserer Welt beitragen, als einfach nur bloße Holzlieferanten zu sein. So wurden sie aber lange Zeit gesehen. Und teilweise ist das heute noch so in der Forstwirtschaft und holzverarbeitenden Industrie. Diese Sichtweise der Produktivität und Effektivität wenden wir jedoch auch in vielen anderen Bereichen an, vor allem in unserer Wirtschaft. Der Baum lädt uns also dazu ein, diesen Blickwinkel einmal zu überdenken. Ist nur das, was produktiv und effektiv ist, etwas wert? Oder gelten hier vielleicht auch andere Maßstäbe? Maßstäbe, die nicht unbedingt gewinnbringend sind? Aber sehr förderlich für ein gesundes, harmonisches und friedliches Miteinander? Was ist mit den Werten wie Freundschaft und Nächstenliebe, Respekt und Wertschätzung geworden? Wie würde eine Welt aussehen, die diese Werte mehr in den Vordergrund stellt?

Der Baum ist uns Menschen also äußerst nah. Er ist unser Freund. Er steht aufrecht, genau wie wir. Er reicht hoch in den Himmel und ist fest verwurzelt in der Erde. Er verbindet Himmel und Erde. Er sendet ein starkes Kraftfeld aus, das sogar messbar ist. Hier können wir Kraft tanken. Wir können uns mit der Erde verbinden, unsere Wurzeln spüren und gleichzeitig mit dem

Himmel. Und die unterschiedlichen Qualitäten der Baumarten auf uns wirken lassen. Die Eiche gibt uns Kraft und Stärke, die Buche Klarheit und Schutz und die Birke Reinigung und Leichtigkeit. Wenn wir Kontakt zu Bäumen aufnehmen wollen, kommt es darauf an, zu sehen, welcher Baum uns magisch anzieht, ganz unabhängig von seiner Art. Meistens ist uns dieser Baum dann auch wohlgesonnen. Dennoch sollten wir, wenn wir uns einem Baum annähern, nicht vergessen, dass er ein Lebewesen ist. Wir sollten ihm also wertschätzend und respektvoll entgegentreten. Wir sollten ihn fragen, ob unser Besuch willkommen ist, und ihn um Erlaubnis bitten, uns zu nähern. Dann können wir eintreten in das Feld des Baumes und uns ganz von ihm einnehmen lassen. Wir können ihn umarmen oder einfach nur berühren. Wir können uns an seinem Stamm niederlassen und in seine Krone hinaufsehen. Wir können eintauchen in seine Magie und vielleicht auch mit den Baumgeistern, die in ihm wohnen, kommunizieren. Wir können schauen, was er für Eigenschaften und Qualitäten hat, und so immer tiefer und eingehender mit ihm ins Gespräch kommen.

Dabei muss es nicht immer ein wohlgeformter, großer und starker Baum sein, der uns anzieht. Untersuchungen zufolge wirken zwar solche Bäume besonders positiv auf uns, die so beschaffen sind, dass wir gut an ihnen hochklettern können und die uns Schatten spenden durch eine ausladende Krone.[11] Doch kann es auch mal ganz anders sein. Vielleicht zieht uns ja ein Totholz-Baum an. Oder ein verwundeter Baum. Dann können wir uns fragen, was in uns vielleicht abgestorben oder abgetrennt ist oder welche Verletzungen wir erlitten haben. Eine Teilnehmerin bei meinen Kursen begegnete einmal einem Baum, der mit Pilzen bewachsen war. Dabei kam ihr der Gedanke, dass sie zu ihrem Schmerz »Ja« sagen sollte. Wenig später führte sie ihr Weg aus dem Wald hinaus zu einer Lichtung, wobei der Durchgang wie ein Lichttor aussah. Das war für sie ein Symbol für Hoffnung und Zuversicht, für Vertrauen, dass alles gut werden wird.

## Meine Begegnung mit der Tassilo-Linde

*Prächtig steht sie da, diese alte, tausendjährige Linde. Sie ist mächtig, breit, mit ausladender Krone. Ihre Äste und Blätter strecken sich weit hinab. Trotz ihres hohen Alters ist sie voller Leben, sprießt an allen Seiten neues Leben aus ihr hervor. Und dennoch braucht sie Hilfe, muss hier und da gestützt werden, denn allein kann sie den ein oder anderen Ast nicht mehr tragen. Sie ist uns wohlgesonnen, freundlich. Sie lädt uns Menschen ein, sie zu betrachten, zu bestaunen, zu berühren, in sie hinein zu klettern. Denn innen ist sie hohl, öffnet sich. Ich werde ganz andächtig, überlege, was sie alles erlebt hat im Laufe der Zeit. Sie hat den Anbeginn der bayerischen Geschichte miterlebt. Viele Menschen kommen und gehen sehen. Wichtige und weniger wichtige. Sie hat Kriege erlebt und friedliche Zeiten. Wie kurz ist doch mein Leben hier angesichts dieser mächtigen Zeitspanne. Sie gibt mir ein Gefühl der Verbundenheit mit dieser Zeit und dadurch den Eindruck des Eingebettetseins in etwas Größeres. Ich gehöre mit hinein in diese große Ordnung der Welt. Und mein Ego wird dabei ganz klein. Und damit auch meine Gedanken, meine Sorgen und Ängste. Wenn ich mich in ihren Stamm stelle, bin ich ihr ganz nah. Dort fühlt es sich wohlig an. Und gleichzeitig mächtig, alt, gewaltig.*

# Coachingfragen auf einen Blick

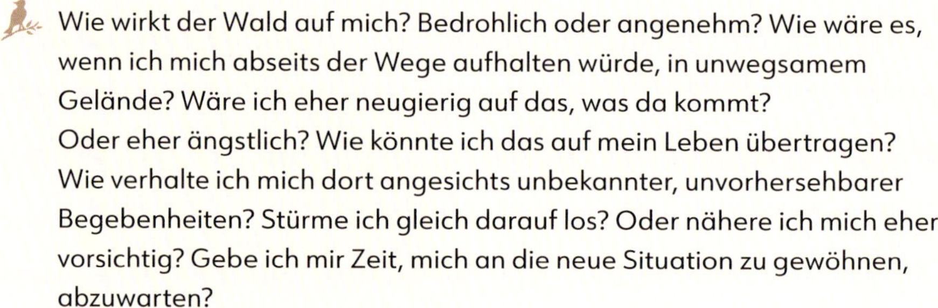

**Wald**

- Wie wirkt der Wald auf mich? Bedrohlich oder angenehm? Wie wäre es, wenn ich mich abseits der Wege aufhalten würde, in unwegsamem Gelände? Wäre ich eher neugierig auf das, was da kommt? Oder eher ängstlich? Wie könnte ich das auf mein Leben übertragen? Wie verhalte ich mich dort angesichts unbekannter, unvorhersehbarer Begebenheiten? Stürme ich gleich darauf los? Oder nähere ich mich eher vorsichtig? Gebe ich mir Zeit, mich an die neue Situation zu gewöhnen, abzuwarten?
- Was geschieht, wenn ich mich als Teil eines großen Ganzen betrachte? Eingebunden in die Kreisläufe der Natur, in den Prozess des Gebens und Nehmens, Werdens und Vergehens? Fühle ich mich außergewöhnlich, geradezu außerwählt, diese Geschenke erhalten zu dürfen oder eher unbedeutend, weil ich als Individuum dort untergehe? Wie steht es um mein Vertrauen in das große Ganze, darin, dass alles einen höheren Sinn hat?
- Wie steht es um mein Ego? Lass ich es unkontrolliert vor sich hin agieren? Oder gelingt es mir, es von einer höheren Warte, aus meinem Bewusstsein heraus zu beobachten?
- Wie kann ich die gesundheitsfördernde Wirkung des Waldes optimal für mich nutzen? Wie kann ich regelmäßige Aufenthalte im Wald in meinen Alltag einplanen und so Heilsames für mich und meinen Körper tun?

**Bäume**

- Welche Rückschlüsse kann ich ziehen auf meine derzeitige Lebenssituation, wenn ich den Baum in seiner Beschaffenheit betrachte? Wie sieht er aus? Was fällt mir ins Auge? Was zieht mich besonders an?
- Wie wäre es, wenn ich in meinem Leben so standfest wäre wie ein Baum? Verwurzelt in der Erde und gleichzeitig meine Krone in den Himmel

emporstreckend? Was würde in meinem Leben anders verlaufen? Wie würde ich meine Sorgen und Probleme, Ängste und Nöte wahrnehmen?

- Bin ich in der Lage, Kontakt aufzunehmen zu meinem eigenen Wunderwerk der Natur, zu meinem Körper? Welche Mechanismen laufen in ihm ab? Habe ich dieses hochkomplexe System, welches jeden Tag ganz automatisch Höchstleistungen vollbringt, schon einmal ausreichend gewürdigt? Unterstütze ich meinen Körper bestmöglich darin, dass er diese Höchstleistungen alltäglich vollbringen kann? Versorge ich ihn mit gesunder Nahrung und mit frischer Luft? Habe ich eine gute Balance zwischen Bewegung und Regeneration? Wie stehe ich zu meinem Körper? Behandle ich ihn liebevoll? Oder eher nachlässig? Was könnte ich hier verändern?

- Wie steht es um meine Haut? Sowohl unter körperlichen als auch seelischen Gesichtspunkten. Was könnte die Rinde des Baumes mir dazu sagen? Was geht mir unter die Haut? Wie durchlässig bin ich? Und wie wohl fühle ich mich in ihr? Wo wäre es angebracht, etwas weniger durchlässig zu sein? Und wo etwas offener?

- Welchen Stellenwert haben Freundschaft, Nächstenliebe, Respekt und Wertschätzung in meinem Leben? Welche Bedeutung haben sie für unsere Gesellschaft? Wie würde mein Leben aussehen, wenn ich diese Werte an erste Stelle setzen würde? Würde sich etwas an meinem Verhalten ändern?

Übungen

# Mit Wäldern und Bäumen

## Bewusstes Atmen

**Im Wald nehmen wir durch unseren Atem ganz besonders viele Stoffe auf, die förderlich für unsere Gesundheit und unser Immunsystem sind. Deshalb ist folgende Atemübung gerade im Wald sehr empfehlenswert. Am besten integrierst du sie bei einem Spaziergang. Du kannst sie aber auch im Stehen oder Sitzen durchführen.**

- Richte deine Aufmerksamkeit auf deinen Atem. Lass ihn ganz entspannt und natürlich fließen. Wo kannst du deinen Atem wahrnehmen? An den Nasenflügeln? Im Rachen? Im Brustraum? Am Bauch? Bemerkst du, wie sich deine Bauchdecke hebt und senkt? Wie sich dein Brustraum dehnt und wieder zusammenzieht? Wie sich deine Nasenflügel weiten? Bemerkst du, wie die Luft an der Innenseite deiner Nase entlangströmt?
- Presse nun deine Lippen fest zusammen und atme ganz langsam aus. Versuche dabei, deine Lunge vollkommen zu entleeren, und ziehe deine Bauchdecke ganz nah an deine Wirbelsäule heran.
- Beobachte dann, wie sich deine Lunge wieder dehnt und mit frischer Luft füllt.
- Wiederhole diesen Vorgang ein paarmal.
- Atme dann wieder ganz entspannt und natürlich. Gib dich dem Fluss deines Atems noch für eine Weile hin und genieße dabei die wunderbare Luft des Waldes.

## Waldbaden

**Waldbaden bedeutet für mich, mit allen Sinnen in den Wald einzutauchen, also regelrecht in ihm zu baden. Begib dich in den Wald deiner Wahl.**

- Halte für einige Momente inne, nimm die Luft des Waldes mit jedem Atemzug in dich auf.
- Schließe die Augen und lausche. Welche Geräusche kannst du hören? Vögel? Den Wind? Ein Rascheln oder Kratzen? Deinen eigenen Atem? Was ist nah und was ist fern?

Fange dann an zu schnuppern. Kannst du bestimmte Gerüche ausmachen? Was kannst du unterscheiden? Den Duft der Bäume? Oder der Erde? Des Mooses?

Öffne dann langsam wieder die Augen und blicke dich um. Was nimmst du wahr? Welche Bäume umgeben dich? Sind sie gerade oder krumm? Sind es unterschiedliche Bäume oder vorwiegend eine Art? Nadelbäume oder Laubbäume? Sieh nach oben in die Kronen. Bewegen sich die Blätter oder Zweige im Wind? Wie sehen die Stämme aus? Sind sie von Flechten oder Pilzen bewachsen? Schaue dann auf den Boden. Was wächst dort? Gibt es Moos oder Beeren? Ist der Boden weich oder hart?

Erkunde deine Umgebung, als ob du sie zum ersten Mal sehen würdest, als ob du ganz neu auf diese Welt gekommen wärst.

Wenn du möchtest, kannst du auch deinen Tastsinn einsetzen, um dieses Wunder der Natur kennenzulernen. Befühle den Boden, die Rinde an den Bäumen, die Pflanzen. Ziehe deine Schuhe aus und setze deine Erkundungstour mit bloßen Füßen fort. Wenn du alles ausreichend begutachtet hast, suche dir einen schönen Platz und verweile dort einige Zeit.

Nimm noch einmal die ganze Atmosphäre des Waldes in dir auf. Prüfe, welche Gedanken, Gefühle oder Körperempfindungen du dabei hast.

Wenn du ausreichend Waldenergie getankt hast, beende dein Bad im Wald und begib dich langsam wieder auf den Rückweg.

### Die Gemeinschaft des Waldes um Rat fragen

**Sehen wir Wälder einmal als Abbild unserer Gesellschaft oder einer Gemeinschaft, in der wir leben, sozusagen als ein gesundes, funktionierendes System. Diese Idee hat ihren Ursprung darin, dass Wälder in stetem Austausch miteinander stehen und sich gegenseitig unterstützen. Es gibt Regeln und Gesetze, an die sich gehalten wird. Genauso wie in einer gesunden Gemeinschaft. Sie können wir um Rat fragen, wenn wir vor einer Frage oder einer Herausforderung stehen.**

Begib dich dazu in den Wald deiner Wahl und suche dir dort einen schönen Platz, an dem du ungestört bist.

Vergegenwärtige dir dann noch einmal deine Frage. Wenn du noch keine konkrete Frage hast, versuche, dein Thema oder deine Problematik in einer Frage zu formulieren.

Überlege dir dann, wen du gern um Rat bitten möchtest. Das können Bäume, Sträucher, Felsen oder auch Tiere sein. Du kannst ebenso noch Personen oder Figuren aus deinem Umfeld mit dazunehmen, denen du dort im Wald einen imaginären Platz gibst. Lege mindestens vier bis fünf Ratgeber fest.

Stelle dich dann in die Mitte und sprich deine Frage laut aus. Verbinde dich dann nacheinander mit deinen Ratgebern und schaue, was sie dir für einen Rat geben. Wenn du möchtest, kannst du dir dazu Notizen machen.

Wenn du von allen Rat eingeholt hast, bedanke dich bei ihnen und bitte sie um ihren Segen. Löse dann diese Runde wieder auf und hinterlass, wenn du möchtest, ein kleines Geschenk.

### Einem Baum begegnen

**Der Anfang dieser Übung hat sehr starke Parallelen mit der bereits vorgestellten Übung »das Energiefeld eines Baumes spüren«.**

Suche dir dafür einen Baum, der dich speziell anspricht. Dieser Baum muss nicht besonders imposant sein, sondern einfach nur für dich stimmig. Halte alle Möglichkeiten offen und lass dich gegebenenfalls auch überraschen.

Bewege dich ganz intuitiv und lass dich am besten von deinem Baum finden.

Nähere dich dem Baum voller Achtsamkeit und Respekt. Nimm erst aus einiger Entfernung Kontakt zu ihm auf. Nähere dich dann Schritt für Schritt und spüre, ob der Baum mit einer Annäherung einverstanden ist. Ein leichtes Ziehen im Bauchbereich oder ein Kribbeln könnten ein Signal sein. Es kann auch ein Windstoß sein, ein Geräusch oder das Fallen eines Blattes.

Wenn du die Erlaubnis hast, trete näher an den Baum heran und betrachte ihn von allen Seiten. Gehe um ihn herum. Tritt ganz nah an den

Stamm heran und blicke nach oben in seine Krone.

- Wie fühlst du dich angesichts dieses Blätterdachs über dir? Du kannst dich an den Fuß des Baumes setzen und dich an seinen Stamm lehnen. Vielleicht magst du dich auch unter den Baum setzen oder legen und die Krone ausgiebig betrachten.
- Lege dann deine Hände auf die Rinde und ertaste den Baum. Du kannst dabei die Augen schließen. Wenn du möchtest, umarme den Baum und lege dein Gesicht an die Rinde. Schaue auch hier, wie es sich für dich anfühlt. Wie riecht der Baum?
- Stelle dir vor, wie der Baum durch die Jahreszeiten hindurch im beständigen Kreislauf mit der Natur steht. Wie er den Stürmen und Temperaturschwankungen trotzt und immer fest an einer Stelle verwurzelt bleibt. Wie der Saft durch seinen Stamm strömt und die Blätter mit Wasser versorgt. Und aus den Blättern wieder Nährstoffe in die Wurzeln fließen, um dort eingelagert zu werden.
- Überlege dir, was der Baum braucht, um sich gut zu entfalten, um sich gesund zu entwickeln und zu wachsen. Kannst du etwas davon auf dich übertragen? Was benötigst du für deine Entfaltung, dein Wohlbefinden, dein Wachstum?
- Welche Botschaft hat der Baum für dich? Schaue, ob du sie annehmen kannst und ob sich etwas in dir verändert?
- Wenn der Moment kommt, dass du deine Baumbegegnung beenden möchtest, löse dich ganz behutsam von ihm. Bedanke dich bei ihm und lass möglicherweise ein kleines Geschenk dort.
- Verabschiede dich dann von dem Baum und entferne dich langsam.

## Exkurs: Botschaften von Bäumen und Sträuchern

Bäume galten schon in vielen Kulturen der Welt als heilig, und man erkannte ihre unterschiedlichen Qualitäten und Eigenschaften. Dabei sah man in manchen Bäumen oder Sträuchern auch Eingangstore in die Anderswelt. Sie bezeichnete man als Schwellenbäume. Zu ihnen zählen Buchsbaum, Eibe, Thuja und Holunder, die interessanterweise heutzutage alle zu beliebten Heckensträuchern gehören. Eine detaillierte Auseinandersetzung mit allen Bäumen und Sträuchern würde den Rahmen dieses Buches deutlich sprengen. Wer sich damit genauer befassen will, sei auf das Buch »Baumheilkunde« von Renato Strassmann verwiesen.

Viel wichtiger bei der Begegnung mit Bäumen und Sträuchern ist aber unser eigenes Gespür. Denn nur so können wir die für uns passende Botschaft erkennen. Spüre also am besten erst einmal selbst hin, wenn du einem Baum begegnest, und schaue, was du mit ihm verbindest. Was hast du für einen ersten Eindruck? Und was erzählt er dir, wenn du dich eingehender mit ihm beschäftigst? Was fällt dir zu ihm ein? Wie ist seine Rinde? Wie sind seine Blätter? Wie seine Wuchsform? Was hat er für Eigenschaften? Jeder Baum erzählt seine eigene Geschichte. Die mir persönlich am wichtigsten erscheinenden Merkmale der bei uns heimischen Bäume findest du in dieser kleinen Übersicht. Lass dich gern davon inspirieren.

Ahorn: Ausgeglichenheit, Gelassenheit, Harmonie

Apfelbaum: Reichtum, Erkenntnis, Fruchtbarkeit

Birke: Leichtigkeit, Licht, Pioniergeist

Birnbaum: Reinheit, Gerechtigkeit, bedingungslose Liebe

Buche: Klarheit, Mütterlichkeit, Geborgenheit

Buchsbaum: Leben, Gesundheit, Schutz

Eberesche: Gegenwart, Reinigung, Lebenskraft

Eibe: Tiefgründigkeit, Hingabe, Werden und Vergehen

Eiche: Kraft, Ausdauer, Mut

Erle: Leichtigkeit, Frohmut, Strahlkraft

Esche: Schaffenskraft, Struktur, Erhabenheit

Fichte: Harmonie, Ausgeglichenheit, Frische

Hasel: Vitalität, Fruchtbarkeit, Polaritäten

Holunder: Besänftigung, Erdkraft, Schutz

Ilex: Abgrenzung, Wahrheit, Dauerhaftigkeit

(Ross-)Kastanie: Nervenstärke, Zentrierung, Öffnung (im richtigen Maß)

Kiefer: Wärme, Sonnenkraft, Lösung

Kirschbaum: Fröhlichkeit, Frische, Süße

Lärche: Vertrauen, Zuversicht, Befreiung

Linde: Sanftmut, Frieden, Freude

Thuja: Schutz, Sicherheit, Ankommen

Ulme: Veränderung, Schwingung, Verbundenheit

Weide: Trauer, Wiedergeburt, Erneuerung

Weißdorn: Herzenskraft, Stärke, Abwehr

# Wiesen und Felder

Wiesen und Felder haben eines gemeinsam – es handelt sich in der Regel um ebene Flächen, die einen Überblick bieten. Sie haben eine bestimmte Weite, die aber auch wieder von Bäumen und Hecken eingefasst ist. Wir können in die Ferne blicken und sehen, wo gewisse Wege langführen, wer oder was sich uns nähert, was uns umgibt. Diese Überschaubarkeit gibt uns ein Gefühl der Sicherheit. Gleichzeitig bieten die umliegenden Hecken und Bäume einen gewissen Schutz. Tatsächlich haben Forscher herausgefunden, dass wir uns in gut überschaubaren Landschaften, also grünen Flächen, die mit Büschen, Sträuchern und vereinzelten Bäumen durchsetzt sind, am besten entspannen können. Dies signalisiert unserem Steinzeitgehirn, dass wir alles gut im Blick haben, uns gut fortbewegen können und es ausreichend Nahrung gibt.[12]

Diese Weite bietet Raum zur Entfaltung. Bäume, die dort wachsen, machen es uns vor. Sie breiten sich in alle Richtungen aus und zeigen ihre ganze Pracht. Das gibt uns Anlass zur Frage, was wir benötigen, um uns bestmöglich zu entfalten. Wie wäre das richtige Maß an Freiheit, Raum, Schutz und Geborgenheit für uns? Denn Entfaltung bedeutet Öffnung. Das kann uns verletzbar machen. So wie die weite Fläche der Wiesen und Felder auch ungeschützt ist.

Hier machen sich die Kräfte der Witterung besonders bemerkbar. Starke Winde oder intensive Regengüsse können über sie hinwegjagen, und es gibt hier kaum eine Möglichkeit des Unterschlupfes. Die Pflanzen, die auf ihnen wachsen, sind diesen Witterungsverhältnissen ausgesetzt. Sie müssen ihnen aus eigener Kraft standhalten. Wie zum Beispiel Bäume, die einfach ihre Wuchsrichtung anpassen, wenn sie starken, immer aus der gleichen Richtung wehenden Winden ausgesetzt sind. Die Tiere, die auf Feldern und Wiesen leben, graben sich Höhlen in die Erde oder verstecken sich in den umliegenden Hecken. An ihnen können wir uns ein Beispiel nehmen. Was machen die Tiere und Pflanzen? Wie leben sie auf dieser weiten Fläche, und wie schaffen sie es, sich zu schützen? Was zeichnet sie aus? Haben sie beispielsweise die Möglichkeit, sich einzugraben, oder als Pflanze ein besonders starkes Wurzelwerk, das sie im Boden verankert? Oder sind sie durch bestimmte Wuchsformen entsprechend vorbereitet? Können sie sich nach einem Wind eventuell einfach wieder aufrichten? Was können wir von ihnen lernen? Wie können wir die richtige Balance zwischen Öffnung und Rückzug finden? Wie reagieren wir auf die Wetterverhältnisse? Was machen Wind, Regen, Sonne, Schnee mit uns?

Und dann werden wir auf dieser weiten Fläche auch konfrontiert mit unserem eigenen Schatten. Er zeigt sich uns hier besonders gut. Wir können ihn uns ansehen und schauen, was das mit uns macht. Welche Schattenseiten, dunklen Seiten, gibt es an uns? Das können Ängste sein, negative Gefühle. Meistens wollen wir sie wegdrängen, sie nicht wahrhaben. Aber sie sind dennoch da und kommen so immer wieder zu uns zurück. Deshalb ist es wichtig, ihnen Raum zu geben, sie anzuerkennen. Denn nur wenn wir sie genauer betrachten, können wir sie auch einordnen und an ihnen arbeiten. Um sie gut beobachten zu können, ist es vorteilhaft, wenn wir innerlich eine gewisse Distanz einnehmen und uns so aus einer höheren Perspektive betrachten. Dies gibt uns die Möglichkeit, die Schatten kleiner werden zu lassen und Veränderungen zuzulassen.

Ziele, Wünsche, Pläne, die wir gern verwirklichen und umsetzen möchten, gehören ebenfalls zu unserer Entfaltung. Dabei nimmt die Entwicklung nicht immer den Lauf, den wir uns wünschen, hoffen oder erwarten. So kann auch die Weite der Wiesen und Felder manchmal trügerisch sein, gibt sie uns doch ein falsches Gefühl für Entfernungen. So kann ein in der Ferne liegendes Ziel näher erscheinen, als es eigentlich ist. Der Weg dorthin kommt uns zunächst kurz vor, und unterwegs merken wir, dass er doch ganz schön lang ist. So erscheint uns auf unserem Lebensweg ein Ziel vielleicht auch manchmal näher, als es ist.

Wir können uns also fragen, wie wir uns verhalten, wenn unsere Pläne oder Erwartungen doch einmal anders sind, als vermutet. Sind wir frustriert und geben auf? Oder bleiben wir dran und behalten unsere Ziele im Blick? Oder gibt es vielleicht sogar ein anderes Ziel, das in unserer unmittelbaren Nähe liegt? Denn wenn wir auf Wiesen und Feldern unterwegs sind, können wir gut wechseln zwischen nah und fern. Wir können Details wahrnehmen in unserer Umgebung und unseren Blick in die Ferne schweifen lassen. Wir können uns an einem weiter weg entfernten Ziel orientieren und neue Wege dorthin finden. Und uns dabei überraschen lassen, was uns auf dem Weg begegnet. Wir können innehalten und die mannigfaltige Flora näher betrachten und eventuell begegnet uns auch das ein oder andere Tier.

Betrachten wir sie im Detail, können die Gräser und Blumen uns etwas erzählen. Genauso die Tierwelt – von Wühltieren, die die Erde fleißig auflockern, über Insekten bis hin zu den Wiesenvögeln. All diese Lebewesen können mit uns zu sprechen anfangen und uns Botschaften mit auf den Weg geben. Sie können uns Hinweise liefern auf Fragen, die uns beschäftigen oder uns Lösungsmöglichkeiten aufzeigen. So kann ein Schneckenhaus zum Beispiel zeigen, dass wir gerade besonders schutzbedürftig sind oder auch, dass wir uns nicht zu sehr verkriechen sollen. Eine Ameise kann uns sagen, dass wir weiter mit Fleiß und Ausdauer an einer Sache dranblieben sollen. Oder ein Schmetterling gibt uns den entscheidenden Hinweis zu unserer Entfaltung. Eine Distel kann uns auffordern, uns besser abzugrenzen. Der Löwenzahn kann uns zeigen, dass Veränderungen auch manchmal bittere, schwierige Phasen beinhalten müssen, damit etwas in den Fluss kommt. Und die Taubnessel erinnert uns womöglich daran, sanftmütiger und liebevoller mit uns umzugehen.

Hier gilt es, einfach zu schauen, wo unser Blick hinfällt oder was uns magisch anzieht.

Um ein noch besseres Gespür zu bekommen, können wir barfuß über die Wiese laufen und den Boden mit unseren Füßen erkunden. Wir können uns hinlegen und in den Himmel sehen. Wir können die Wolken betrachten und uns vorstellen, dass unsere Gedanken wie Wolken sind und wir lassen sie einfach vorüberziehen. Dann können wir in den Wolken lesen und Botschaften erkennen.

Auf der anderen Seite sind Wiesen und Felder in der Regel auch begrenzt. Durch Bäume und Buschwerk, Wege, Blühstreifen, Flüsse und Bäche oder einfach durch die festgelegten Flurgrenzen, die meist durch Grenzsteine markiert sind. Sie können uns also auch zeigen, wie wir mit dem Thema Grenzen umgehen. Wie setzen wir Grenzen in unserem Leben? Wie können wir sie erkennen? Grenzen wir uns ausreichend ab? Oder vielleicht zu sehr? Sollten wir uns mehr trauen? Oder uns eventuell auch weniger zur Verfügung stellen? Uns mehr Räume für uns selbst schaffen? Welche Lösungen finden wir zur Überwindung von Grenzen? Wir können uns ihnen zum Beispiel ganz vorsichtig annähern und sie erst einmal ausgiebig begutachten, bevor wir sie überschreiten. Oder wir bauen eine Brücke, die wir beliebig öffnen und schließen können. Wiesen und Felder entstehen in der Regel nicht von allein, sondern durch die Bewirtschaftung von uns Menschen. Wiesen werden entweder regelmäßig gemäht oder stellen Weideland für Tiere dar. Gerade die bewusst eingesetzte Mahd hilft ja auch, die Wiesen zu erhalten und der Verbuschung Einhalt zu gebieten. Ohne sie könnten sich die Blumen und Gräser gar nicht richtig verbreiten, denn viele von ihnen sind Lichtkeimer und benötigen das Sonnenlicht, um erneut zum Leben erweckt zu werden.

Felder dienen von jeher dem Ackerbau und der Landwirtschaft. Auf ihnen wird unsere Nahrung angebaut. Mensch und Natur begegnen sich hier also am direktesten und stehen in engem Verhältnis zueinander. Hier sehen wir, welch positiven Einfluss der Mensch auf die Natur haben kann. Wie wir uns gegenseitig unterstützen können und es zu einem Kreislauf von Geben und Nehmen kommt. Wenn wir alle diesen Kreislauf im richtigen Maß und Verhältnis leben würden, ohne Ausbeutung, wäre ausreichend und genug für alle da. Wir können uns also fragen, was wir für einen Beitrag dazu leisten können. Und wie wir diesen Kreislauf von Geben und Nehmen in unserem Leben auch in anderen Bereichen integrieren können.

Der Kreislauf von Werden und Vergehen wird uns gerade auf den Feldern sehr deutlich vor Augen geführt. Wir können zusehen, wie die Saat im Frühjahr aufgeht, im Sommer reift und dann im Herbst geerntet wird. Felder müssen eine gewisse Zeit brachliegen, der Boden benötigt Zeit zur Erholung. So können auch wir schauen, in welchen Bereichen wir uns eventuell noch besser an diesem Kreislauf ausrichten können. Denn wir werden von den Vorgängen in der Natur genauso beeinflusst. Auch wir benötigen Phasen der Aktivität und der Ruhe in einem gesunden Maß.

Und dann laden uns manche Felder noch dazu ein, uns auf Irrwege zu begeben. Wenn sie mit hohen Pflanzen bewachsen sind, wie beispielsweise die großen Mais- oder Sonnenblumenfelder, können wir uns in ihnen verlieren und wiederfinden, wie in einem Labyrinth. Dazu eignet sich jetzt nicht unbedingt jedes Feld, denn die Landwirte sehen es sicherlich nicht so gern, wenn wir ihre Ernte gefährden. Doch gibt es ja das ein oder andere eigens angelegte Labyrinth, wo wir dieses Gefühl einmal ganz offiziell ausprobieren können.

## Coachingfragen auf einen Blick

- Was macht die Weite mit mir? Fühle ich mich frei oder eher ungeschützt? Was benötige ich, um mich bestmöglich zu entfalten? Wie wäre das richtige Maß an Freiheit, Raum und Schutz, Geborgenheit für mich?
- Was kann ich von den Tieren und Pflanzen lernen, die hier leben? Wie schaffen sie es, sich zu schützen? Was zeichnet sie aus? Welche Eigenschaften haben sie, um in diesem Lebensraum bestmöglich zu überleben?
- Was macht es mit mir, wenn ich meinen eigenen Schatten sehe? Welche dunklen Seiten gibt es an mir? Was verdränge ich? Wie wäre es, wenn ich diesen Seiten einmal Raum gebe, ihnen erlaube, da zu sein? Und sie dann beobachte aus einer inneren Distanz heraus? Was verändert sich dabei in mir?
- Wie verhalte ich mich, wenn meine Pläne oder Erwartungen doch einmal anders sind als vermutet, und meine Ziele in weite Ferne rücken? Bin ich frustriert und gebe auf? Oder bleibe ich dran und behalte meine Ziele im Blick? Oder gibt es vielleicht sogar ein anderes Ziel, das in meiner unmittelbaren Nähe liegt?
- Welche Botschaften haben die Pflanzen oder Tiere für mich? Wo fällt mein Blick hin? Welche ziehen mich magisch an? Welche Tiere zeigen sich mir? Was sagen sie mir?

- Womit könnte ich noch ins Gespräch kommen? Was erzählen mir die Wolken? Der Wind? Das Wetter?
- Wie setze ich Grenzen? Grenze ich mich ausreichend ab? Bin ich zu offen? Oder grenze ich mich zu sehr ab? Sollte ich mich mehr trauen? Oder mich eventuell weniger zur Verfügung stellen? Mir mehr Räume für mich schaffen? Welche Lösungen finde ich zur Überwindung von Grenzen?
- Wie steht es in meinem Leben mit dem Kreislauf von Geben und Nehmen? Ist er in allen Bereichen ausgewogen? Oder gibt es da noch Anpassungsbedarf? Wo nehme oder gebe ich zu viel? Und wo zu wenig?
- Wie richte ich mich nach dem Kreislauf von Werden und Vergehen? Gönne ich mir Zeiten der Ruhe und Regeneration? Bin ich zu aktiv? Oder vielleicht auch zu wenig? Was könnte ich tun, um diesen Kreislauf in eine gute Balance zu bringen?
- Wie fühlt es sich an, wenn ich mir vorstelle, in einem Irrgarten unterwegs zu sein? Wie ist es, mich zu verlieren und wiederzufinden?

# Auf Wiesen und Feldern

## Wolken beobachten

**Diese Übung eignet sich besonders gut auf Feld oder Wiese, da wir hier einen freien Blick in den Himmel haben. Du kannst sie natürlich auch auf einem Berggipfel, in einem Park, zu Hause auf dem Balkon oder bei einer kurzen Pause am Arbeitsplatz machen.**

- Nimm dir eine Decke oder Unterlage mit und suche dir einen schönen Platz auf Feld oder Wiese.
- Lege dich bequem hin. Wenn du lieber sitzen willst, ist das auch in Ordnung. Schließe für einen Moment die Augen und verbinde dich mit deinem Atem.
- Öffne dann die Augen und bewundere das Himmelszelt über dir. Sieh hin, wie die Wolken vorüberziehen. Sind sie groß oder klein? Rund oder eher lang gezogen? Geballt oder eher schleierartig? Sind sie weiß oder grau? Oder haben sie eine andere Farbe? Wie ist der Himmel? Was siehst du? Welche Formen kannst du in den Wolken erkennen? Figuren? Tiere? Gegenstände? Welche Sprache sprechen die Wolken zu dir? Vielleicht möchtest du ja eine Frage stellen? Oder erhältst Hinweise auf ein Thema, das dich gerade beschäftigt?
- Schaue, was passiert, und mache die Übung so lange, wie es dir gefällt. Manchmal tut es auch einfach nur gut, den Blick in die Weite zu richten und so die Augen ein wenig auszuruhen, ohne dass gleich ein Gespräch zustande kommt.

## Grenzen überwinden

**Felder und Wiesen sind meistens auf eine bestimmte Fläche abgegrenzt und von entsprechenden Markierungen umgeben. Für diese Übung ist es vorteilhaft, eine Stelle auszusuchen, an der zwei unterschiedliche Flächen aufeinanderstoßen. Vielleicht findest du eine richtige Grenzmarkierung. Oder einen Bach, der eine Fläche in zwei Teile trennt. Dieser sollte dann ohne große Probleme zu überwinden sein. Auch an einer Brücke lässt sich diese Übung**

**sehr gut durchführen. Sie eignet sich besonders gut, wenn du dich gerade in einer Grenzsituation befindest und du gern einmal ausprobieren möchtest, wie sich die andere Seite anfühlt, ohne ein allzu großes Risiko einzugehen. Überlege dir, welche Seite deine Komfortzone darstellen soll, und begib dich dorthin. Die andere Seite ist also der Bereich, der sich außerhalb deiner Komfortzone befindet, deine Grenzerfahrung. Dabei kann es sich um etwas handeln, dass du gern möchtest, aber dich nicht traust. Ein Traum oder ein lang gehegter Wunsch. Es kann auch eine Veränderung sein, die du gern in deinem Leben verwirklichen möchtest. Oder eine Situation, die dich immer wieder an deine Grenzen bringt.**

- Prüfe nun, wie es dir in deiner Komfortzone geht. Wie fühlt sich dein Körper an? Welche Gedanken gehen dir durch den Kopf? Welche Emotionen hast du? Wie ist dein Atem? Schnell und flach? Oder ruhig und tief?
- Blicke dann auf die Grenzerfahrung. Verändert sich etwas, wenn du sie ansiehst? Eventuell wird dein Atem schneller, oder es zeigen sich bestimmte Gefühle. Womöglich Angst? Oder es fallen dir ganz viele Gründe ein, warum das, was du gern möchtest, nicht geht?
- Gib all dem Raum und lass es sein. Alles hat seine Berechtigung. Blicke liebevoll auf das, was in dir vorgeht.
- Versuche dann, einen oder mehrere Schritte auf die Grenze zuzugehen. Spüre wieder hin, wie es dir geht. Nähere dich behutsam deiner Grenzerfahrung und schaue, ob es dir möglich ist, deine Komfortzone zu erweitern.
- Überschreite dann die Grenze und stelle dich auf die andere Seite. Wie fühlt es sich dort an? Wie ist es, wenn du es geschafft hast?
- Wechsle dann zwischen deiner Komfortzone und der Grenzerfahrung und spüre genau hin. Vielleicht kommen dir ein paar Ideen, was du unternehmen kannst, um deinen lang ersehnten Traum oder die Veränderung doch noch umzusetzen. Vielleicht verändern sich deine Gefühle? Angst wird zu Freude? Bedenken werden zu Mut?
- Mache diese Übung so lange, bis du Klarheit darüber hast, wo du deine persönliche Grenze setzen willst. Möchtest du die Grenzerfahrung machen und die notwendigen Schritte dafür unternehmen? Oder bevorzugst

du es, in deiner Komfortzone zu bleiben? Beides ist vollkommen in Ordnung. Was fühlt sich richtig für dich an? Womit bist du in Frieden?

### Deinen Schatten Raum geben

**Wir fokussieren uns immer gern auf unsere guten Seiten, wollen diese fördern und nach außen präsentieren. Dabei verdrängen wir aber häufig unsere dunklen Seiten. Denn alle bestehen wir aus zwei Seiten, hellen und dunklen. Die dunklen Seiten – unsere Ängste, unseren Schmerz, negative Gefühle, Traumata – schieben wir gern irgendwohin, unterdrücken sie, möchten sie am liebsten weghaben. Doch dadurch erzeugen wir Widerstand und das kostet Kraft. Wenn wir diesen dunklen Seiten Raum geben, wenn wir anerkennen, dass sie zu uns gehören, erzeugt das ein Gefühl der Leichtigkeit. Wenn wir auf Feldern oder Wiesen unterwegs sind, können wir häufig auch unseren Schatten gut sehen. Irgendwo zeichnen sich die Umrisse unseres Schattens ab. Deshalb eignen sie sich für diese Schatten-Übung besonders gut.**

- Suche dir einen geschützten Ort, an dem du deinen Schatten gut im Blick hast. Nimm ein paar tiefe Züge, entspanne dich und komme ganz im Hier und Jetzt an.
- Sieh auf deinen Schatten. Welche dunklen Seiten gibt es in dir? Ängste? Gefühle, wie Neid, Eifersucht, Gier? Süchte? Negative Gedanken? Versuche dabei, deinen inneren Beobachter zu aktivieren, um so eine gewisse Distanz herzustellen und nicht von deinen Schattenseiten überwältigt zu werden. Was zeigt sich? Gib all dem Raum. Es gehört in diesem Moment zu dir, egal ob du es gut findest oder nicht. All das ist ein Teil von dir.
- Was passiert, wenn du dein Sein einfach zulässt und anfängst, dich so zu lieben, wie du bist, mit deinen lichten und schattigen Seiten? Nimm sie in diesem Augenblick einfach nur an, ohne etwas verändern zu wollen. Und verinnerliche dieses Gefühl des bedingungslosen Angenommenseins.
- Bleibe so lange in dem Gefühl, bis du vollkommen erfüllt davon bist und es mitnehmen kannst in deinen Alltag.

## Exkurs: Pflanzen und ihre Botschaften

Pflanzen sind faszinierende Lebewesen, sind sie doch als einzige Lebewesen in der Lage, Sonnenlicht direkt in Materie umzuwandeln. Sie bringen also das Licht in unsere irdische Welt. Und halten dabei sehr unterschiedliche Botschaften für uns bereit. Auch hier kannst du wieder deine ganz eigene Botschaft finden, indem du dich eingehender mit den Pflanzen beschäftigst. Welche Wirkung haben sie? Wie ist ihre Lebensweise? Welcher Charakter zeichnet sie aus? Bei einer Wanderung, bei der ich schon recht lange unterwegs war und etwas schwere Beine hatte, begegnete mir beispielsweise einmal der Beinwell. Da kam mir der Gedanke, dass ich seine heilende Wirkung doch eigentlich auch energetisch übernehmen könnte, ohne ihn pflücken zu müssen. So nahm ich eine Weile die Schwingung des Beinwells auf, und schon wurden meine Beine etwas leichter.

**Eine kleine, subjektive Auswahl zur ersten Orientierung findest du hier:**

Bärenklau: Größe, Macht, Liebeskraft

Bärlauch: Reinigung, Schutz, Klärung

Beinwell: Körperwohl, Spürsinn, Tiefe

Brennnessel: Aktivität, Feuerkraft, Mut

Distel: Verteidigung, Abgrenzung, Selbstvertrauen

Farn: Magie, Anderswelt, Schutz

Fingerhut: Herzenskraft, Elfenzauber, Schutz

Fliegenpilz: Glück, Rausch, Wandlung

Frauenmantel: Geborgenheit, Fruchtbarkeit, Gabe

Gänseblümchen: Bescheidenheit, innere Werte, Demut

Johanniskraut: Frohmut, Sonnenkraft, Transformation

Klee: Genährt sein, Freude, Glück

Löwenzahn: Vielfalt, Bitterkraft, Veränderung

Mädesüß: Wärme, Würze, Heilung

Mistel: Leichtigkeit, Zwischen den Welten, Spiritualität

Taubnessel: Reinheit, Sanftmut, Liebe

Teufelskralle: Erdung, Anbindung nach oben, Balance

Tollkirsche: Schönheit, Würde, Schicksal

Veilchen: Harmonie, Hoffnung, Unschuld

Vergissmeinnicht: Treue, Partnerschaft, Liebe

Wilde Möhre: Lichtkraft, Aktivität, Lust

**Räucherwerk:**

Rose/Lavendelblüte: Herzensangelegenheiten, Besänftigung, Entspannung, Harmonie

Sandelholz: Beruhigung, Entspannung, Gelassenheit

Wacholder: Reinigung von Räumen, Klarheit, Schutz

Weißer Salbei/Weihrauch: Klärung von Energien

# Moore und Auenlandschaften

In Mooren und Auenlandschaften sind die Elemente Wasser und Erde besonders deutlich miteinander verbunden. Beide entstehen durch einen Überschuss an Wasser. Während die Auen Überschwemmungsgebiete sind mit Altwässern, Still- und Fließgewässern, Nebenarmen, kleinen Bächen, Tümpeln, Wassermatten und Trockenwiesen, Misch- und Feuchtwäldern, bilden sich Moore durch ein Zusammenspiel von Niederschlägen und Stauwässern oder an die Oberfläche tretendem Bodenwasser. Auenlandschaften, die sich selbst überlassen werden und sich frei entfalten dürfen, wirken wie Urwälder, in denen es auch einen großen Alt- und Totholzbestand gibt. Die Pflanzen dürfen verrotten und so Raum für neues Leben bieten. Das Wasser leistet seinen eigenen Beitrag dazu. Moorböden sind durch den großen Wasserüberschuss eher sauerstoffarm, was dazu führt, dass sich die Pflanzenreste nur sehr langsam und nicht vollständig zersetzen. So wachsen Moore in die Höhe und bilden dabei den wertvollen Torfboden aus, der die Informationen von Jahrhunderten oder gar Jahrtausenden in sich trägt.

Es ist wie ein Spiel des Wassers mit der Erde – die Materie kommt in Bewegung, wird durchflossen, nimmt unterschiedliche Zustände an. Und so können wir hier auf neue Art und Weise bewegt werden – körperlich, geistig, seelisch. Erde bedeutet Fruchtbarkeit und Wachstum. Aus ihr entsteht neues Leben, genau wie aus dem Wasser. In uns beginnt dieses Neue in unseren Wurzeln. Zu ihnen können uns diese Landschaften zurückführen. Dort können wir sie neu verbinden, ihnen Nahrung geben und uns dadurch öffnen für neues Wachstum.

Wir können tiefere, klarere Beziehungen zu unseren Wurzeln aufbauen – zu unserem ursprünglichen Sein genauso wie zu den Verbindungen mit unserer Familie, mit unseren Ahnen. Die Elemente Erde und Wasser unterstützen uns dabei, denn hier sind wir ihnen ganz nahe. Wir können den Boden spüren, dick und federnd, der unsere Schritte dämpft und unseren Körper in Schwingung bringt. In ihm verbirgt sich das jahrhundertealte Wissen der Bäume, Sträucher und Pflanzen, die dort verrottet sind. Wir können den Duft der Erde aufsaugen und dabei Kontakt aufnehmen zu unseren eigenen Wurzeln, uns erden. Wir können uns vorstellen, wie unsere Füße sich verwurzeln in der Erde und wir so wieder vollkommen im Hier und Jetzt ankommen. Denn nur, wenn wir voll und ganz hier im Leben stehen, können sich unsere Ziele und Wünsche auch verwirklichen.

Wir können uns fragen, was unsere Wurzeln eigentlich ausmacht. Was gibt uns Kraft? Wo haben wir unseren Halt verloren? Wie können wir ihn wieder gewinnen? Wo sollten wir uns wieder mehr erden? Wo haben wir den Kontakt zur Erde, zum Leben im Hier und Jetzt verloren? Und weiter können wir uns fragen, wo wir herkommen? Wer sind unsere Eltern und unsere Vorfahren? Was hatten sie für Schicksale? Was verbindet uns und was trennt uns? Welches Verhältnis haben wir zu ihnen? Sind wir mit ihnen in Frieden? Oder besteht da noch Groll? Haben wir uns schon einmal klar gemacht, dass wir ohne sie gar nicht hier wären? Das Wasser hilft uns dabei, unsere Gefühle in Fluss zu bringen und die Beziehungen zu unseren Ahnen zu klären. Dabei macht die Natur es uns vor, indem sie uns so nimmt, wie wir sind. In ihr brauchen wir keinen Idealen, keinen gesellschaftlichen Vorgaben oder Ansprüchen entsprechen. Wenn wir es also schaffen, unsere Eltern und Ahnen so zu sehen wie sie sind, sie anzuerkennen mit dem Schicksal, das sie tragen, und ihnen zugestehen, dass sie ihr Leben so leben, wie es in ihren Fähigkeiten und Möglichkeiten liegt, dann können wir in Frieden kommen mit ihnen, uns lösen von alten Verstrickungen und uns öffnen für unseren eigenen Lebensweg, für den uns unsere Ahnen dann auch ihren Segen geben.

Durch ihre Ursprünglichkeit sind Moore und Auenlandschaften sehr kraftvolle und mystische Orte. Wenn wir einmal in einem von Nebelschwaden durchzogenen Moor unterwegs sind, erhalten auch wir eine kleine Vorstellung von dieser besonderen Energie. Alte Sagen und Mythen geben uns Hinweise darauf, wie bedeutend, geheimnisvoll und wahrscheinlich furchteinflößend diese Orte früher waren. Es wird berichtet von Moorgeistern, die einen in die Tiefen hinabziehen, oder von Wassernixen, die einen durch ihren verführerischen Gesang in die Irre führen – alles Hinweise darauf, dass vor allem die Moore Schwellenpunkte zur Anderswelt darstellten. Ihn ihnen glaubte man zahlreiche Geister verborgen. Sie waren sakrale Landschaften, aufgeladen von Aberglauben und übernatürlichen Begebenheiten. Sie galten als beseelt von Wassernymphen und anderen Naturwesen, und in den in ihnen häufig vorkommenden Libellen sah man die Reittiere für die Nymphen und die Nachfahren der früheren Drachen. Auch das wieder Hinweise auf die besonderen Erd- und Wasserkräfte, die hier wirken.

Moore und Auenlandschaften verfügen beide über ein ganz eigenes Ökosystem, welches einen Lebensraum für eine große Vielfalt an Tieren und Pflanzen darstellt, der genau auf dieses Gleichgewicht von Wasser und Erde angewiesen ist. Auf die sauren und nährstoffarmen Böden der Moore haben sich einige Pflanzen regelrecht spezialisiert, wie der fleischfressende Sonnentau, verschiedene Heidearten und auch Orchideen. Flora und Fauna in Auenlandschaften leben vom ständigen Wechsel an Überflutung und Niedrigwasser und von der dadurch bedingten Bewegung des Untergrunds. So zum Beispiel der Eisvogel, der in lehmigen Steilufern seine Brutplätze anlegt. Oder der Flussregenpfeifer, der dafür eher die Uferzonen bevorzugt. Wenn diese Lebensräume so nicht mehr existieren, sterben die Tier- und Pflanzenarten zwangsläufig aus. Und genau dazu hat der Mensch leider lange beigetragen.

Beide Landschaften gehören mit zu den gefährdetsten Gebieten der Erde, und es gibt nur noch sehr wenige, die wirklich intakt sind. Dabei gehören gerade die Moore auch noch zu den größten Kohlendioxidspeichern und leisten dadurch einen gewaltigen Beitrag zum Erhalt unserer wichtigen Klimabalance auf der Erde. Die Begradigung von Flüssen und Errichtung von Stauwehren zur Nutzung der Wasserkraft haben zum Verschwinden der Flussniederungen und Auenlandschaften geführt. Und durch Entwässerung und Torfabbau hat der Mensch über viele Jahrhunderte hinweg Raubbau an den Mooren betrieben. Schichten von Erde, die dort im Laufe von Jahrzehnten und Jahrhunderten entstanden sind, wurden innerhalb von kürzester Zeit abgetragen und verheizt oder später als Düngemittel der Blumenerde beigemischt. So sind diese Landschaften besonders schützenswert und geben Anlass zu der Frage, wie sehr der Mensch in die Natur eingreifen soll und darf. Warum meinen wir Menschen so häufig, dass wir es besser wissen als die Natur? Warum betrachten wir sie so oft als Gegner und nicht als Freund? Sie besteht aus einem so ausgeklügelten, perfekt funktionierenden System – aus einer Harmonie aus Werden und Vergehen, aus Wachstum und Zerstörung. Wenn wir uns auf dieses Wunder einlassen und beginnen – so wie die Tiere und Pflanzen – in Symbiose damit zu leben, können wir vielleicht erkennen, dass wir ein Teil davon sind. Wir können uns also fragen, welchen Beitrag wir dazu leisten können, um dieses Wunder Natur zu erhalten. Wo wir uns noch mehr in Einklang bringen könnten mit der Natur.

Und diese Frage können wir uns im übertragenen Sinne stellen. Denn unser menschlicher Körper ist ein ganzheitliches Biosystem, das über wundersame Kräfte verfügt. Und wir können darüber nachdenken, inwieweit wir unsere hoch technisierte Welt Einzug halten lassen wollen. Sicherlich haben wir dadurch auch viele Vorteile, und in einigen Bereichen wollen wir diese Erkenntnisse nicht mehr missen, sind sie regelrecht ein Segen. Dennoch ist es meiner Meinung nach wichtig, uns immer wieder rückzuversichern, was unser Körper dazu sagt; ob es sich gut anfühlt oder eher nicht. Dieses Gefühl haben leider viele Menschen verloren. Sie haben die Kontrolle über ihren Körper abgegeben an andere, überlassen es ihnen zu entscheiden, ob sie gesund sind oder nicht. Stellt sich also die Frage, wie sehr wir uns diesen Einflüssen von außen unterwerfen wollen? Glauben wir noch an die Selbstheilungskräfte unseres Körpers? Oder haben wir den Kontakt zu ihm verloren? Hören wir noch auf ihn, auf das, was sich gut oder schlecht anfühlt? Oder haben wir uns schon sehr stark von ihm entfernt? Wie können wir den Kontakt wiederherstellen? Und ihm wieder vertrauen? Nehmen wir uns dabei doch ein Beispiel an den Mooren und Auenlandschaften und schauen, wie sie sich entfalten, wenn ihre Natur wieder intakt ist. Sie gewinnen nach und nach wieder ihre Kraft zurück und werden zu einer Welt voller Magie.

Ein guter erster Schritt für uns ist dabei, uns einfach vorzustellen, wie alles in unserem Körper auf optimale Weise funktioniert, wie alle Prozesse so ablaufen, dass sie perfekt und in vollkommener Harmonie ineinandergreifen. Denn die Kraft unserer Gedanken kann große Wunder bewirken.

# Herbst in der Kendlmühlfilzen

*Es ist ein klarer, sonniger Herbsttag in der Kendlmühlfilzen im Chiemgauer Land. Die Landschaft erstrahlt in einem Wechselspiel der Farben – tiefblauer Himmel, rotbraunes Heidekraut, goldene Gräser, silbrigschimmerndes Wasser, in dem sich die Wolken spiegeln. Die gelb-orangeroten Farbtöne verströmen einen warmen Glanz. Hier geht mir das Herz auf – ich fühle mich weit und gleichzeitig tief verwurzelt, ganz geborgen im Hier und Jetzt. Vergessene Bahngleise zeugen noch von einer Zeit des Raubbaus an dieser wundersamen Welt. Die Natur überwuchert sie und holt sich alles zurück. Und zeigt gleichzeitig auf, wie verwundbar sie ist. Verwundbar bin auch ich mit meinem Herz, so weit. Es ist eine Frage des richtigen Maßes an Verwurzelung, an Erdung. Dies gibt mir Kraft und Vertrauen, um mich zu öffnen für die Wunder dieser Welt. Es ist eine Zauberlandschaft voller Magie. Ich tauche vollkommen ein, lebe in ihr auf und tanke neue Kraft.*

## Coachingfragen auf einen Blick

- Was macht meine Wurzeln aus? Was ist meine Ursprünglichkeit, mein wahres Sein? Was gibt mir Kraft? Wo habe ich meinen Halt verloren? Wie kann ich ihn wieder gewinnen? Wo sollte ich mich wieder mehr erden? Wo habe ich den Kontakt zur Erde, zum Leben im Hier und Jetzt verloren?
- Wie steht es mit den Verbindungen zu meiner Familie, meinen Ahnen? Wer sind meine Eltern? Und meine Vorfahren? Was hatten sie für Schicksale? Was verbindet uns und was trennt uns? Welches Verhältnis habe ich zu ihnen? Bin ich mit ihnen in Frieden? Oder besteht da noch Groll? Will ich sie verändern oder kann ich sie so anerkennen wie sie sind? Bin ich in der Lage,

ihre Fähigkeiten und Möglichkeiten zu sehen? Und kann ich sie differenzieren von meinen Fähigkeiten und Möglichkeiten? Habe ich ihnen schon einmal dafür gedankt, dass sie mir das Leben geschenkt haben?

- Wo in meinem Leben könnte ein wenig mehr Bewegung in festgefahrene Strukturen einkehren? Wo wäre es angebracht, diese alten Bande aufzubrechen und etwas Neuem Raum zu geben? Neue Haltungen, Gedanken, Verhaltensweisen?
- Welchen Beitrag kann ich leisten zur Erhaltung des natürlichen Gleichgewichts? Wo könnte ich meine Lebensweise noch mehr in Einklang bringen mit der Natur?
- Wie sehr unterwerfe ich mich Einflüssen von außen und höre nicht mehr auf meinen Körper? Glaube ich an seine Selbstheilungskräfte? Oder habe ich den Kontakt zu ihm verloren? Kann ich noch auf ihn hören, auf das, was sich gut oder schlecht anfühlt? Oder habe ich mich schon zu stark von ihm entfernt? Wie könnte ich den Kontakt wiederherstellen? Und ihm wieder vertrauen?

## Übungen

## In Mooren und Auenlandschaften

### Sich erden

**Gerade im Moor eignet sich diese Übung sehr gut, da hier die Erdschichten von Hunderttausenden von Jahren auf dichtem Raum versammelt sind.**

Geh dort zu deinem magischen Platz. Idealerweise kannst du dich dort gut auf die Erde setzen oder legen. Das kann ebenso ein schöner Baumstumpf oder Felsen sein. Je nach Witterung kannst du auch ein wärmendes Sitzkissen oder eine Decke unterlegen. Komme dann ganz in Ruhe an diesem Platz an.

❁ Nimm nun Kontakt zur Erde unter dir auf und spüre, wie sie dich trägt. Stelle dir vor, wie du bei jedem Ausatmen etwas tiefer in die Erde hineinsinkst. Berühre die Erde mit den Händen und verbinde dich so mit ihr.

❁ Schaue, ob du die Erde riechen kannst. Prüfe nun, welche Gedanken, Gefühle, Eindrücke und Bilder auftauchen, während du in Kontakt bist mit Mutter Erde. Wähle das Bild, den Gedanken oder das Gefühl aus, welches für dich am schönsten und stimmigsten ist, und verbinde dich ganz tief damit.

❁ Gehe immer wieder in Kontakt damit – wie mit einem Mantra. Komme immer wieder darauf zurück, bis alle anderen Gedanken, Gefühle und Eindrücke leiser werden und zur Ruhe kommen. Wiederhole das so lange, bis du dich vollkommen, ganz und gar wohl in dir fühlst.

*Tipp:* Du kannst diese Übung auch zu Hause durchführen, indem du dir einen schönen Ort in der Natur vorstellst, oder sie im Geiste wiederholen, indem du dich wieder mit dem Ort verbindest, an dem du die Übung gemacht hast.

## Ahnenritual

**Moore und Auenlandschaften sind sehr ursprünglich und tragen das Wissen vieler Jahrtausende in sich. Wir können uns vorstellen, wie unsere Vorfahren sie schon durchstreift haben auf der Suche nach Nahrung oder einem Ritualplatz. Es ist unerheblich, ob du dich am Platz deiner Wahl mit deinen eigenen Vorfahren oder einfach allgemein den Urahnen der Menschheit verbindest. Wichtig ist, dass du dich ihnen nahe fühlst.**

❁ Suche dir in deinem Lieblingsmoor oder deiner Lieblingsauenlandschaft einen geschützten Raum. Vielleicht sind ein paar Bäume in der Nähe, unter denen du dein kleines Lager errichten kannst. Mache es dir dort gemütlich.

❁ Ziehe einen imaginären Schutzkreis um dich und bitte deine geistigen Helfer um ihre Unterstützung. Setze oder stelle dich aufrecht hin und komme ganz entspannt bei dir an.

❁ Lenke dein Gewahrsein auf deinen Atem. Schließe dann die Augen und lausche in die Umgebung hinein, um Kontakt aufzunehmen. Verbinde dich dann innerlich mit deinen Wurzeln, mit den Ursprüngen deines Seins. Wo kommst du her? Wer sind deine Eltern? Egal ob du ein positives oder negatives Verhältnis zu ihnen hast, haben sie dir doch dein Leben geschenkt. Ohne sie wärst du nicht hier. Stelle dir vor, wie sie hinter dir stehen.

- Gehe dann weiter zu deinen Großeltern und stelle dir vor, wie sie jeweils hinter deinen Eltern stehen. Verfolge diese Linien dann immer weiter, bis du das Gefühl hast, dass alle da sind, die notwendig sind.
- Vielleicht kommt dabei das ein oder andere Gefühl des Zorns, Grolls oder der Trauer auf, weil du nicht so behandelt wurdest, wie es deinen Bedürfnissen entsprochen hätte. Gib diesen Gefühlen Raum und nimm sie liebevoll an. Sie dürfen sein. Du kannst sie der Person gegenüber auch imaginär zum Ausdruck bringen, indem du dich ihr gegenüberstellst. Schaue dann auch, was sie dazu zu sagen hat. Vielleicht hat sie gar nicht bemerkt, dass sie dich verletzt hat oder konnte einfach nicht anders handeln, weil es außerhalb ihrer Möglichkeiten lag.
- Überlege dir nun, welche Geschichte deine Ahnen wohl mit sich bringen. Mag sein, dass du die ein oder andere auch kennst, wenn du dich mit ihnen bereits näher auseinandergesetzt hast. Oder dir fällt etwas ein, was in der Familie erzählt wurde. Was haben sie erlebt? Vor welche Herausforderungen wurden sie gestellt?
- Versuche, auch wenn es bei manchen Figuren vielleicht schwerfällt, ihre Geschichte anzuerkennen. So war sie. Das ist die Realität. Sie haben ihr Leben auf die Art und Weise gelebt, wie es in ihrer Macht stand. Vielleicht gelingt es dir ja, ein Gefühl des Friedens mit deinen Vorfahren in dir einkehren zu lassen.
- Verneige dich dann vor deinen Ahnen und bitte sie um ihren Segen für deinen Lebensweg.

# Wege

Welche Wege wir gehen, welche wir besonders bevorzugen und wie wir uns auf ihnen verhalten, kann uns viel darüber erzählen, wie wir mit dem Leben umgehen. Das Zurücklegen von Wegstrecken kann uns helfen, unsere Gedanken zu sortieren, uns zu ordnen und Klarheit zu gewinnen. Wir kommen innerlich zur Ruhe und bei uns an, während wir äußerlich in Fortbewegung sind. Wenn wir auf Wegen unterwegs sind, bewegt sich etwas. Dinge, die festgefahren scheinen, können ins Rollen geraten, es zeigen sich neue Lösungsmöglichkeiten, und wir erhalten neue Perspektiven. Dabei können wir mit den Wegen ins Gespräch kommen, denn die Art, wie wir an sie herangehen, lässt uns Rückschlüsse ziehen auf unseren Umgang mit den Herausforderungen des Alltags. So können sie auch ein wertvoller Ratgeber für uns sein für unsere persönliche Weiterentwicklung.

In den meisten religiösen Traditionen gibt es die Pilgerwege. Wege der inneren Einkehr, des Gebets. Sie haben meist eine lang zurückreichende Geschichte und führen zu den großen Heiligtümern der Welt. Einer der berühmtesten ist der Jakobsweg, der aus einem regelrechten Wegenetz besteht, welches sich aus verschiedensten Richtungen zusammenlaufend an der Kathedrale von Santiago de Compostela trifft. Auch der Frankenweg von Canterbury nach Rom ist recht bekannt, und im islamischen Glauben kennt man den Haddsch, die Wallfahrt von Mekka nach Medina.

Diese Pilgerwege werden schon seit vielen Jahrhunderten von Menschen benutzt – alle hatten sie ein gewisses Anliegen, hatten sorgenvolle, schmerzvolle und auch freudvolle Erlebnisse auf ihrem Weg. So sind sie besonders aufgeladen von ihren Schwingungen – ihren Gedanken, Gebeten, Worten und Handlungen. Das macht diese alten Pilgerwege zu ganz speziellen Kraftorten. Wir können auf ihnen in Kontakt kommen mit dem Pilgerstrom an Menschen, der dort bereits unterwegs war. Und natürlich mit denen, die sich mit uns gemeinsam dort auf dem Weg befinden. Das Gefühl, Teil dieses Pilgerstroms zu sein, verleiht ein Gefühl der Zeitlosigkeit. Wir werden Teil eines größeren Ganzen, und es eröffnen sich neue Dimensionen in uns. Vielleicht ist es diese innere Sehnsucht ins uns allen, die diese Pilgerwege aktuell so populär macht.

Oder es ist einfach die Tatsache, über mehrere Tage oder Wochen hinweg auf dem Weg zu sein. Denn neben den bekannten Pilgerwegen gibt es auch zahlreiche andere Wanderrouten, die sich großer Beliebtheit erfreuen. Sei es der Wunsch nach Abstand, nach innerer Einkehr oder einfach nur die sportliche Herausforderung, zahlreiche Menschen machen sich heutzutage auf den Weg. Und genau darum geht es. Denn auch wenn wir uns auf ein festgelegtes Ziel zubewegen, verliert dieses nach und nach an Bedeutung. Der Weg wird zum Ziel. Denn auf dem Weg kann uns vieles zustoßen, und genau daran können wir wachsen. Das, was wir auf ihm erleben, führt uns nach innen und somit zu uns selbst. Wir finden so den Weg zu unserem Herzen und nicht nur einen Weg, der verschiedene Orte miteinander verbindet.

Manche der alten Pilgerwege und auch die alten Handelsrouten verlaufen auf Kraftlinien. Angeblich sollen sich schon die alten Römer deren Energien zunutze gemacht und ihre Straßen auf ihnen angelegt haben. So konnten sie die aktivierende Kraft nutzen und möglichst weite Wegstrecken in kürzester Zeit zurücklegen. Interessanterweise hat man festgestellt, dass die Kraft auf sich dahinschlängelnden Wegen besser erhalten bleibt und diese von Menschen als angenehmer empfunden werden als schnurgerade Wege. Das ist auch der Grund, warum wir in Parkanlagen meist schlangenlinienförmige Wege vorfinden. Auf geraden Wegen bündelt sich die Energie hingegen auf das Ziel. Das kann die Fortbewegung zielgerichteter machen, aber auf Dauer auch anstrengender.

Nun gibt es ja nicht nur die alten bekannten Handels- oder Pilgerwege. Unsere ganze Umgebung, unsere ganze Welt ist von einem großen Netz an Wegen durchzogen, die irgendwie auch alle miteinander verbunden sind. Dabei können Wege sehr unterschiedliche Formen haben. Sie können uns dabei helfen, eigene Vorlieben erkennen und lesen zu lernen und dabei unsere eigenen Wege zu formen.

Die asphaltierte Straße führt uns schnell von A nach B. Wenn wir motorisiert mit dem Auto oder Motorrad unterwegs sind, möchten wir sie nicht missen. Ebenso mit dem Fahrrad kann sie sehr praktisch sein. Für unsere Füße ist die Fortbewegung auf ihr jedoch eher unangenehm und auf Dauer schmerzhaft. Gehen wir zu Fuß darauf, haben wir häufig das Gefühl, quälend langsam unterwegs zu sein. Der Weg erscheint uns unendlich lang und langweilig. Denn es mangelt an Abwechslung. Zwar haben wir durch das Fehlen von Hindernissen auch die Möglichkeit, den Blick nach links und rechts zu richten und in die Ferne zu blicken. Doch das genügt uns nicht. Wir sind es nicht mehr gewohnt, auf solchen Strecken in Fußgeschwindigkeit unterwegs zu sein. Ähnliches gilt für befestigte Forststraßen.

Dann gibt es noch die Wanderwege, Fußpfade und Trampelpfade. Kleine Pfade mit weichem Boden, die von Wurzeln durchsetzt oder vielleicht auch voller Steine und Felsen sind. Je schmaler und unbefestigter der Weg, desto weniger wird er benutzt. Und desto mehr ist es erforderlich, auf den Weg zu achten, wenn wir uns darauf fortbewegen. Wenn wir hier den Blick nach oben wenden wollen, um uns umzuschauen, sollten wir innehalten, um nicht zu stolpern. Diese Wege erscheinen uns meist recht interessant und abwechslungsreich.

Nun können wir uns fragen, welche Wege wir lieber mögen. Die ausgetretene Forststraße, die uns schnell zum Ziel bringt und von vielen anderen benutzt wird, die uns ermöglicht, das Ziel bereits in weiter Ferne auszumachen und uns darauf zu fokussieren, auch wenn wir hier und dort noch einen schnellen Blick nach rechts und links werfen? Oder den schmalen Trampelpfad, von Wurzeln oder Felsen durchsetzt, auf den wir gut achten müssen, um nicht zu stolpern, der uns aber enorm viel Abwechslung bietet, uns innehalten lässt, um uns umzusehen und um abzuwägen, was sich wohl hinter der nächsten Ecke verbirgt?

Was können wir davon auf unser Leben übertragen? Bevorzugen wir es, uns schnell fortzubewegen und mit dem Strom zu gehen? Befinden wir uns stets auf der Überholspur und schauen gar nicht, was sich am Wegesrand befindet? Laufen wir dadurch eventuell Gefahr, eine Abbiegung zu übersehen? Haben wir nur unser Ziel im Blick und verpassen all die schönen Dinge auf dem Weg? Befinden wir uns auf der Autobahn mit Lärmschutzmauern rechts und links, die uns daran hindern, über die Fahrbahnbegrenzung hinauszublicken? Oder befinden wir uns auf einem schmalen Waldweg, der uns über Wurzeln und Steine führt, auf dem wir fast allein unterwegs sind und der an jeder Ecke eine neue Überraschung bereithält? Mögen wir es im Leben lieber, uns nach der allgemein gängigen Meinung zu richten und in der Masse unterzutauchen?

Oder gehen wir lieber unseren eigenen Weg und nehmen darauf ein paar Stolpersteine in Kauf?

Wie gehen wir mit den kleinen und großen Stolpersteinen um, die uns das Leben in den Weg legt? Bringen sie uns zu Fall? Oder haben wir rechtzeitig angehalten und erkannt, um sie zu überschreiten oder einen Umweg zu nehmen? Welche Hilfsmittel verwenden wir, um auf unserem Weg voranzukommen? Wenn wir an einem bestimmten Ziel ankommen wollen, ist beispielsweise eine Karte hilfreich, um den richtigen Weg zu finden. Genauso verhält es sich im Leben. Wenn wir ein bestimmtes Ziel vor Augen haben, ist es von Vorteil, wenn wir einzelne Etappen und Schritte festlegen, die uns dorthin bringen. Sozusagen einen Plan, ähnlich wie eine Landkarte, der uns aufzeigt, was wir als Nächstes zu tun haben.

Manchmal müssen wir zum Erreichen eines bestimmten Zieles auch in Kauf nehmen, dass ein Stück des Weges nicht nach unserem Geschmack ist. Was machen wir dann? Können wir in Frieden sein, mit dem Weg, auf dem wir uns gerade befinden? Versuchen wir, das Beste daraus zu machen? So können beispielsweise langweilige, monotone Wegstrecken auch zur Meditation und inneren Einkehr einladen. Wenn es keine Abwechslung im Außen gibt, können wir den Blick nach innen richten. Wir können auf unsere Gedanken achten und sie ziehen lassen wie Wolken, statt uns in ihnen zu verstricken. Oder wir nutzen die Gelegenheit, nicht auf den Weg achten zu müssen, und sehen uns an, was so in der Umgebung alles zu finden ist.

Und was ist eigentlich, wenn es keinen Weg gibt? Wir uns diesen selbst bahnen müssen? Das ist mühsam, und wir kommen nur langsam voran. Genauso wie im Leben, wenn wir etwas ganz Neues wagen, das vor uns noch niemand gemacht hat. Dann gibt es einige Hindernisse, die es erst zur Seite zu räumen gilt oder die umgangen werden müssen. Und manchmal merken wir dann vielleicht, dass es an einer Stelle nicht mehr weitergeht und wir ein Stück zurückgehen müssen, bevor wir unser Glück erneut versuchen können. Manchmal ist es notwendig, die Strategie zu ändern, um an das gewünschte Ziel zu kommen. Und achten wir darauf, ob es angebracht ist, diesen unbegangenen Weg zu gehen? Gerade in der Natur ist es wichtig, sie an manchen Stellen sich selbst zu überlassen. Wir Menschen neigen manchmal dazu, mit dem Buschmesser alles kurz und klein zu hacken, anstatt uns umsichtig und achtsam fortzubewegen. Wenn wir neue Wege erkunden, sollten wir stets sichergehen, dies im guten Einvernehmen zu tun und keine wilden Tiere zu verjagen oder Pflanzen zu zerstören. So hat es im Leben manchmal seinen Grund, warum bestimmte Wege noch nicht eingeschlagen worden sind.

Doch auch bereits befestigte Wege können in die Irre führen, irgendwo im Nirgendwo enden oder von einem Hindernis versperrt sein. Und genauso können uns Markierungen am Wegesrand freundlich den Weg weisen. Sie wurden von anderen Menschen angebracht, die uns wohlgesonnen zu einem bestimmten Ziel lenken wollen. Diesen Markierungen zu folgen, macht es uns leichter. Andere haben die Mühe auf sich genommen, diesen Weg als Pioniere zu erkunden, und geben dieses Wissen an uns weiter. Wie verfahren wir hier im Leben? Folgen wir einfach blind dem, was andere Menschen uns vorgeben? Oder blicken wir gelegentlich auch mal auf unsere Bedürfnisse und Wünsche? Prüfen wir nach, ob sie noch übereinstimmen mit dem eingeschlagenen Weg? Eventuell ist es ja an der Zeit, die Richtung ein wenig anzupassen, einer anderen Markierung zu folgen oder mir neue Weggefährten zu suchen.

Wege haben auch Abzweigungen, Gabelungen und Kreuzungen. Wenn wir auf sie stoßen, gibt uns das immer die Gelegenheit, eine Entscheidung zu treffen. Wegkreuze oder Steinmanderl geben uns Hinweise oder einfach gute Wünsche mit auf den Weg. Sie laden uns ein zum Innehalten. Dies gibt uns Zeit zu überlegen, welche Richtung uns zu unserem Ziel führt und ob dieses Ziel überhaupt noch das richtige ist. Hinweisschilder können uns den Weg weisen. Solche

Abzweigungen und Kreuzungen können wir auch dafür nutzen, Entscheidungen zu überdenken. Gerade wenn es mehrere Optionen gibt, können sie uns dabei helfen, die richtige Wahl zu treffen. Dabei ist es von Vorteil, ganz intuitiv vorzugehen, genau zu beobachten, was uns am Wegesrand begegnet und hinzuspüren, wie sich welche Option anfühlt.

Auf Wegen haben wir immer ein Wechselspiel von Licht und Schatten. Gehen wir über eine freie, offene Fläche, liegt der Weg im Licht. Führt er aber unter Bäumen hindurch oder gar durch einen Wald, so kann er im Schatten liegen. Wenn wir aus dem Hellen ins Dunkle kommen, wirkt der vor uns liegende Weg manchmal unheimlich, da wir nicht sehen, was sich dort verbirgt. Das Licht hingegen kann auch zu hell sein und uns blenden oder heiß auf uns hinunterbrennen. Wie gehen wir mit diesem Wechselspiel von Licht und Schatten in unserem Leben um? Was machen wir, wenn wir mit ungewissen Dingen konfrontiert sind, mit etwas, das noch im Dunkeln liegt? Können wir voller Vertrauen und Zuversicht darauf zugehen? Und dennoch achtsam sein, um bei einem möglichen Hindernis rechtzeitig anhalten zu können?

Je mehr wir auf unseren Wegen in Schwingung kommen mit der Natur, desto mehr fangen auch die Dinge am Wegesrand an, mit uns Kontakt aufzunehmen. So taucht eventuell der Beinwell auf, wenn die Gelenke oder Beine schmerzen, oder der Weißdorn, wenn der Kreislauf schwankt. Wir können die Wirkkraft dieser Pflanzen auch einfach energetisch in uns aufnehmen, ohne sie unbedingt pflücken zu müssen.

Und dann wäre da noch der Weg zurück. Gerade bei Wanderungen befinden wir uns ja häufig auf einem Rundweg. Vielen Menschen ist es eher unangenehm, den gleichen Weg zweimal zu gehen. Dabei kann genau das sehr interessant sein, denn es können sich uns ganz neue Perspektiven eröffnen. Warum fällt das vielen Menschen so schwer? Hat es etwas mit dem Begriff des Scheiterns zu tun? Wieder zurückzumüssen oder sich nach hinten fallen zu lassen bedeutet in unserer auf Zielstrebigkeit orientierten Gesellschaft eher einen Misserfolg. Aber ist es das wirklich? Wenn wir den gleichen Weg wieder zurückgehen, fallen uns oft ganz andere Dinge auf. Der Weg sieht häufig vollkommen anders aus, und wir bemerken Dinge, die wir auf dem Hinweg nicht wahrgenommen haben – sei es am Wegesrand oder sei es in der Ferne. Denn auf dem Hinweg blicken wir ja eher selten zurück. Auf Pilgerreisen beispielsweise war es früher ganz normal, den gleichen Weg auch wieder zurückzugehen, denn es gab keine andere Möglichkeit. So hatte man Gelegenheit, die Ereignisse der Pilgerreise noch einmal zu rekapitulieren und darüber nachzudenken. Heute nehmen wir uns dazu oft gar nicht mehr die Zeit. Wir haben ein Ziel erreicht und feiern häufig nicht einmal unseren Erfolg. Nein, es geht gleich weiter zum nächsten Ziel. Wir denken gar nicht mehr darüber nach, wie das für uns war und was das mit uns gemacht hat. Ob wir vielleicht an der ein oder anderen Stelle anders handeln würden und wie wir es auf andere Art und Weise angehen könnten. Das mag manchmal unbequem sein, ja. Aber wenn wir das nicht machen, können wir uns auch nicht weiterentwickeln. Wir bleiben stehen. Es verändert sich nichts. Leben ist aber Bewegung und Veränderung.

Und dann gibt es da noch die Frage, wie es wohl ist, wenn wir einen Weg nicht allein, sondern mit anderen Menschen gehen. Wie verhalten wir uns, wenn wir möglicherweise unser Tempo an die anderen anpassen müssen? Nervt uns das? Oder machen wir es gern? Was sagt das über uns aus? Auch unseren Lebensweg gehen wir ja in der Regel nicht allein, sondern haben bestimmte Weggefährten, mal für kürzere, mal für längere Zeit. Wie kommen wir mit ihnen aus? Welche Kompromisse sind wir bereit einzugehen? Was können wir von ihnen lernen? Welche Ratschläge können wir von ihnen einholen? Was geben wir ihnen zurück? Und was machen wir, wenn wir feststellen, dass sich unsere Wege besser trennen sollten?

## Unterwegs auf dem Jakobsweg

*Ein lang gehegter Traum wird wahr. Im Jahr 2008 mache ich mich endlich auf den Weg. 750 Kilometer in sechs Wochen. Es ist eine Herausforderung für mich, ihn ganz allein zu gehen. Aber es ist auch wichtig. Und ich stelle bald fest, dass die große Menge an Pilgern mich trägt, dass ich nie das Gefühl habe, wirklich allein zu sein, und dennoch viele stille Momente für mich nutzen kann, um bei mir anzukommen. Ja, es ist wie eine Geborgenheit im großen Ganzen. Vieles ist äußerst beschwerlich auf diesem Weg – das Gepäck, die Zustände in den Herbergen, die schmerzenden Gelenke, die diese Dauerbelastung nicht gewohnt sind. Und dennoch ist es wunderschön, befreiend, geradezu entrückend. Ich tauche ein in eine andere Welt und finde mich. Und viele freundliche, hilfsbereite, wohlgesonnene Menschen. Die Wege sind meist einfach zu gehen, selten beschwerlich. Die Reise hält andere Hindernisse für mich bereit. Denn etwa eine Woche vor dem Ziel mag mein Körper nicht mehr. Ich brauche mehr Pausen, werde ausgebremst. Verzweiflung kommt auf, für den ersten Moment. Doch dann erlaube ich mir, es mir einfach zu machen – nehme mal ein Taxi, mal den Bus, wenn es nicht mehr anders weitergeht. Und plötzlich bin ich am Ziel. Es ist überwältigend und gleichzeitig unwirklich. Ich nehme mir Zeit, um anzukommen und alles ausgiebig zu begutachten. Dann zieht es mich doch noch ein wenig weiter, nach Finisterre. Auf dem Weg dorthin dann noch eine große Erkenntnis: Ich sehe nicht richtig auf die Hinweisschilder und nehme eine falsche Abzweigung. Nach einiger Zeit bemerke ich den Irrtum, versuche noch, abzukürzen durch hohes Gestrüpp, um dann letztendlich doch den Weg wieder zurückzulaufen und zu bemerken, dass ich einfach ein wenig besser hätte achtgeben sollen auf die Wegmarkierung. Einmal kurz innehalten führt also doch manchmal schneller zum Ziel!*

## Coachingfragen auf einen Blick

- Welche Wege mag ich? Mag ich lieber die Schnellstraße oder den kleinen, von Wurzeln durchsetzten Trampelpfad mit federndem Boden?
- Was sagt das über mich aus? Was sagt das über meinen Umgang mit dem Leben aus? Was könnte ich daraus lernen? Befinde ich mich wirklich auf meinem Weg im Leben? Oder richte ich mein Leben an den anderen aus?
- Was stellt sich mir in den Weg? Wie gehe ich mit Hindernissen um? Wie gehe ich dann wohl mit den kleinen und großen Stolpersteinen um, die mir das Leben in den Weg legt? Bringen sie mich zu Fall? Oder habe ich rechtzeitig angehalten und erkannt, um sie zu überschreiten oder einen Umweg zu nehmen? Was mache ich, wenn die Hindernisse zu groß sind? Gebe ich gleich auf? Oder suche ich mir einen neuen Weg? Behalte ich mein Ziel im Auge? Oder kehre ich um und resigniere ich?
- Welche Hilfsmittel verwende ich, um auf dem Weg gut voranzukommen? Plane ich ihn anhand einer Karte? Welchen Plan verwende ich, um meine Ziele im Leben zu erreichen? Welche Etappen und einzelnen Schritte nehme ich mir dafür vor? Wie halte ich sie fest und bemerke, dass ich sie erreicht habe?
- Achte ich darauf, was sich am Wegesrand befindet? Oder habe ich nur mein Ziel im Blick und verpasse all die schönen Dinge unterwegs?
- Was mache ich, wenn ein Weg zwar nicht nach meinem Geschmack ist, er aber zu einem für mich sehr wichtigen Ziel führt? Schaffe ich es, in Frieden damit zu sein? Kann ich versuchen, trotzdem das Beste daraus zu machen, und den Weg zu meinem Vorteil nutzen?
- Was mache ich, wenn ich unbetretenen Wegen begegne? Suche ich mir eine Möglichkeit, hindurchzukommen? Achte ich dabei darauf, ob das auch angebracht ist? Oder ob es womöglich einen Grund dafür gibt, dass dieser Weg noch nicht betreten wurde?

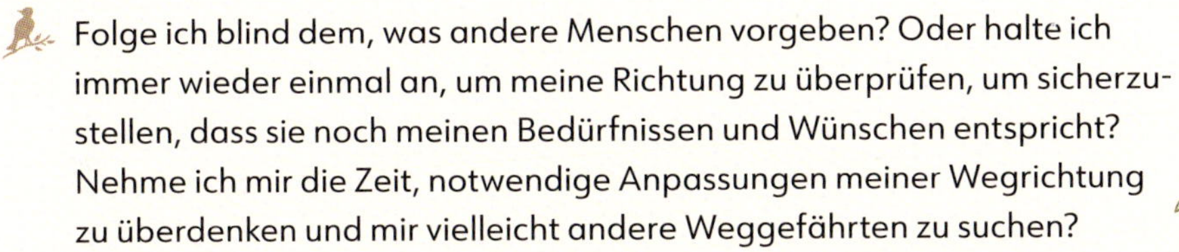

- Folge ich blind dem, was andere Menschen vorgeben? Oder halte ich immer wieder einmal an, um meine Richtung zu überprüfen, um sicherzustellen, dass sie noch meinen Bedürfnissen und Wünschen entspricht? Nehme ich mir die Zeit, notwendige Anpassungen meiner Wegrichtung zu überdenken und mir vielleicht andere Weggefährten zu suchen?
- Wie verhalte ich mich an Abzweigungen? Nutze ich sie, um Ziele zu überdenken? Wie kann ich sie für anstehende Entscheidungen gut nutzen?
- Wie gehe ich mit Zielen um? Kann für mich auch der Weg das Ziel sein? Was mache ich, wenn ich Ziele nicht erreiche? Oder Umwege einschlagen muss? Empfinde ich das als Scheitern oder als Möglichkeit, eine neue Perspektive einzunehmen?
- Wie gehe ich mit dem Wechselspiel von Licht und Schatten in meinem Leben um? Was mache ich, wenn ich mit ungewissen Dingen konfrontiert bin, mit etwas, das noch im Dunkeln liegt? Kann ich voller Vertrauen und Zuversicht darauf zugehen? Und dennoch achtsam sein, um bei einem möglichen Hindernis rechtzeitig anhalten zu können?
- Was macht es mit mir, wenn ich den gleichen Weg wieder zurückgehen muss? Warum könnte ich es als unangenehm empfinden? Wie könnte ich den Rückweg positiv für mich nutzen?
- Feiere ich meinen Erfolg, wenn ich ein Ziel erreicht habe? Und nehme ich mir die Zeit zu rekapitulieren, zu überdenken, was gut und was weniger gut gelaufen ist? Und was ich daraus lernen kann?
- Wie verhalte ich mich, wenn ich mit Menschen gehe? Wenn ich mein Tempo anpassen muss? Nervt mich das? Oder mache ich es gern? Was sagt das über mich aus? Und darüber, wie ich auf meinem Lebensweg mit meinen Weggefährten umgehe? Welche Kompromisse bin ich bereit einzugehen? Frage ich sie auch mal um Rat? Was gebe ich ihnen zurück? Und was mache ich, wenn ich merke, dass wir besser getrennte Wege gehen sollten?

Übung

# Mein Lebensweg

**Suche dir eine kleine Wanderung aus, bei der du möglichst viele unterschiedliche Wege vorfindest – von der asphaltierten Straße bis hin zum kleinen Trampelpfad oder völlig unbegangenen Weg. Idealerweise handelt es sich um eine Gegend, in der es verschiedene Wege gibt, die immer wieder zum gleichen Ziel führen oder als Rundtour angelegt sind, sodass du ganz intuitiv die Wege wählen kannst, die dir als passend erscheinen. Solltest du befestigtes Terrain verlassen, achte bitte darauf, dich umsichtig zu bewegen – in Respekt vor den Pflanzen und Tieren, die diesen ungestörten Lebensraum als Rückzugsort benötigen. Begib dich nun auf Wanderschaft und schaue, wo es dich intuitiv hinzieht. Hier kannst du die Übung »Meditatives Gehen« (siehe Seite 72) ausweiten.**

- Achte auch hier zunächst auf deinen Atem. Verbinde den Atem mit deinen Schritten. Lausche auf die Geräusche um dich herum – deine Atemzüge, deine Schritte, die Laute der Natur.
- Sieh nun, wie es sich anfühlt, diesen Weg zu gehen, den du gerade nutzt. Ist er breit und gerade? Oder eher verschlungen und von Wurzeln durchsetzt? Liegen Hindernisse auf deinem Weg? Welcher Weg gefällt dir besser – ein ebener, auf dem du schnell vorankommst, oder ein verschnörkelter, bei dem du immer wieder besonders achtgeben musst? Welche Wege ziehen dich an? Welche gefallen dir am besten? Wie fühlt es sich an, wenn du abseits des Weges gehst? Und wie verhältst du dich, wenn du bemerkst, dass dein Weg in die Irre führt?
- Schaue auf die Dinge, die dir am Wegesrand begegnen.
- Überlege dir nun, wie du die Antworten auf diese Fragen auf deinen Lebensweg übertragen kannst. Wie verhältst du dich, wenn es einmal Herausforderungen gibt, wenn sich Wurzeln oder Steine auf deinem Weg befinden? Wie ist es, wenn dein Lebensweg auf einer breiten Straße verläuft, die auch viele andere Menschen

benutzen können? Welcher Lebensweg wäre für dich der ideale? Und wie könntest du ihn aktiv gestalten?

Tipp: Du kannst diese Übung auch sehr gut erweitern, wenn du vor einer wichtigen Entscheidung in deinem Leben stehst und verschiedene Optionen zur Auswahl hast. In diesem Fall kannst du dir unterschiedliche Wege aussuchen und jedem von ihnen eine der zur Wahl stehenden Optionen zuordnen. Gehe dann jeden Weg entlang und spüre in dich hinein, wie sich das anfühlt. Sieh hin, wie der Weg beschaffen ist und was dir auf ihm begegnet. So kannst du Rückschlüsse daraus ziehen, welche Entscheidung für dich die richtige sein wird.

# Kultstätten und religiöse Orte

Kultstätten und religiöse Orte gelten bei der Allgemeinheit häufig als Kraftorte schlechthin. Das können Keltenschanzen sein, alte Hexentanzplätze, heilige Quellen, alte religiöse Kultorte, Wallfahrtsstätten, Kirchen und vieles mehr. Tatsächlich befinden sie sich meistens auf Plätzen mit einer sehr hohen Energie. Sie wurden gern auf Punkten mit aufladender, aktivierender Wirkung errichtet, auch unterirdische Flussschleifen oder Verwerfungszonen waren beliebt. Zusätzlich sind manche Kultplätze untereinander durch Kraftlinien verbunden, was die Energie verstärkt. Es ist logisch, dass gerade solche Plätze ausgewählt wurden, denn so konnten die Menschen die aktivierende, aufladende Kraft für die ausführlichen rituellen Handlungen und religiösen Zeremonien gut nutzen. Und auch wir können an diesen Orten noch in den Genuss dieser Kraft kommen. Wir sollten uns dabei aber gewahr sein, dass diese Plätze von Menschenhand geschaffen wurden und schon eine lange

Tradition haben, häufig sogar über mehrere Kulturen und verschiedene Religionen hinweg. Sie sind deshalb ganz anders aufgeladen, haben eine differenziertere Energie, als dies an Orten in der Natur der Fall ist. In ihrem Feld sind die Informationen aus der Vergangenheit gespeichert. Dieses Schwingungsfeld birgt auf der einen Seite das uralte Wissen und die Weisheit unserer Vorfahren, die Energie unzähliger ritueller Handlungen und Gebete. Und auf der anderen Seite die Gedanken, Worte, Taten und Haltungen der vielen Besucher, die im Laufe der Zeit diese Orte aufgesucht haben, abhängig davon, wie sehr sie für die breite Masse erschlossen wurden oder nicht.

Alle Geschehnisse schlagen sich in der Seele des Ortes nieder. Er hat sozusagen ein Gedächtnis. Mit diesem Schwingungsfeld nehmen wir Verbindung auf und gehen in Resonanz. Auf welcher Frequenz dies geschieht, hängt davon ab, welche Themen gerade bei uns selbst im Vordergrund stehen. Je nachdem, wie feinfühlig wir sind, nehmen wir das mehr oder weniger intensiv wahr. Deshalb ist es hier besonders wichtig, auf unsere eigene Wahrnehmung zu achten und gut hinzuspüren, wie sich diese Orte für uns anfühlen. Es könnte vorkommen, dass wir bei all den im Orbit herumschwirrenden Energien ein wenig den Kontakt zu uns selbst verlieren. Dies gilt es zu berücksichtigen, um dann gute Möglichkeiten an der Hand zu haben, ihn wiederherstellen zu können, beispielsweise durch die Übungen zur Kontaktaufnahme mit unserem Selbst (siehe Seite 55).

Damit möchte ich lediglich die sehr ambivalente Wirkung dieser besonderen Kraftorte betonen, nicht aber von ihrem Besuch abraten. Ganz im Gegenteil. Es kann ein eindrückliches Erlebnis sein, in ihr Schwingungsfeld einzutauchen. Es ist nur von Vorteil, im Vorfeld keine allzu hohen Erwartungen zu haben und darauf zu achten, gut in der eigenen Wahrnehmung zu bleiben. Ich habe bereits einige dieser alten Kultstätten aufgesucht und dabei sehr unterschiedliche Erfahrungen gemacht. Eine ganz besondere Magie strahlen dabei alte Burgruinen auf mich aus. In ihnen habe ich das Gefühl, in die jahrhundertealte Geschichte eintauchen zu können, und ihre Vergangenheit entfaltet sich regelrecht vor meinen Augen. Auch romanische Kirchen haben eine große Anziehungskraft auf mich. Auf dem Jakobsweg bin ich einigen von ihnen begegnet und habe mich in ihnen meist sehr aufgehoben und angebunden gefühlt. Gar keinen Zugang habe ich hingegen bisher zu Keltenschanzen gefunden. Entweder habe ich nach ihnen gesucht und sie einfach im überwucherten Dickicht der Natur nicht gefunden, oder ich habe auf ihnen einfach nichts gespürt, es war vollkommen neutral. Vielleicht ist es dann genau das, was mir dieser Ort vermitteln wollte – Neutralität oder das Fehlen der Wahrnehmung.

Ein äußerst ambivalentes Erlebnis hatte ich bei den Steinernen Mandln in Südtirol. Sie erstrecken sich über ein etwas größeres, terrassenförmiges Gebiet. An ihrem höchsten Punkt und seiner Umgebung fühlte ich mich äußerst positiv aufgeladen und energetisiert. Als ich jedoch auf einer Seite der Terrassen etwas weiter nach unten wanderte, wurde mir plötzlich extrem schwindelig, und es war, als ob alle Kraft aus meinem Körper entwich. Obwohl es unangenehm war, erkundete ich den Platz noch ein wenig, um zu sehen, ob das Gefühl überall gleich war. Dabei nahm ich wahr, dass dort auch alte Ruinen zu sehen waren. Je weiter ich mich davon entfernte, desto besser ging es mir wieder. Später erfuhr ich von Einheimischen, dass dies der alte, ursprüngliche Kraftplatz war, und es gibt Gerüchte, dass dort früher Hexenverbrennungen stattgefunden haben sollen.

Nachdem wir uns also damit auseinandergesetzt haben, wie der Ort auf uns wirkt und was wir besonders intensiv wahrnehmen – ob es eventuell ein vorherrschendes Gefühl oder Bild gibt und ob etwas an dem Ort besonders unsere Aufmerksamkeit auf sich zieht –, kann es von Vorteil sein, sich mit der Geschichte der Orte auseinanderzusetzen. Zum einen können wir dadurch die eigene Wahrnehmung noch einmal überprüfen und zum anderen können wir dort interessante Hinweise auf unsere eigenen Themen finden. In diesem Zusammenhang können noch einmal ganz andere Gesichtspunkte und Sichtweisen zum Vorschein kommen, wie es zum Beispiel an Orten in der Natur der

Fall ist. Wir können uns beobachten und dabei fragen, was an der Geschichte unsere Aufmerksamkeit besonders auf sich zieht. Gibt es Stellen, die eine innere Stimme in uns zum Klingen bringen oder die uns bekannt vorkommen? Was können wir davon auf unser eigenes Leben übertragen? Gibt es einen neuen Aspekt, der sich daraus entwickelt oder einen neuen Ansatzpunkt für unsere Themen? Können wir aus der Geschichte etwas lernen? Denn meist ist es kein Zufall, dass wir genau diesen Ort aufgesucht haben. Sehr häufig wollen sie uns etwas mitteilen.

Wie gehen wir nun bei der Suche nach diesen Orten vor? Es gibt sie überall, und sie sind weiter verbreitet, als viele vermuten. Einen guten Ausgangspunkt bieten Kirchen und Kapellen in der näheren Umgebung. Sie sind in der Regel auf energetisch interessanten Plätzen gebaut und häufig sogar auf alten heidnischen Kultstätten. Geheimnisvolle Namen, wie Teufelsberg, Hexenkessel oder Engelstein, deuten auf alte Ritualplätze hin. Außerdem geben uns die Sagen und Mythen aus der Region viele wertvolle Hinweise auf alte Kraftorte. Manchmal sind alte Burgen in ihnen erwähnt, die heute noch als Ruine existieren, mystische Orte in der Natur, oder sie erzählen von besonderen Ereignissen, die an bestimmten Plätzen stattgefunden haben. Auch die dort vorkommenden Energien werden meistens ganz gut geschildert, wenn wir genau hinspüren, was für ein Gefühl das Lesen der Sagen in uns hervorruft.

## Die Kathedrale von Santiago de Compostela

*Nun bin ich da! Angekommen, am Ziel – in Santiago de Compostela! Imposant wächst die Kathedrale vor mir in den Himmel empor. Ich fühle mich entrückt. Es ist alles so unwirklich. Pilgerströme versammeln sich mit mir auf dem Platz. Ich werde hier und da angesprochen, bekomme Schlafplätze angeboten. Dabei will ich einfach nur eintauchen in die Magie des Moments. Ich genieße den Anblick der wunderschönen*

*Kathedrale und mache mich dann auf den Weg die Treppenstufen hinauf, um hineinzugehen. Es ist ein mitreißender Ort. Er trägt die Kraft der Pilgerströme vieler Jahrhunderte in sich. Die Kraft des Gebets, der Erleichterung, des Angekommenseins. Viele weitere Male besuche ich diesen Ort und lass mich immer wieder neu verzaubern. Mal ist die Kathedrale leerer, mal voller. Die Pilgerströme machen mir nichts aus, nein, ich fühle eine große Verbundenheit. Da ist viel gegenseitige Achtsamkeit, Respekt, Anerkennung. Einige Male erlebe ich das hohe Ritual des schwenkenden Weihrauchkessels beim Gottesdienst und bin fasziniert von dieser unglaublichen, schwingenden Energie. Sie nimmt mich mit und trägt mich.*

## Coachingfragen auf einen Blick

- Wie wirkt der Ort auf mich? Was nehme ich besonders intensiv wahr? Was ist das vorherrschende Gefühl? Oder gibt es ein Bild? Was könnte es bedeuten?
- Was finde ich an dem Ort besonders anziehend? Was weckt meine Aufmerksamkeit? Was könnte ich daraus für Rückschlüsse ziehen?
- Welche Erklärungen finde ich in der Geschichte des Ortes? Gibt es Stellen, die eine innere Stimme in mir zum Klingen bringen oder die mir bekannt vorkommen? Kann ich davon etwas auf mein eigenes Leben übertragen? Gibt es einen neuen Aspekt, der sich daraus entwickelt oder einen neuen Ansatzpunkt für meine Themen? Kann ich aus der Geschichte etwas lernen?
- Welche Hinweise geben mir Sagen und Legenden zu diesem Ort? Was kann ich aus ihnen für mich schließen?
- Warum hat mich genau dieser Ort magisch angezogen?

Übung

## Dem Geist der Kultstätte auf der Spur

**Kultstätten haben eine lange Geschichte, die zum Teil bis in die Steinzeit oder in andere ferne Kulturen zurückreicht.**

- Suche dir eine Kultstätte, die dich magisch anzieht. Das kann eine kleine Kapelle sein, eine Keltenschanze, eine alte Höhle oder Grotte bis hin zur berühmten Kathedrale oder Maya-Pyramide.
- Versuche, dich im Vorfeld gar nicht allzu viel mit der Geschichte der Kultstätte auseinanderzusetzen, sondern begegne ihr möglichst unbeeinflusst.
- Erkunde sie dann ausgiebig und mit allen Sinnen.
- Suche dir dann einen ungestörten Ort und lass die Kultstätte auf dich wirken. Stelle dir vor, wie sie früher von den Menschen genutzt wurde. Was sie dort gemacht haben. Welche Rituale sie vollzogen haben. Prüfe dabei, ob du dem Geist des Ortes auf die Spur kommst. Er wird genährt von den Handlungen, die sich an ihm vollzogen haben, und steht in stetiger Wechselwirkung zu den Menschen um ihn herum.
- Schaue dann, was der Geist der Kultstätte dir für deinen Lebensweg mitgeben möchte.



Dem Geist der Kultstätte auf der Spur

# Kleine Kraftinseln

## *für den Alltag*

# Was können Kraftinseln sein?

Wie du deinen ganz persönlichen, für deine Lebenssituation passenden Platz findest, ihm begegnest und in seine Magie eintauchen kannst, hast du nun herausgefunden. Du hast Tipps an die Hand bekommen, wie du die Aufenthalte an diesen Orten nutzen kannst, um wieder zu dir selbst zu finden und in deine Kraft zu kommen.

Wie kann es dir nun gelingen, auch in deinem Alltag möglichst lange in dieser Kraft zu bleiben? Denn in den Wirren unserer täglichen Herausforderungen gelingt es uns häufig nur schwer, bei uns selbst zu bleiben. Die Anforderungen in unserer schnelllebigen Zeit sind vielfältig geworden – Familie, Arbeit, Medien, Politik, Verkehr, Freunde, Freizeit und vieles mehr. Viele von uns reagieren nur noch und haben das Gefühl, irgendwie fremdgesteuert zu sein. Was diese Anforderungen mit uns machen, wird im nächsten Kapitel noch ein wenig genauer geschildert.

Um in unserer Kraft zu bleiben, ist es wichtig, dass wir in der Lage sind, immer wieder in eine gute Anbindung zu uns selbst zu kommen. Je öfter wir das machen, desto schneller finden wir wieder zu uns zurück und umso länger bleiben wir bei uns.

Diese kleinen Kraftinseln, die wir gut und einfach in unseren Alltag einbauen können, geben uns die Gelegenheit, innezuhalten und Achtsamkeitspausen einzulegen – mal kürzer, mal länger – je nachdem, wie viel Zeit gerade zur Verfügung steht. Dabei geht es darum, dass wir uns mit Dingen umgeben und beschäftigen, die wir gern machen, bei denen wir uns wohlfühlen. Sie führen uns in unsere innere Mitte und in unseren Ruhepol. Wir gehen dann ganz in diesem einen Moment auf, sind vollkommen präsent und steigen dabei aus dem Alltags-Hamsterrad aus. Diese Kraftinseln können also vieles sein – Handlungen, Kraftanker oder auch kleine Rückzugsorte. Die Natur bietet uns dazu rund um das Jahr unzählige Möglichkeiten an, denn sie ist stets um uns herum. Sie lädt uns ein, ihr im Jahreslauf zu folgen und uns immer wieder neu auf sie einzulassen. Dabei ist es egal, wo wir uns befinden – auf dem Land, in der Stadt, zu Hause oder in der Arbeit, denn wir haben von überall die Gelegenheit, Kontakt mit der Natur aufzunehmen. Zusätzlich gibt es ein paar einfache Übungen, die uns helfen, uns im Hier und Jetzt zu verorten.

# Übungen

## Allgemeine Ideen für Kraftinseln

### Blick aus dem Fenster

Ein ganz simpler Blick aus dem Fenster gibt uns die Gelegenheit, uns zu vergegenwärtigen, was in diesem Moment gerade draußen in der Natur geschieht. Um unsere Aufmerksamkeit bewusst auf das zu richten, was wir sehen und nicht mit den Gedanken woanders zu sein, ist es hilfreich, innerlich zu benennen, was wir sehen. Wir beschreiben also, wie das Wetter gerade ist, wie der Himmel aussieht, ob wir Wolken sehen, welche Form sie haben, ob es Bäume gibt, wie sie aussehen und so fort. Wer noch näher an der Natur dran sein möchte, öffnet das Fenster, atmet gleichzeitig die frische Luft ein und lässt sich den Wind um die Nase wehen.

### Die Natur im Jahreslauf wahrnehmen

Bei dieser Übung stellen wir uns die Frage, was gerade in der Natur geschieht und woran wir das erkennen können. Wenn wir auch hier wieder versuchen, unsere Umgebung mit den Augen eines Kindes wahrzunehmen, welches diese Welt erkundet, hilft uns das, bewusster und achtsamer hinzusehen. Was von den Dingen um uns herum gibt uns Kraft?

Im Frühjahr können das die Blumen sein, die uns ein Lächeln aufs Gesicht zaubern und uns daran erinnern, dass die Tage länger werden und die wärmeren Temperaturen zurückkommen. Oder die Knospen an den Bäumen, aus denen die ersten, frischen grünen Blätter hervorbrechen, die uns zeigen, welche Kräfte in der Natur arbeiten. Im Sommer kann das der kühlende Schatten unter einem sattgrünen Baum sein, an dessen Stamm wir uns kurz anlehnen. Der Duft von frisch gemähtem Gras. Oder eine Blumenwiese, auf der wir die Bienen beobachten. Im Herbst können wir durch wunderschön gelb-orangerotes Laub laufen, den raschelnden Blättern zuhören und uns an dem aufsteigenden Duft erfreuen. Und im Winter können wir durch

knirschenden Schnee laufen. Oder Eiskristalle und Eiszapfen eingehend begutachten. So kannst du dir selbst über das Jahr hinweg deine eigenen Kraftanker suchen, die du ganz in deiner Nähe hast.

### Kastanien fühlen

Die Früchte der Rosskastanien sind im Spätsommer und Herbst eine wahre Freude für Kinder. Und auch wir können sie als kleinen Kraftanker gut nutzen, indem wir einfach ein paar aufsammeln, mitnehmen und immer dabeihaben. Kastanien sind wahre Handschmeichler. Wir können ihre glatte Oberfläche streicheln, genau erkunden und uns dabei mit der Natur verbinden. Sie geben ein Gefühl der Erdung und Verwurzelung. Wir können uns dabei vorstellen, dass in diesen Samen die ganzen Informationen für einen neuen Kastanienbaum gespeichert sind.

### Dekorieren mit Naturmaterialien

Eine schöne Möglichkeit, sich ein paar kleine Kraftanker im Umfeld zu schaffen, ist das Dekorieren mit Naturmaterialien. Das kann nur eine kleine Ecke auf dem Schreibtisch sein oder mehrere Stellen in der eigenen Wohnung. Dazu eignen sich schöne Steine, die wir bei einem Spaziergang oder bei einer Wanderung gesammelt haben, Früchte, wie Zapfen, Eicheln, Kastanien oder etwas anderes, das uns bei einem unserer Aufenthalte in der Natur begegnet ist. Ideal ist es, wenn wir bei unseren Kraftortbesuchen etwas aufsammeln und mitnehmen, das uns an dieses Ereignis erinnert und so einen guten Kraftanker setzt. Das kann einfach ein einzelnes Element sein. Wir können aber auch ein schönes Muster aus mehreren Materialien legen oder eine Schale dekorieren.

### Naturdüfte erschnuppern

Düfte aus der Natur sind ein Mittel, um uns in Sekundenschnelle imaginativ in eine Landschaft oder einen Wald zu versetzen. Sie können eine ähnliche Wirkung haben wie ein Spaziergang und werden sogar in der Aromatherapie beispielsweise bei Schmerzpatienten eingesetzt. Unser Gehirn reagiert bei Düften ganz schnell und versetzt uns an einen Ort, mit dem wir diesen Duft in unserer Erinnerung verbinden. Es gibt sie als Raumsprays und in Form von ätherischen Ölen für das Duftlämpchen oder zur äußerlichen Anwendung auf der Haut. Wir können uns ein kleines Sortiment an Naturdüften zulegen und je nach Tagesform immer einen dabeihaben, an dem wir dann auch, wenn wir unterwegs sind, immer wieder schnuppern können und uns so eine kleine Auszeit gönnen. Wir können auch ein paar Tropfen auf die Hand geben, sie verreiben, den wohltuenden Duft einsaugen und in unser Energiefeld einwedeln.

### Naturgeräuschen lauschen

Ähnlich wie Düfte funktionieren auch Geräusche aus der Natur. Sie können uns eine kleine Auszeit verschaffen. Wir haben die Möglichkeit, uns selbst Naturgeräusche aufzunehmen, wenn wir an unseren Kraftorten unterwegs sind; zum Beispiel das Plätschern eines Baches, Rauschen eines Flusses oder Wasserfalls oder das Vogelkonzert im Wald. Außerdem gibt es diverse Apps mit Naturgeräuschen, bei denen wir auch unterschiedliche Szenarios miteinander kombinieren können. Sie bieten natürlich eine vielfältigere Bandbreite an.

### Kräutertee genießen

Eine sehr sinnliche Möglichkeit, uns mit der Natur zu verbinden, ist die ganz bewusste Zubereitung eines Kräutertees. Eventuell haben wir selbst Kräuter gesammelt und uns eine Mischung zusammengestellt. Dies ist allerdings nur zu empfehlen, wenn wir uns wirklich gut auskennen und die entsprechenden Kräuter genau identifizieren können. Auch ist es nicht überall erlaubt, Kräuter zu sammeln. Einfacher ist es natürlich, wir kaufen uns hochwertige Kräutertees und gönnen uns mit ihnen eine kleine Auszeit, indem wir Schluck für Schluck ganz bewusst genießen und dabei in die Sinneswelt der Natur eintauchen.

# Kraftorte zu Hause schaffen

Unser Zuhause sollte ein Ort der Geborgenheit und des Schutzes sein. Ein Ort, an dem wir uns wohlfühlen, ganz bei uns sein können. Nun gibt es zahlreiche Ratgeber aus dem Feng Shui, der Geomantie oder anderen Theorien mit Tipps und Tricks, nach welchen Kriterien wir unser Zuhause einrichten sollten, damit darin möglichst große Harmonie herrscht und wir so ein glückliches, erfolgreiches und gesundes Leben führen können. Sie können sicherlich eine wertvolle Hilfestellung bieten. Ich persönlich bin aber kein Freund von verallgemeinernden Dogmen, denn jeder Mensch ist individuell und hat seine eigene Empfindung. Deshalb verlasse ich mich auch beim Gestalten meines Zuhauses am liebsten auf meine Intuition und Wahrnehmung. Es kann aber durchaus hilfreich sein, ein paar einfache Grundprinzipien zu berücksichtigen. So sollte unser Schlafzimmer möglichst in einer neutralen Zone liegen und keine technischen Geräte enthalten. Ein metallfreies Bett inklusive

Matratze ist ebenfalls förderlich für einen gesunden Schlaf. Außerdem sollte alles, was uns vom Schlafen ablenken kann, aus dem Zimmer entfernt werden. Neben dem Schlafzimmer finde ich es vorteilhaft, wenn wir einen Rückzugsort in unserem Zuhause haben, also einen Bereich, an dem wir für uns sein können. Das mag eine kleine Ecke zum Meditieren sein oder ein ganzes Zimmer, je nachdem, wie viel Raum uns zur Verfügung steht und mit wem wir uns unser Zuhause teilen. Ansonsten würde ich mich bei der Gestaltung des eigenen Zuhauses auf das eigene Gefühl verlassen.

Wenn wir wirklich bewusst hinspüren, haben wir in der Regel eine sehr gute Vorstellung davon, womit wir uns in unserem Umfeld wohlfühlen und womit nicht. Gehen wir dabei mit großer Achtsamkeit vor und nehmen uns Zeit, so können wir ganz intuitiv unsere persönlichen Kraftinseln in unserem Zuhause schaffen. Indem wir bewusst Aufmerksamkeit auf die Gestaltung dieser kleinen Inseln lenken, fließt unsere Energie dorthin, und wir laden sie entsprechend auf. Dabei kann es auch vorkommen, dass wir auf das eine oder andere Thema stoßen. Beispielsweise, warum sich an manchen Stellen immer wieder so viele Sachen anhäufen und permanente Unordnung herrscht. Da gilt es dann vielleicht, etwas genauer hinzuschauen. So können wir unser Zuhause zu unserer Kraftoase machen, die wir nach unserem Geschmack dekorieren mit Kerzen, Naturmaterialien, Figuren oder Kristallen und so unsere kleineren und größeren Kraftanker setzen. Auch kleine Schutzsymbole, wie Engel, Götterfiguren, geometrische Zeichen oder Ähnliches, können wir ganz intuitiv an den Stellen anbringen, wo wir es für angebracht halten. Außerdem können wir uns dort durch bestimmte Handlungen immer wieder mit neuer Energie und Kraft aufladen.

## Ideen für Kraftinseln zu Hause

**Steine bemalen**

Das Malen an sich ist schon eine schöne Tätigkeit, bei der wir vollkommen im Moment aufgehen können – wir kommen in den Fluss und in Anbindung an unser höheres Selbst. Beim Bemalen von Steinen können wir das Naturelement in diesen Vorgang wunderbar integrieren. Am besten eignen sich dafür möglichst flache, glatte Steine. Ideal sind natürlich solche aus einem Flussbett, aber wir können auch an anderen Stellen gute Exemplare finden. Am einfachsten geht das Bemalen mit Acryl-Stiften. Vor dem Bemalen sollten die Steine gut abgewaschen und wieder getrocknet werden, damit sie schön sauber sind. Das Auftragen der Farbschichten sollte gerade bei Acryl Schritt für Schritt erfolgen und kleine Trocknungspausen eingelegt werden. Bei den Motiven können wir unserer Kreativität freien Lauf lassen – von Tiermotiven, Blüten- oder Blattformen über Mandalas bis hin zu einfachen geometrischen Mustern oder vielleicht sogar Schutzsymbolen kann alles dabei sein. Wenn die fertig bemalten Steine für Außenbereiche verwendet werden sollen oder viel in die Hand genommen werden, ist es von Vorteil, sie mit einem Klarlack zu versiegeln.

**Bild aus Naturmaterialien gestalten**

Statt ein Bild zu malen, können wir aus Naturmaterialien eine Art Collage gestalten. Dazu begeben wir uns erst einmal auf Sammelrunde in die Natur. Bitte hier wieder darauf achten, nur Dinge mitzunehmen, die die Natur uns sowieso schon anbietet, indem sie auf dem Boden liegen – nur moderat und so viel, wie wir benötigen. Wenn wir für unser Bild eine Pappe benutzen, auf die wir die Materialien aufkleben, eignen sich natürlich vor allem Materialien, die nicht zu schwer sind und eine Klebefläche haben. Im Herbst bietet sich dafür das Laub in allen Farbtönen besonders gut an. Es kann auch vorher gepresst und getrocknet werden.

Etwas Moos, Rinde, kleine Zweige oder Blüten eignen sich gut für ein Bild. Alternativ können wir auch eine Art Mobile gestalten, indem wir ein paar Zweige mit Bast oder dünnen Schnüren in Dreiecksform aneinanderbinden und diese mit weiteren Materialien dekorieren. Eine noch einfachere Variante wäre, die Materialien in einer Schale schön anzurichten.

### Vier-Elemente-Platz einrichten

Um uns in unserem Zuhause regelmäßig mit der Natur zu verbinden, können wir uns einen Platz mit den vier Elementen einrichten. Für das Feuer stellen wir eine Kerze auf. Für die Erde nehmen wir ein Naturmaterial, beispielsweise eine Kastanie oder einen Zapfen. Für die Luft zünden wir ein Räucherstäbchen an. Und für das Wasser können wir entweder eine Schale mit Wasser aufstellen oder uns einen Zimmerbrunnen zulegen.

### Kristalle aufstellen

Kristalle können eine sehr kraftvolle Wirkung entfalten und einen äußerst positiven Effekt haben. Sie sollten allerdings bewusst platziert werden, da sie jeweils unterschiedliche Eigenschaften haben. Deshalb ist es empfehlenswert, sich etwas genauer mit der Steinheilkunde auseinanderzusetzen. Bewährt hat sich dazu das Handbuch von Michael Gienger.[13] Für Ruhe, Harmonie und inneren Frieden eignet sich beispielsweise ein Selenit sehr gut, während der Rosenquarz Liebe, Mitgefühl und Selbstfürsorge begünstigt. Rote Edelsteine wie der Rubin fördern die Lebensfreude und wirken aktivierend. Und der schwarze Turmalin ist ein starker Schutzstein.

### Ahnengalerie

Um mit unseren Wurzeln gut in Kontakt zu kommen, ist es vorteilhaft, sich eine kleine Ahnengalerie einzurichten. Das sollten Bilder von der ganzen Familie ab den eigenen Geschwistern, Eltern zurückreichend in die folgenden Generationen so weit wie möglich sein. Hier können wir uns immer wieder verbinden mit unseren Ahnen und so ihre Kraft und ihren Segen erhalten. Schön ist es, diesen Platz auch regelmäßig mit Blumen, kleinen Steinen oder anderen Materialien zu schmücken und so die eigenen Ahnen zu würdigen.

### Balkon oder Terrasse bepflanzen

Indem wir uns auf unserem Balkon oder unserer Terrasse einen kleinen Kräuter- oder Bienengarten einrichten, können wir immer wieder auf einfache Art und Weise eine Verbindung zur Natur herstellen. Sehr zu empfehlen sind hier besondere Heilkräuter, wie beispielsweise der einjährige Beifuß, aus denen wir Tinkturen oder Salben herstellen können, oder alte Sorten von Tomate oder Chili. Und natürlich freuen sich die Bienen und anderen Insekten über eine Bepflanzung, die ihnen zugutekommt. Wenn wir selbst das Saatgut ansetzen, es großziehen, den Pflanzen beim Wachsen zusehen und sie hegen und pflegen, schafft das einen intensiven Bezug zur Natur und verleiht uns eine innere Kraft.

### Reinigung durch Salz

Eine wunderbar reinigende Wirkung hat Salz in allen möglichen Varianten. Eine Salzlampe schafft beispielsweise eine angenehme Licht-Atmosphäre und reinigt gleichzeitig die Luft von positiv geladenen Ionen, die müde und träge machen. In der körperlichen Anwendung kann ein Salzpeeling unter der Dusche oder ein Vollbad in Salzwasser einen positiven Effekt haben. Es entfernt verbrauchte Hautpartikel und wirkt reinigend auf unser Energiefeld. Wir können diese Wirkung unterstützen, indem wir uns vorstellen, dass alle negativen Energien aus unserem Feld abfließen und wir von reinem, klarem Licht durchströmt werden.

### Räuchern

Um unser Zuhause wieder in eine positive, harmonische Schwingung zu versetzen und verbrauchte Energien zu lösen, können wir die Räume räuchern. Dazu eignen sich eine Räuchermischung, die wir mit Sand und Räucherkohle in einem Räuchergefäß entzünden, Räucherstövchen oder Räucherstäbchen. Wir können sie entweder an einer Stelle im Haus oder in der Wohnung platzieren oder die Räumlichkeiten damit ablaufen. Dabei sollten wir dann darauf achten, dass wir einmal vom Eingang ausgehend alles im Kreis ablaufen und auch die Ecken gut ausräuchern, denn dort sammeln sich gern verbrauchte Energien. Spezielle Mischungen für Hausräucherungen sind dafür besonders geeignet.

# Kraftorte im Arbeitsalltag

Früher sah das Arbeitsleben noch ganz anders aus – Arbeit und Privatleben gingen teilweise nahtlos ineinander über, und mit bestimmten Arbeitsplätzen verband man häufig einen gewissen Aberglauben. So sah man beispielsweise in Schmieden als Orte der Metallbearbeitung Tore zur Anderswelt, in denen Zwerge oder gar der Teufel angetroffen werden konnten. Ebenso sollten in Mühlen diese Zugänge zu anderen Welten weit geöffnet sein. Sie galten als heilige Stätten, an denen neue Kraft ins Leben floss, und es rankten sich zahlreiche Legenden um Hexen und Wassergeister um sie. Auch den Arbeitsplätzen, an denen Feuer zum Einsatz kam, wie die Brau- und Backstuben sowie die Herdfeuer der eigenen Küche sagte man im Volksglauben besonders starke Kräfte nach. Wo gearbeitet wird, so glaubte man, gibt es Schöpferkraft und Verwandlung. Und man fand auch auf gewisse Art und Weise einen Sinn und Befriedigung im materiellen Leben.

Heute nehmen wir unsere Arbeitsplätze selten noch so bewusst wahr. Dabei könnten auch wir uns die Frage stellen, von welchem Geist und welcher Energie unser Arbeitsplatz geprägt ist. Vor allem, weil wir ja doch relativ viel Zeit an ihm verbringen.

Welche Art von Schöpfung und Verwandlung entsteht bei unserer Arbeit? Was entwickeln wir? Und was hilft uns dabei? Wie stehen wir selbst zu unserer Arbeit? Sind wir dabei mit uns selbst verbunden oder eher nicht? Denn gerade in unserem heutigen Arbeitsalltag gelingt es uns häufig nicht sehr gut, in einer inneren Anbindung zu uns selbst zu bleiben. Wir sind eingebunden in ein System, bestehend aus Vorgesetzten und Kollegen, Regeln und Richtlinien, welches uns manchmal wenig Spielraum lässt für unsere eigenen Bedürfnisse. So strömen viele Dinge von außen auf uns ein, auf die wir reagieren und dabei vergessen wir uns selbst. Gerade hier ist es wichtig, uns kleine Kraftinseln zu schaffen, an denen wir wieder auftanken können. Dazu muss kein langes Wegbleiben vom Arbeitsplatz notwendig sein, sondern das können ganz kurze Intervalle und Übungen sein, die uns die Möglichkeit geben, innezuhalten und wieder den Kontakt zu uns selbst herzustellen. Dies hilft uns außerdem, einen klaren Kopf zu behalten und konzentrierter wie auch effektiver zu arbeiten, denn unser Gehirn ist gar nicht in der Lage, sich stundenlang am Stück auf eine Sache zu fokussieren. Wenn wir unsere Aufmerksamkeit gezielt auf eine Sache richten, ermüden wir nach einer gewissen Zeit. Unsere Kraftinseln können dazu einen guten Gegenpol setzen. Es kommt also nicht nur uns selbst zugute, sondern auch unserem Arbeitgeber, wenn wir uns regelmäßig kleine Auszeiten gönnen. Dazu reichen oft schon ein kurzer Gang zum Fenster, ein paar Dehnübungen an der frischen Luft und ein Blick ins Grüne. Und ein kurzer Blick in die Natur kann noch viel mehr, als unser Gehirn ein wenig aufzufrischen. Er macht uns nämlich resistenter gegen Stress. Der berühmte Blick ins Grüne oder das Betrachten eines Waldes senken nachweislich unseren Cortisol-Spiegel und unseren Adrenalingehalt im Urin.[14]

## Übungen

### Ideen für Kraftinseln im Arbeitsalltag

**Kraftinsel auf dem Arbeitsweg**

Einen idealen Einstieg in unseren Arbeitsalltag finden wir, wenn wir uns auf dem Weg zu unserem Arbeitsplatz einen Ort suchen, der sich als kleine Insel zum Krafttanken eignet. Das kann ein kleiner Park sein oder nur ein einzelner Baum mit einer Bank darunter. Wenn sich nichts direkt auf dem Weg befindet, wäre es vielleicht möglich, einen kleinen Umweg dafür in Kauf zu nehmen. Dabei ist es auch egal, ob wir mit dem Auto, mit dem Fahrrad, mit öffentlichen Verkehrsmitteln oder zu Fuß in die Arbeit gelangen. Nun gewöhnen wir uns an, dass wir jeden Tag an diesem Ort auf dem Hinweg und auf dem Rückweg ganz kurz innehalten. Das kann nur für eine Minute sein. In diesem Moment nehmen wir diesen Ort einfach ganz bewusst mit allen Sinnen wahr, und zwar jeden Tag, so, als ob wir ihn noch nie zuvor gesehen hätten. Und vielleicht entdecken wir tatsächlich jeden Tag etwas Neues. Dieser Augenblick gibt uns die Gelegenheit, Abstand zu gewinnen, uns in uns selbst besser zu verankern und neue Einsichten zu erhalten.

**Kraftanker am Schreibtisch**

Genau wie in unserem Zuhause können wir ebenso an unserem Schreibtisch einen oder mehrere Kraftanker einrichten. Dazu dienen verschiedene Naturmaterialien, wie Kastanien, Steine oder Zapfen, genauso wie ein schönes Foto von einem unserer Kraftorte. Der Vorteil bei Naturmaterialien ist, dass wir sie immer wieder in die Hand nehmen können und uns so körperlich, haptisch mit ihnen verbinden können. Bei einem Foto ist hingegen unsere visuelle Vorstellungskraft ein wenig mehr gefragt. Doch auch hier können wir uns, indem wir das Foto betrachten, imaginär an diesen Ort versetzen. Übrigens eignen sich solche Fotos natürlich auch wunderbar als Bildschirmschoner. Um uns regelmäßig eine kleine Auszeit zu verschaffen, können wir beispielsweise alle ein bis zwei Stunden für einen Moment mit dem Kraftanker Kontakt aufnehmen, ihn betrachten oder anfassen und gleichzeitig auf unsere Atmung achten. Zusätzlich können wir uns einen schönen Duft an den Arbeitsplatz stellen oder in die Welt der Naturklänge eintauchen, indem wir uns ein paar Naturgeräusche anhören.

### Kristalle am Arbeitsplatz

Auch am Arbeitsplatz kann es hilfreich sein, die Energie mit Kristallen ein wenig zu beeinflussen. Gerade auch die elektrische Strahlung der technischen Geräte zu neutralisieren. Dafür eignet sich zum Beispiel der schwarze Turmalin oder Rosenquarz sehr gut. Vor unangenehmen Schwingungen im persönlichen Umfeld kann uns ein Amethyst ganz gut schützen. Der Bergkristall hingegen schenkt uns Harmonie, Klarheit und Willenskraft. Und ein Orangencalcit wirkt vitalisierend und fördert unser Selbstvertrauen.

### Wolken betrachten

Gerade wenn wir in Gedanken sehr mit einer Sache beschäftigt sind, kann uns der bereits erwähnte Blick aus dem Fenster einen anderen Impuls geben. Wenn wir dabei die Wolken genauer betrachten, bieten wir gleichzeitig unseren Augen eine Erholungspause, indem wir in die Ferne blicken, und haben die Möglichkeit, unseren Kopf ein wenig frei zu bekommen. Wenn wir uns auf die Formensprache der Wolken einlassen, können sie uns auch zu einem Frage- und Antwortspiel oder einer Art Orakel einladen. Oder wir lassen uns einfach mit den Wolken treiben und gönnen uns dabei eine kleine Erholungspause.

### Palmieren – Augen ausruhen

Eine wunderbare Pause für unsere Augen und gleichzeitig für unser ganzes System bietet das sogenannte Palmieren – eine Übung, die nach unseren Handflächen benannt ist. Dabei reiben wir unsere Handflächen für ein paar Sekunden aneinander und legen sie dann auf unsere Augen, möglichst so, dass kein Licht hineinfällt. Am bequemsten ist es, wenn wir diese Übung im Sitzen machen und dabei die Ellbogen auf einen Tisch aufstützen. Dann können wir unseren Kopf gut eine Weile lang in dieser Position halten. Zeitlich wäre eine Dauer von fünf Minuten ideal, aber es geht natürlich auch kürzer. Noch erholsamer wird die Auszeit, wenn wir während der Übung unsere Aufmerksamkeit auf unsere Ein- und Ausatmung lenken. Gerade dieser kurze Moment der Dunkelheit, des Ausblendens der Außenwelt hat einen sehr regenerierenden Effekt auf uns und verbindet uns wieder mit unserer inneren Mitte. Am Ende der Übung ist es ratsam, die Augen erst langsam wieder an die Helligkeit zu gewöhnen und sie vorsichtig blinzelnd zu öffnen.

### Denkmütze – Ohren und Konzentration anschalten

Diese Übung stammt aus der Kinesiologie und dient dazu, unser Gehör zu aktivieren und das Gehörte besser zu verarbeiten. Dazu massieren wir die Außenseite unserer Ohrmuschel mit den Fingern von oben nach unten und wieder zurück. Am besten mehrmals. Im Ohr sitzen sehr viele Akupunkturpunkte, die dabei ebenfalls harmonisiert werden. Außerdem wird durch das Massieren der Fluss unserer Cerebrospinalflüssigkeit, die das Gehirn mit dem Rückenmark verbindet, aktiviert. Es ist also nicht nur eine Übung für unser Gehör, sondern auch für unser allgemeines Wohlbefinden.

# Kraftorte in der Stadt

Unsere Städte stellen sehr dichte Ballungsräume dar, in denen sich Gebäude, Straßen, Verkehr, Tiere, Natur und Menschen auf engstem Raum begegnen. Es ist alles konzentriert, in Bahnen gelenkt. In Straßenschluchten, zwischen hohen Gebäuden, schiebt sich der Verkehr durch die Stadt – mal schnell, mal langsam. Menschenmassen begegnen sich tagtäglich, ohne aneinander Anteil zu nehmen. Die Natur und Tiere werden an vielen Stellen verdrängt, zugepflastert, eingemauert.

Dies alles erzeugt eine Energie, die sehr intensiv und herausfordernd für uns sein kann. So würden viele von uns die Stadt nicht gerade als Kraftort bezeichnen. Und der moderne Bautrend in vielen Städten trägt leider nicht unbedingt dazu bei, das zu ändern, wird hier doch mehr Augenmerk auf die Praktikabilität und Rentabilität gelegt als auf ein gewisses Wohlfühlambiente für den Menschen. Dabei gibt es Möglichkeiten, auch den städtischen Raum so zu gestalten, dass er nicht nur Aufenthaltsraum, sondern wirklich Lebensraum für uns Menschen darstellt.

Die früheren Baumeister hatten dafür noch das nötige Gespür und Wissen. Schauen wir uns einmal ältere Wohnsiedlungen an, wie zum Beispiel die Borstei in München, sehen wir, welch positive Wirkung die entsprechende Gestaltung auf die Wohnqualität haben kann. In der Borstei sind Wohnraum, Grünanlagen, Läden und Gemeinschaftsflächen in idealer Weise miteinander kombiniert. So entstehen in unmittelbarer Nähe für alle kleine Kraftoasen zum Wohlfühlen und Auftanken. Glücklicherweise gibt es auch in diese Richtung neuere Trends. Durch Dachbepflanzungen und Fassadenbegrünungen wird versucht, wieder mehr Grün in die Stadt zu integrieren. Das hat zwei entscheidende Vorteile. Die Überhitzung der Städte wird minimiert, da Grünpflanzen durch die Fotosynthese Feuchtigkeit und Abkühlung erzeugen – sie sind also natürliche Klimaanlagen. Und es entstehen Wohlfühlorte für uns Menschen. Womit wir bei dem Punkt wären, dass es ebenso in Städten Kraftorte und große wie kleine Kraftoasen geben kann. Manchmal müssen wir hier vielleicht ein wenig mehr die Augen offen halten. Zum einen sucht sich die Natur in der Stadt immer wieder ihren Raum und kann uns so zu einem kurzen Innehalten einladen, zum anderen gibt es auch von Menschenhand geschaffene Strukturen, die sehr kraftvoll sein können.

Bereits wenn wir einfach nur eine Straße entlanglaufen, finden wir am Wegesrand meistens zahlreiche Pflanzen, die sich ihren Weg durch das Mauerwerk oder die Pflastersteine bahnen. Vielleicht kreuzt auch ein Tier unsere Bahn und macht sich durch ein Geräusch bemerkbar, zum Beispiel ein Vogelzwitschern, ein Miauen oder Bellen. Sie laden uns zu einem Innehalten, Hinschauen und Uns-über-das-Leben-Freuen ein. Und manchmal wollen sie uns vielleicht auch eine Botschaft mitteilen. Dann gibt es die zahlreichen Grünanlagen, in denen wir beispielsweise zu den Bäumen Kontakt aufnehmen können. Und dann

gibt es da noch das Wasser, welches auch in Städten eine wichtige Rolle spielt. Häufig wurden sie an Flüssen oder in deren Nähe gegründet. Diese können regelrechte Kraftadern darstellen. Je nachdem, wie sehr sie in ihrer Entfaltung eingeschränkt wurden, ist diese Kraft mal mehr, mal weniger vorhanden. Doch in vielen Städten gibt es einen gewissen Erholungsraum am Fluss. Er lädt zum Krafttanken ein. In kleinerer und etwas gezähmterer Form finden wir das Wasser auch an Brunnen. Sie bergen zusätzlich eine etwas verspielte Komponente und laden so zu mehr Lebensfreude ein.
Häufig führen sie sogar Trinkwasser, sodass wir vom sinnlichen Geschmackserlebnis des Wassers profitieren können.

Schöne, von Menschenhand geschaffene Oasen können Plätze und Innenhöfe sein. Sie wirken besonders positiv auf uns, wenn sie übersichtlich sind und gleichzeitig einen geschützten Raum darstellen. So ähnlich wie eine Wiese, die von Hecken und Sträuchern umgeben ist. Gerade auf Plätzen spielt auch die geometrische Gestaltung eine sehr große Rolle. Sie kann bedeutend sein für die Atmosphäre eines Platzes.

Wer die Geselligkeit mag, kann in der Stadt im Café an der Ecke eine kleine Kraftinsel finden, und wer es vorzieht, immer wieder mal komplett aus dem Stadtgetümmel abzutauchen, wird auch in Kirchen einen guten Ruhepol finden. Dort können wir für einen Moment aussteigen und eine Besinnungspause einlegen.

Und dann gibt es noch den Kraftort schlechthin in der Stadt – den Park. Manche haben nur einen, manche gleich mehrere. Je nach Größe bietet er häufig fast alle Landschaftsformen auf kleinstem Raum zusammen – Wege, Wasser, Hügel, Bäume, Wiesen, manchmal auch Grotten. In München sind wir gesegnet mit zahlreichen wunderschönen Parkanlagen. Ganz besonders beeindruckt mich dort immer wieder ein Eibenwäldchen mit einigen Exemplaren, die unter Naturdenkmalschutz stehen.

So haben wir auch in der Stadt vielfältige Möglichkeiten, unsere kleinen Kraftinseln zu finden und sie für unsere ganz persönlichen Bedürfnisse zu nutzen. Wir können uns unsere Lieblingsplätze aussuchen, sie im Lauf des Jahres immer wieder besuchen und dabei ihre Veränderung bewusst mit allen Sinnen wahrnehmen.

## Übungen

### Ideen für Kraftinseln in der Stadt

**Zeichen am Wegesrand**

Diese kleine Übung kann perfekt in den täglichen Weg zur U-Bahn, zum Bus, zum Supermarkt oder Ähnliches eingebaut werden. Auch wenn wir gerade nicht viel Zeit haben, erhalten wir dadurch die Möglichkeit, uns eine kleine Achtsamkeitspause zu genehmigen. Denn gerade wenn wir auf dem Weg irgendwohin sind oder auf etwas warten, sind wir mit den Gedanken meistens ganz woanders. Wir überlegen, was wir zu erledigen haben oder was uns wohl erwarten wird an dem Ort, zu dem wir fahren. Oder wir kreisen um andere Dinge, die uns gerade beschäftigen. In unseren Gedanken zu kreisen, ist aber in der Regel nicht sehr zielführend. Wenn wir hingegen aus diesem Karussell einmal aussteigen, eröffnen sich häufig neue Perspektiven. Oder wir freuen uns einfach über das, was ist. Achten wir also auf unserem Weg einmal auf das, was uns am Wegesrand begegnet. Blumen, die sich durch die kleinsten Pflasterritzen zum Licht emporstrecken, wie zum Beispiel die majestätischen Königskerzen, Bäume oder Sträucher, die uns zuwinken, oder Tiere, die unseren Weg kreuzen, möglicherweise ein Eichhörnchen oder ein Vogel. Wir können uns einfach nur darüber freuen, dass sich die Natur ebenso in der Stadt immer wieder

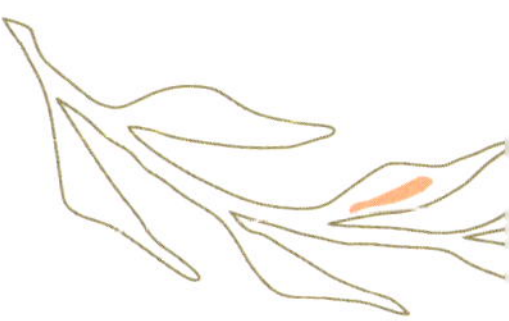

ihren Raum sucht, und ihre Wunder andächtig betrachten. Das gibt uns – und wenn es nur für einen kurzen Moment ist – ein gutes Gefühl. Ein Gefühl des Eingebundenseins in ein größeres System, Teil davon zu sein, einfach so wie wir sind, ohne Wertung. Und wenn es uns gelingt, dieses Gefühl etwas länger in uns zu behalten, kann es uns auch über die nächsten Minuten, Stunden oder sogar den ganzen Tag eine positive Kraft schenken.

### Brunnenwasser-Energie erleben

Brunnen geben uns eine schöne Möglichkeit, auch in der Stadt ein wenig Wasserenergie zu tanken. Dabei können sie sehr unterschiedlich konzipiert sein. Es gibt Brunnen mit leise dahinplätscherndem Wasser und solche mit kräftigen, rauschenden Wasserstrahlen. Jeder von ihnen hat eine ganz eigene Energie. Die unterschiedlichen Varianten zu erkunden und dort einzutauchen, sie mit allen Sinnen wahrzunehmen, kann uns schon eine kleine Auszeit schenken. Wir können uns dem Brunnen langsam nähern, ihn zunächst von allen Seiten ausgiebig begutachten, seine Gestalt, seine Formen und Figuren genau studieren und sehen, was das Wasser macht. Wo kommt es her? Wo läuft es hin? Ist es schnell oder langsam? Welche Formen nimmt es an? Strahlen, Tropfen, Nebel? Wir können es berühren, vielleicht auch schmecken oder zumindest riechen. Nehmen wir es mit allen Sinnen wahr und tauchen vollkommen ein in diese reinigende, fließende Wasserenergie. Je kräftiger der Wasserstrahl bei Brunnen, desto höher ist hier der Anteil an negativ geladenen Ionen in der Luft, und so hat der bloße Aufenthalt in der Nähe eine aktivierende, anregende Wirkung auf uns. So wird der Brunnen zu einem Rundum-Wohlfühlort und schenkt uns neue Energie und Kraft.

### Mein Lieblingsplatz

Wenn wir in der Stadt leben oder uns viel in Städten aufhalten, kann es nützlich sein, uns einen Lieblingsplatz zu suchen. Idealerweise ist das ein Platz in unserer Nähe, an dem wir uns so richtig wohlfühlen. Das kann ein kleiner Park sein, eine Grünanlage, ein schöner Platz, ein einzelner Baum, ein Brunnen, eine Kirche oder etwas anderes. Vielleicht kennst du ja deinen Lieblingsplatz schon. Ansonsten findest du ihn am besten, indem du deine Umgebung ganz aufmerksam erkundest und gut hinspürst. Manchmal erkennen wir ihn erst auf den zweiten Blick. In der Regel ist es ein Ort, an dem wir uns gern aufhalten und wo uns sozusagen das Herz aufgeht. Dieser Platz ist dann unsere kleine Kraftoase in der Stadt. Wir können natürlich auch mehrere davon haben. Ihn sollten wir so oft aufsuchen, wie uns danach ist. Und uns jedes Mal aufs Neue mit allen Sinnen auf ihn einlassen. Das Schöne hierbei ist, dass wir dabei jedes Mal tatsächlich etwas Neues entdecken können, das uns zuvor noch nie aufgefallen ist.

Auch wenn wir meinen, den Ort schon in- und auswendig zu kennen. So kann uns unser Lieblingsplatz immer wieder eine kleine Auszeit im Stadtgetümmel verschaffen. Dort können wir bei uns sein, uns selbst begegnen und unsere innere Mitte wiederfinden. Und dabei ganz bewusst die Welt außenrum wahrnehmen und auf uns wirken lassen. Ganz aus unserer Mitte heraus.

### Einen Park erkunden

Parkanlagen sind sehr unterschiedlich konzipiert – vom nach strengen Richtlinien angelegten Barockgarten bis hin zum verwildert wirkenden Landschaftspark. Sie haben alle gemeinsam, dass sie in der Regel von Menschenhand geschaffen wurden und nichts in ihnen dem Zufall überlassen wurde, selbst wenn es manchmal so erscheint. Meistens vereinen sich in Parks auch die unterschiedlichsten Landschaftsformen auf engstem Raum – Wege, Hügel, Wasserläufe, Seen, Bäume, Wiesen. So laden sie uns dazu ein, diese Landschaftsformen einmal ganz bewusst zu erkunden und zu sehen, wie sie auf uns wirken. Hier geht es einfach um die achtsame

Wahrnehmung. Sie hilft uns dabei, innezuhalten, uns im Jetzt zu verankern und wirklich aus dem Alltagshamsterrad auszusteigen. Begeben wir uns also auf Entdeckungstour in einen Park und verschaffen uns erst einmal einen Überblick darüber, welche Landschaftsformen dort vertreten sind. Dann nähern wir uns ihnen an, schauen, wie wir sie wahrnehmen, welchen Eindruck wir von ihnen haben, wie wir auf sie reagieren. Vielleicht tauchen dabei Gefühle oder Gedanken auf. Nehmen wir sie einfach an, ohne sie zu bewerten oder verdrängen zu wollen. Und schauen, wo sie uns hinführen. Wenn wir das Gefühl haben, an einer Stelle verweilen zu wollen, so geben wir dem nach. Und wenn wir lieber in Bewegung bleiben wollen, ist auch das in Ordnung. So finden wir unseren ganz eigenen Rhythmus, richten uns vollkommen nach unseren Bedürfnissen und geben uns den Raum, den wir brauchen, um unser Innerstes zu entfalten. Auf diese Weise kann ein kleiner Aufenthalt im Park zu einer Entdeckungsreise zu uns selbst werden.

## Über den Dächern

In Städten bietet sich uns eine andere Art von Perspektivenwechsel, indem wir uns über die Dächer begeben. Hohe Gebäude, Türme oder Anhöhen laden uns dazu ein, sie zu erklimmen und von oben auf die Stadt hinabzublicken. Auch das gibt uns die Möglichkeit, aus dem Alltagsgewirr auszusteigen und ein wenig Abstand dazu zu bekommen. Es eröffnen sich neue Räume, der Blick geht in die Weite, und wir erhalten neue Eindrücke. So kann ein Gefühl der Erhabenheit und gleichzeitig Demut entstehen, denn es eröffnet sich vor uns die Größe der Welt. So werden unsere eigenen Sorgen und Probleme vielleicht in andere Relationen gesetzt und verlieren ihre Omnipräsenz. Das gibt uns Zuversicht, Vertrauen und Kraft.

# Der Kraftort im Inneren – unser *innerer Fluss*

# Aus unserer Mitte entspringt ein Fluss

Ich habe nun aufgezeigt, wie wir die Energien an bestimmten Orten dazu nutzen können, um wieder in unsere innere Mitte zurückzufinden, neue Kraft zu tanken und uns weiterzuentwickeln und mit welchen Methoden wir genau die für uns passenden Plätze finden können. Dabei ist bereits deutlich geworden, dass es letztendlich nicht darum geht, uns zu erholen oder zu regenerieren, um dann so wie bisher weiterzumachen. Sondern darum, wirklich bei uns anzukommen, die Themen anzuschauen, die uns noch daran hindern, und somit das Leben zu führen, das unserem wahren Selbst entspricht. Dazu kann die äußere Umgebung nur bis zu einem gewissen Grad beitragen. Dennoch ist es gerade in unserer schnelllebigen Zeit, in der viel im Außen geschieht und die Abfolge von Ereignissen teilweise ein großes Tempo an den Tag legt, wichtig, dass wir solche Rückzugsorte haben, an denen wir in die Stille gehen können, um wieder Kontakt mit uns selbst aufzunehmen und uns wieder zu spüren.

Die Kraft, die wir meinen an diesen Orten zu tanken, kommt aber letztendlich nicht von außen, sondern aus uns selbst. Es ist unser Energiefeld, das dort wieder in eine harmonische Schwingung versetzt wird. So fühlen wir uns gestärkt und energiegeladen. Diese harmonische Schwingung entsteht, wenn wir in Einklang mit uns selbst sind und in Anbindung an das große Ganze. In diesem Zustand der Balance gelingt es uns, unsere Kraft besser zu behalten beziehungsweise schneller wieder zu ihr zurückzufinden. Dabei bedeutet mit uns in Einklang zu sein nicht, dass alles absolut perfekt sein muss. Nein, es bedeutet, dass wir uns so annehmen, wie wir sind. Denn nur so können wir uns selbst kennenlernen und erkennen, welche Bedürfnisse wir wirklich haben, was uns guttut und was weniger. Diese Bedürfnisse kommen dann aus uns selbst heraus und werden nicht von außen vorgegeben. Sie dienen unserem Wohlbefinden, unserer Weiterentwicklung und unserem Wachstum. In unserer heutigen Zeit fällt es uns manchmal schwer, genau auszumachen, worin unsere Bedürfnisse bestehen. In der Kindheit werden wir von unseren Eltern, unserer Familie und deren Anschauungen geprägt. In unserer Gesellschaft gibt es bestimmte Statussymbole, an denen sich die Mehrheit ausrichtet. Verschiedenste Branchen werfen mit Argumenten um sich, warum genau ihre Produkte die sind, die wir haben müssen. Und dann neigen wir auch noch dazu, uns ständig mit den anderen zu vergleichen, und wollen deshalb genau das besitzen, was die anderen haben. All das in einem Tempo, bei dem viele meinen, mithalten zu müssen, und so einfach nur noch reagieren und funktionieren.

Doch wir können auch aussteigen aus dieser Spirale. Es ist unsere freie Entscheidung. Wenn wir uns die Gelegenheit geben, uns selbst kennenzulernen, bekommen wir wieder ein Gefühl dafür, was uns ausmacht und was wir brauchen. Unser Körper sendet uns dazu meist die entsprechenden Signale, nur haben viele von uns verlernt, auf sie zu hören, und gehen einfach darüber hinweg. Wenn wir mit uns selbst so fürsorglich umgehen, wie wir es mit einem geliebten Menschen machen würden, übernehmen wir Verantwortung für uns, unser Wohlbefinden und unsere Entwicklung. Dies sagt bereits das Gebot »Liebe deinen Nächsten wie dich selbst«. Wenn wir auf uns selbst achtgeben, finden wir das für uns richtige Maß an Ruhe und Aktivität, Stille und Freude, Fülle und Verzicht, Alleinsein und Gemeinschaft. Und nur wenn wir für uns selbst gut sorgen, können wir auch für andere da sein, unsere Energie weitergeben und andere unterstützen. Diese Balance zu finden ist nicht unbedingt einfach. Aber es ist durchaus erstrebenswert, sich ihr immer mehr anzunähern. Denn je öfter wir eine Idee davon bekommen, wie sie sich anfühlt, desto leichter kehren wir in diesen Zustand wieder zurück.

Unsere Kraftplätze können uns dabei helfen, den Kontakt zu unserem inneren Wissen wiederherzustellen, wenn im Außen einmal wieder zu vieles getobt hat und wir uns sortieren wollen. Und wenn wir auch noch erkennen, was uns aus der Balance herausgeworfen hat, können wir der Ursache auf den Grund gehen und eine Veränderung anstreben. Dann beginnen wir, die Herausforderungen des Lebens nicht als Bürde, sondern als Wege für unsere eigene Entwicklung zu sehen. Wenn wir uns mit uns selbst auseinandersetzen, können wir nach und nach die vielen Schätze finden, die in unserem Inneren verborgen sind. Wir entdecken unsere wahren Talente, Fähigkeiten und Potenziale, bringen sie ans Licht und wecken damit gewaltige Energiereserven. Es ist wie ein kraftvoller Fluss, der aus unserer Mitte heraus entspringt und den wir unseren Bedürfnissen entsprechend steuern und leiten können.

Dieser Quell entsteht aus der Balance von drei Komponenten – Körper, Geist und Seele. Sie immer wieder herzustellen liegt in unserer Hand. Das hat etwas mit Verantwortung zu tun. Verantwortung gegenüber uns selbst und unserem Leben. Viele Menschen haben diese Verantwortung abgegeben, an höhere Instanzen: Ärzte, Religionen, Behörden, Politiker, Lehrer und andere. Sie machen das, was ihnen vorgegeben wird, ohne selbst nachzudenken, ohne selbst ein Gefühl dafür zu haben, was für sie gut ist. Ohne sich genauer zu informieren. Aus Gewohnheit. Weil sie es so gelernt haben. Weil ihnen immer wieder gesagt wurde, dass Selbstliebe etwas Schlechtes ist. So sind sie sich selbst vielleicht nicht wichtig genug, Zeit und Geld in ihr eigenes Wohlergehen zu investieren. Oder sie haben Angst vor allzu großen Veränderungen. Es gibt viele Gründe, diese Verantwortung anderen zu überlassen. Letztendlich liegt es an uns, wie wir unser Leben gestalten.

Die Verantwortung für unseren Körper beginnt bei einer gesunden ausgewogenen Ernährung. Sie ist das A und O für die Erhaltung unserer inneren Kraft. Unser Körper kann nur gut funktionieren, wenn wir ihm die Mittel zum Leben geben, ihn also im richtigen Maß mit Vitaminen, Mineralstoffen, Spurenelementen, Ballaststoffen, Fetten, Eiweißen und Kohlenhydraten versorgen. Wenn wir ihm überwiegend gute Produkte zuführen, wird er uns auch mal das süße Stückchen, die Tüte Chips oder Pommes verzeihen. Wenn sie aber zur alltäglichen Mahlzeit gehören, wird unser Körper irgendwann einfach nicht mehr ausreichend Kraft haben. Gute Produkte stammen überwiegend aus regionalem Anbau. Denn das, was bei uns direkt vor der Haustür wächst, hat natürlich viel mehr Kraft und Energie, als etwas, das schon kilometerweit transportiert werden musste und meistens unreif geerntet wurde. Je frischer ein Produkt ist, desto mehr Vitamine enthält es. Sie gehen bei längerer Lagerung verloren. Auch die Böden, das Saatgut und sonstigen Anbaubedingungen spielen dabei eine große Rolle. Denn aus dem Boden zieht sich das Lebensmittel die Nährstoffe, die dann wiederum in unseren Körper gelangen. Ist der Boden ausgelaugt oder sind die Produkte zu hochgezüchtet, funktioniert dieser Kreislauf nicht mehr einwandfrei.

Wenn wir also zunehmend darauf achten, welche Lebensmittel wir zu uns nehmen, unterstützen wir unseren Körper dabei, energie- und kraftvoll zu sein.

Zusätzlich zu einer vitalstoffreichen Ernährung brauchen wir ausreichend Flüssigkeit – und zwar Wasser. Unser Körper besteht zu achtzig Prozent aus Wasser und kann nur gut funktionieren, wenn wir das, was wir ausscheiden, auch wieder zu uns nehmen. Wasser ist dabei die reinste aller Flüssigkeiten, denn es beinhaltet keine Zusatzstoffe, die noch verarbeitet werden müssen, wie es zum Beispiel bei Tee der Fall ist. Wasser hilft dem Körper, Giftstoffe auszuscheiden und die Mineralstoffe und Vitamine an die richtigen Stellen zu transportieren. Ohne Wasser wird unser Körper nicht richtig versorgt, gelangen die Elemente, die wir zu uns nehmen, nicht dahin, wo sie hinsollen.

Neben einer ausgewogenen Ernährung stärken wir unseren Körper mit Bewegung, am besten an der frischen Luft, denn so gewährleisten wir gleichzeitig eine gute Sauerstoffversorgung. Bewegung ist Leben. Wenn sich nichts mehr bewegt, ist auch kein Leben mehr da. Dabei ist die regelmäßige Bewegung viel wichtiger als das einmalige Auspowern. Natürlich ist Ausdauersport für unser Herz-Kreislauf-System enorm vorteilhaft. Doch wenn wir den restlichen Tag dann nur herumsitzen, ist es nicht unbedingt zielführend. Gerade wenn wir viel Zeit am Computer verbringen, vor dem Smartphone oder einfach mit einem Buch auf dem Sofa, neigen wir dazu, zu erstarren und uns zu verkrampfen, ohne dass uns das bewusst wird. Wenn wir uns daran erinnern, hier immer wieder eine Bewegungspause einzulegen, danken uns das unsere Gelenke und Faszien. Hierfür reicht es schon, sich eine Erinnerung auf dem Handy zu setzen und einmal in der Stunde kurz aufzustehen, sich zu strecken und ein paar Schritte zu gehen.

Eine gute Möglichkeit, sich regelmäßig zu bewegen und ein bisschen aus der Puste zu kommen, ist das Treppensteigen. Wenn wir auf den Tag verteilt acht Stockwerke schaffen, haben wir schon viel für unsere Gesundheit getan. Und dann können wir zur Belohnung auch mal wieder die Rolltreppe oder den Aufzug nehmen. Wenn wir uns nicht bewegen, rosten wir irgendwann ein, und je älter wir werden, desto ungelenkiger und steifer werden wir. Die gute Nachricht ist, dass wir dem vorbeugen können. Wir haben es selbst in der Hand.

Ausreichend Bewegung hilft unserem Körper wieder, besser in die Ruhephase zu kommen. Denn auch ein gesunder Schlaf ist wichtig für den Erhalt unserer Körperkräfte. Er wird von vielen Komponenten beeinflusst. Unter anderem auch von den Lichtverhältnissen. Forscher haben herausgefunden, dass wir umso besser schlafen, je mehr Tageslicht wir ausgesetzt sind. Dabei ist es unerheblich, ob die Sonne scheint oder nicht.

So gibt es viele Variablen, die auf ein gesundes Gleichgewicht unseres Körpers einwirken. Wenn wir wieder mehr auf ihn hören, kann er uns selbst sehr gut mitteilen, was er gerade braucht. Und so können wir zu einer ausgewogenen Funktionsweise unseres Körpers beitragen und seine Selbstheilungskräfte unterstützen.

Kehren wir nun zurück zu den drei Komponenten, die unser inneres Gleichgewicht steuern. Die zweite von ihnen ist der Geist. Verantwortung für unseren Geist zu übernehmen, bedeutet, auf unsere Gedanken zu achten. Mit unseren Gedanken schaffen wir unsere Welt. Das hat schon Pippi Langstrumpf erkannt, als sie sagte, dass sie sich die Welt so macht, wie sie ihr gefällt. Die Kraft unserer Gedanken ist außerordentlich machtvoll – im Positiven wie im Negativen. Denn in einer höheren Instanz sind – wie in einem Samenkorn – bereits alle Möglichkeiten angelegt. Dr. Joe Dispenza bezeichnet sie in seinen Werken und Vorträgen als das »reine Potenzial«. Aus ihm geht alles hervor. Diese Idee stammt aus der Quantenphysik. Eines ihrer Grundprinzipien besagt, dass wenn alle Materie in die kleinstmöglichen Teilchen zerlegt wird, ein vibrierendes Energiefeld entsteht, in dem sich diese Teilchen chaotisch bewegen. Erst durch einen Beobachter erhalten sie eine bestimmte Richtung. Das, was wir also beobachten, worauf wir unsere Aufmerksamkeit lenken, wird Realität. Das, worauf wir unseren Geist ausrichten, wird wachsen und gedeihen. So gestalten sich aus unseren Ideen, Vorstellungen und Konzepten unsere Lebensumstände und auch unser Selbstbild. Und in diesem Zusammenhang erscheint es uns vielleicht plötzlich als ganz normal, dass uns die Person anruft, an die wir gerade intensiv gedacht haben, oder sich das realisiert, was wir uns so intensiv vorgestellt haben.

Die Kraft unserer Vorstellung kann aber noch viel mehr. Unser Gehirn unterscheidet nämlich nicht zwischen den äußerlichen Einflüssen und unserer inneren Welt. Dies hat die Forschung durch zahlreiche Studien bewiesen.

Jeder von uns kennt den Placebo-Effekt. So gibt es die bekannte Studie des amerikanischen Chirurgen Bruce Mosley, der eine Gruppe Arthrose-Patienten einer tatsächlichen Knieoperation unterzogen hat, während bei der anderen diese Operation nur vorgetäuscht wurde. Beide waren nach der Behandlung beschwerdefrei.[15] Oder eine Harvard-Studie, bei der ein paar ältere Herren in einwöchiger Abgeschiedenheit sich vorstellen sollten, dass sie 20 Jahre jünger wären mit dem Ergebnis, dass sich ihre körperlichen Werte tatsächlich verbesserten und darauf hindeuteten, dass der Alterungsprozess aufgehalten oder sogar umgekehrt wurde.[16] Dr. Joe Dispenza geht in seinen Theorien so weit, dass wir mit unserer Vorstellung und unseren Gedanken unsere Selbstheilungskräfte so aktivieren können, dass wir viele Krankheiten heilen und auch unser Leben nach unseren Wünschen gestalten können.

Dabei spielen unsere Emotionen eine wichtige Rolle. Unsere Gedanken und Vorstellungen erzeugen Gefühle. Sie sitzen im ursprünglichsten Teil unseres Gehirns, unserem limbischen System. Dort wird auch unser Unterbewusstsein gesteuert. Wenn wir dort andocken, können wir wirkliche Veränderungen hervorrufen. Erst was wir wirklich fühlen, kann sich in unserem Leben manifestieren.

Unsere Gedankenwelt und Vorstellungen gezielt auszurichten ist allerdings nicht so einfach, denn der größte Teil davon läuft unbewusst ab. Nur indem wir uns immer wieder hinterfragen, uns unserer Gedanken und der dahinter verborgenen Muster bewusst werden, gelingt es uns, sie entsprechend anzupassen und gezielt auszurichten. Wir können uns also fragen, welche Gedanken uns Kraft geben und welche uns eher runterziehen. Bei welchen Dingen es gut wäre, unsere innere Einstellung zu ändern. Nerven uns beispielsweise wiederkehrende Arbeiten im Haushalt, so können wir uns überlegen, ob wir sie vielleicht an jemand anderen abgeben können. Wenn das nicht möglich ist, können wir unsere innere Einstellung dazu ändern und uns etwa vorstellen, dass diese Arbeiten dazu beitragen, unser Zuhause schöner zu machen, es zu einem Ort der Kraft, der Ruhe und Geborgenheit werden zu lassen, und die Sauberkeit und Ordnung sich auch auf unser Energiefeld positiv auswirken wird. Mit dieser Einstellung geht uns die Hausarbeit dann gleich viel leichter von der Hand und erzeugt gleichzeitig eine positive Schwingung für unser Umfeld.

Dieses ständige Hinterfragen mag zunächst äußerst anstrengend und unbequem klingen. Doch an unseren alten Vorstellungen und Konzepten zu hängen kostet letztendlich ebenfalls viel Energie. Zudem sind sie häufig nicht förderlich für uns, setzen sie sich doch meistens aus Glaubenssätzen und Verhaltensmustern zusammen, die in unserer Vergangenheit, meistens in unserer Kindheit, entstanden sind und nicht mehr dem aktuellen Status entsprechen. Beobachten wir uns selbst dabei, was wir über uns und über das Leben denken, erzeugen wir eine gewisse Distanz zu unseren Gedanken, Ideen und Vorstellungen. Dann können wir sie neu bewerten und so ausrichten, dass sie unserer Gesundheit, unserem Erfolg und Lebensglück dienen.

Nun bleibt noch die dritte Komponente – unsere Seele. Hierbei stellt sich zunächst die Frage, woraus sie eigentlich besteht. Der Begriff Seele ist umfassend und hat je nach Weltanschauung ganz unterschiedliche Bedeutungen. Einige sehen in ihr unsere Gefühls- und Geisteswelt – also unsere Psyche. Andere sehen auch eine überirdische Existenz darin. Für mich ist unsere Seele unser höheres Bewusstsein. Eine übergeordnete Instanz, aus deren Blickwinkel wir uns selbst betrachten können. Durch sie sind wir angebunden an etwas Größeres – manche bezeichnen es als Gott, andere als Universum, als höhere Intelligenz. Es ist eine höhere Ordnung, die die Kräfte in unserer Welt in einem Gleichgewicht hält. In ihr ergeben alle Geschehnisse einen Sinn, auch wenn sich dieser für uns vielleicht nicht gleich erschließt. Verantwortung für unsere Seele zu übernehmen bedeutet, uns immer wieder daran zu erinnern, dass wir ein Teil dieses großen Ganzen sind, und uns dadurch immer wieder an diese höhere Ordnung anzubinden.

Die Balance zwischen diesen drei Komponenten bringt unsere innere Kraft in den richtigen Fluss. So kann sie sich in einem ausgewogenen Verhältnis in unserem Energiefeld verteilen. Ist eine der drei Komponenten im Ungleichgewicht, hat das auch Auswirkungen auf die anderen Teile. Dann werden wir krank, fühlen uns erschöpft oder irgendwie fremdgesteuert. Je bewusster wir also an unserer inneren Ausrichtung arbeiten, desto mehr Einfluss haben wir auf unsere Lebensqualität, auf den Fluss unseres Lebens.

## Was uns aus dem Fluss bringt

Nun wäre die Frage, was uns aus unserem inneren Fluss, aus unserer Balance immer wieder hinauswirft. Letztendlich ist es all das, was uns stresst. Das Wort »Stress« hat mittlerweile einen festen Platz in unserer Sprache gefunden und spielt in allen Bereichen unseres Lebens eine wichtige Rolle. Auf der einen Seite wird der Begriff als Erklärung für mangelndes Wohlbefinden oder als Entschuldigung für bestimmte Verhaltensweisen gebraucht. Und auf der anderen Seite gilt er für manche sogar als Zeichen ihrer Wichtigkeit und Bedeutsamkeit. Je gestresster sie sind, umso gefragter sind sie.

In seiner ursprünglichen Bedeutung bezeichnet Stress die Auswirkungen von körperlichen oder seelischen Belastungen auf unsere Gesundheit. Entstanden ist der Begriff in den 1940er-Jahren, und mittlerweile steht außer Frage, dass Stress zu einem der größten Risikofaktoren für unsere Gesundheit gehört. Dabei hängt es rein von unserer individuellen Wahrnehmung ab, ob wir in Stress geraten oder nicht. Denn unser Gehirn löst Stress aus, wenn es eine Situation als Alarm- oder Gefahrensituation beurteilt. Hier ist die Bandbreite weit gesteckt. Dabei kann es sich um die Bedrohung durch ein wildes Tier handeln, wie es bei unseren Vorfahren sicherlich häufiger der Fall war, eine Naturkatastrophe, aber auch um eine Prüfung, Zeitdruck, das Gefühl, ungerecht behandelt worden zu sein, ein Streit, ein schwieriges Gespräch oder Ähnliches. Meistens hängt das damit zusammen, ob wir uns der Situation gewachsen fühlen oder nicht. Wobei das wiederum eine vollkommen subjektive Einschätzung ist und nicht der Realität entsprechen muss.

Wird der Stress erst einmal ausgelöst, laufen in unserem Körper ganz automatisch bestimmte Prozesse ab, die uns in die Lage versetzen, auf die Situation zu reagieren und unser Überleben zu sichern. Diese Reaktion kennen wir auch als Kampf-oder-Flucht-Reflex. Hierbei handelt es sich um einen uralten Mechanismus, der in unserem genetischen Erbe einprogrammiert ist. Der Körper wird aktiviert, und durch die Ausschüttung der Hormone Adrenalin und Cortisol wird Energie mobilisiert. Unser Herz schlägt schneller, um die Durchblutung von Gehirn und Muskeln anzukurbeln, der Blutdruck steigt. Unser Gehirn ist im Wachsam-Modus, bei dem das bewusste Denken deaktiviert wird, und unsere Sinnesorgane sind geschärft, damit wir aufmerksam und fokussiert sind. So können wir jede Information in Sekundenschnelle verarbeiten. Unsere Atmung geht schneller und weniger tief, um unseren Körper ausreichend mit Sauerstoff zu versorgen. Unsere Muskelspannung erhöht sich, insbesondere im Schulter-, Nacken- und Rückenbereich, um schnell fliehen oder kämpfen zu können und gleichzeitig Hals und Kopf zu schützen. Diese erhöhte Energieproduktion erzeugt Wärme, und so geraten wir eher ins Schwitzen. Außerdem werden sowohl unsere Verdauung als auch unser sexuelles Verlangen gehemmt.

Stress ist ursprünglich also eine Anpassungsreaktion unseres Körpers, die unser Überleben sichergestellt hat. Nun haben sich unsere Lebensumstände allerdings so geändert, dass die Verhältnismäßigkeit, in der wir auf manche Situationen mit einer Stressreaktion reagieren, nicht mehr gegeben ist. Die Schaltzentrale für unsere Stressreaktion sitzt in unserem Gehirn. Dort nehmen wir alles, was in unserer Umwelt geschieht, auf und verarbeiten es in Sekundenschnelle. Das meiste davon geschieht ganz unbewusst. Denn die Informationen, die unser Gehirn als unwichtig erachtet, dringen gar nicht bis in unser Bewusstsein durch. Alle Eindrücke aus unserer Umwelt werden in unserem Gehirn bewertet und eingeteilt. Dazu greift es auf bereits abgespeicherte Informationen zurück – also auf Erfahrungen, die wir in der Vergangenheit gemacht haben und auf Einstellungen, die uns geholfen haben. Situationen, in denen wir ungute Erfahrungen gemacht haben, werden somit immer wieder als Gefahr eingestuft, auch wenn sich die äußeren Umstände in der Zwischenzeit geändert haben. Denn das, was wir in der Vergangenheit, zum Beispiel in unserer Kindheit, als gefahrvoll empfunden haben, muss als Erwachsener nicht unbedingt genauso sein. Dabei spielen nicht nur unsere eigenen Erfahrungen eine Rolle, sondern auch die unserer Vorfahren, denn sie werden unbewusst an uns weitergegeben. Sobald unser Gehirn eine Gefahr feststellt, bleibt für eine bewusste Einschätzung und Neubewertung der Situation keine Zeit mehr, da unsere körperlichen und emotionalen Reaktionen in unserem limbischen System schneller sind als unser bewusstes Denken. Häufig fühlen wir uns dann ohnmächtig, ausgeliefert, erstarrt, handlungsunfähig oder überfordert und verstehen gar nicht, warum.

Unsere Einstellungen und Haltungen, unsere Prägung und unsere Vorstellungen sind also ausschlaggebend dafür, wie wir auf unterschiedliche Situationen reagieren. Nur in tatsächlich lebensbedrohlichen Situationen werden wir hier eine weitgehend übereinstimmende Beurteilung feststellen können. Ansonsten hängt es sehr stark von unseren persönlichen Erfahrungen und unserer Sicht der Dinge ab. Konnten wir früher mit Leistung und Perfektion punkten, so streben wir wohl eher nach Anerkennung. Sind wir schon öfter gescheitert und wurden dafür ausgelacht oder bestraft, werden wir wohl eher unter Versagensängsten leiden. Gab es viel Streit in unserer Familie, so haben wir ein ausgeprägtes Harmoniebedürfnis. Haben wir uns schon einmal ausgeliefert gefühlt, wollen wir stets alles unter Kontrolle behalten. Gab es häufige Trennungen in unserem Leben, so stresst uns die Angst vor Verlust. Unsere innere Einstellung und die

Bewertung unserer eigenen Fähigkeiten und Talente führt also auch dazu, ob wir uns unter Druck setzen und so in Stress geraten. Beginnen wir, unsere Sicht der Dinge zu hinterfragen und relativieren, können wir uns Fragen stellen, wie ob ich wirklich alles unter Kontrolle behalten muss oder vielleicht mal den anderen das Ruder überlassen kann. Oder ob ich wirklich immer für alle erreichbar sein muss oder mein Telefon auch mal für ein paar Stunden abschalten kann. Wenn wir die Dinge relativieren, wechseln wir vom »Müssen« zum »Können« und erhalten so ganz neue Optionen. Das ist aber gar nicht so einfach. Es gehört viel Mut und Wille zur Veränderung dazu, sich selbst und seine Sicht der Dinge kritisch zu hinterfragen. Wir haben immer die Wahl, wie wir uns entscheiden.

## Den Fluss wieder ins Fließen bringen

Indem wir unsere Einstellungen und Haltungen beobachten und kritisch hinterfragen, können wir also einige Veränderungen in unserem Leben bewirken und so die Blockaden in unserem inneren Fluss lösen. Die Möglichkeiten, diesen inneren Fluss wieder ins Fließen zu bringen, sind vielseitig. Regelmäßige Aufenthalte an kraftvollen Orten und das Eintauchen in die magische Schwingung der Natur können uns helfen, wieder in unsere innere Mitte zurückzufinden. Auch unsere Lebensweise in Bezug auf Ernährung, Bewegung und Umfeld bietet eine gute Ausgangsposition. Achtsamkeitsübungen und Praktiken wie Meditation, Yoga oder Qi Gong unterstützen uns, einen besseren Zugang zu unserem Bewusstsein zu erhalten. Dabei ist es nicht immer einfach, diese Dinge in unser Leben zu integrieren, und es erfordert einiges an Disziplin und Konsequenz, aber es lohnt sich. Ihr Erfolg hängt dabei stark von der Verantwortung ab, die wir für uns selbst zu übernehmen in der Lage sind. Sie zu einer Routine in unserem Leben werden zu lassen, ähnlich wie das Zähneputzen oder Duschen, hilft uns dabei, unseren inneren Beobachter mehr und mehr zu aktivieren.

Dennoch werden wir, je mehr wir uns mit uns selbst beschäftigen und an unserer inneren Ausrichtung arbeiten, irgendwann einen Punkt erreichen, an dem wir allein nicht mehr weiterkommen. Es ist wie ein Stillstand. Wir fühlen uns blockiert und nichts mehr geht voran. Manchmal ist es dann einfach notwendig, die Erkenntnisse, die wir bereits gewonnen haben, zu integrieren und uns eine Pause zu gönnen. Manchmal benötigt es aber auch eine liebevolle Begleitung und einen Blick von außen. Das bedeutet keineswegs, dass wir selbst gescheitert sind. Im Gegenteil. Nur durch diese externe Perspektive sind wir in der Lage, unsere eigenen blinden Flecken zu entdecken und aufzulösen.

Die Angebote für eine Unterstützung auf diesem Feld sind vielseitig und reichen von der Psychotherapie über Coaching bis hin zu den unterschiedlichsten Formen von Energiearbeit. Mir persönlich hat eine Kombination aus systemischer Arbeit, Kinesiologie, Coaching und Traumatherapie geholfen, meine eigenen Blockaden aufzuspüren, zu lösen und so meinen inneren Fluss mehr und mehr ins Fließen zu bringen. Dabei ist jegliche Art von innerer Arbeit unglaublich wertvoll und immer ein Schritt weiter auf unserem Weg. Manche dieser Schritte sind kleiner, manche größer. Es stellt sich nicht bei jeder Sitzung, die wir in Anspruch nehmen, gleich ein Riesenerfolg ein. Es ist ein Prozess, und die Veränderungen finden manchmal nur im kleinen, sehr subtilen Feld statt. Häufig vergessen wir auch allzu schnell, wie es sich vorher angefühlt hat, wenn es uns wieder gut geht, und dann gewinnt wieder die Macht der Gewohnheit. Wir sollten es uns wert sein, dann an unseren Themen dranzubleiben. So sind wir in der Lage, unsere Blockaden, Muster, Glaubenssätze und Verstrickungen zu lösen, für die wir selbst blind geworden sind, und Anteile wiederzugewinnen, die wir aufgrund von traumatischen Erfahrungen abgespalten haben. Die wir also so weit verdrängt haben, dass wir uns gar nicht mehr an sie erinnern. Diese allein zu lösen, sind wir gar nicht in der Lage, denn sie befinden sich außerhalb des Feldes unserer bewussten Wahrnehmung. Und letztendlich kommt das, was wir uns selbst Gutes tun, auch immer unserer Umgebung zugute, denn wir sind dann mehr in Frieden und Harmonie mit allem, was ist.

# Danke

Ich danke dem Mankau Verlag für das Vertrauen, das er mir mit dem Auftrag für dieses Buch geschenkt hat, und für die wunderbare Zusammenarbeit.

Ich danke meinem Mann Andreas für sein Dasein, seine liebevolle Unterstützung, sein offenes Ohr, seine wertvollen Ratschläge und dafür, dass er sich die Zeit genommen hat, die Erstfassung zu lesen und zu kommentieren.

Ich danke Klaus Wienert dafür, dass er das Licht-Gesundheit-Energie-Zentrum ins Leben gerufen hat. Ich danke ihm für diesen wundervollen Ort, der dort entstanden ist, und die Menschen, die sich dort begegnen können. Ich danke ihm für viele Jahre intensive Ausbildung in Kinesiologie, Coaching und systemischer Arbeit, bei der ich so vieles über mich selbst, die Welt und unsere Wahrnehmung derselben lernen durfte.

Ich danke Marcel Leeb für gewinnbringende Coachingtouren in zauberhafter Naturumgebung, die vielen Bestärkungen für meinen Weg und die intensive Unterstützung in Marketingaspekten sowie bei meiner Webseite.

Ich danke Sabina Reimer für ihre einfühlsame, heilsame und zugleich sehr fordernde Begleitung.

Ich danke Katharina Bodenstein und der Gundermannschule für die Entwicklung des Lehrgangs zum NaturCoach, die einen umfassenden Grundstock sowohl für die Coachingarbeit in der Natur als auch für Naturerlebnis-Seminare bietet, und für die vielen Inspirationen, die ich dort mitnehmen durfte.

Ich danke meinen Eltern dafür, dass sie mich in die Welt gesetzt haben, mit allen positiven und negativen Herausforderungen, die zu diesem Geschenk »Leben« gehören.

Ich danke Mutter Erde dafür, dass sie uns tagtäglich mit diesem Wunder der Natur umgibt.

# Literatur und weiterführende Hinweise

## Literatur

Clemens G. Arvay, Der Biophilia-Effekt. Heilung aus dem Wald, Ullstein Taschenbuch, 6. Auflage, Wien 2020

Dr. Joe Dispenza, Schöpfer der Wirklichkeit. Der Mensch und sein Gehirn. Wunderwerk der Evolution, Koha-Verlag, 2. Auflage, Burgrain 2011

Dr. Joe Dispenza, Du bist das Placebo. Bewusstsein wird Materie, Koha-Verlag, Burgrain 2014

Masuru Emoto, Die Botschaft des Wassers, Koha-Verlag, 10. Auflage, Burgrain 2011

Masuru Emoto, Wasserkristalle. Was das Wasser zu sagen hat, Koha-Verlag, 2. Auflage, Burgrain 2008

Michael Gienger, Die Steinheilkunde. Das Handbuch, Neue Erde Verlag, Saarbrücken, 2019

Marko Pogačnik, Das geheime Leben der Erde. Neue Schule der Geomantie, AT Verlag, Baden und München 2008

Jeanne Ruland, Krafttiere begleiten Dein Leben, Schirner Verlag, Darmstadt 2008

Guntram Stoehr, Bäume an Orten der Kraft. Wuchsformen und die Energie des Ortes. Franckh-Kosmos Verlags-GmbH & Co. KG, Stuttgart 2018

Wolf-Dieter Storl, Die Seele der Pflanzen. Botschaft und Heilkraft aus dem Reich der Kräuter, nymphenburger, Stuttgart 2018

Renato Strassmann, Baumheilkunde. Heilkraft, Mythos und Magie der Bäume, Knaur Verlag, München 2008

## Nützliche Apps

Atmosphere: Naturgeräusche

Flora Incognita: Pflanzenbestimmung

7Mind: Meditation und Naturgeräusche (kostenpflichtig)

## Internetseiten

***Geobiologie und Geomantie:***

https://www.chiemseewellen.de/

https://www.geobiologischer-beratungsdienst.de/

*Kinesiologie und Systemische Arbeit:*

https://dgak.de/

https://www.licht-gesundheit-energie.de/

https://www.klaus-wienert.de

https://www.franz-ruppert.de/

https://www.dgsf.org/

*Coaching und Natur:*

https://gundermannschule.com/

https://www.marcel-leeb.de

*Dekoartikel, Räucherware und mehr:*

https://www.pranahaus.de/

*Kräuter und ätherische Öle:*

https://www.urdrogerie.de/

https://www.youngliving.com/de_DE/

*Saatgut und Pflanzen:*

https://www.arche-noah.at/

https://gaertnerei-umbach.de/

https://yosana.net/

**Die Angebote der Autorin findest du auf folgender Seite:**
**www.kraftort-coaching.de**

# Endnoten

1 https://de.wikipedia.org/wiki/Ort_der_Kraft

2 Vgl. Guntram Stoehr, Bäume an Orten der Kraft, S. 14–16

3 Vgl. Marko Pogačnik, Das geheime Leben der Erde

4 Vgl. Clemens G. Arvay, Der Biophilia-Effekt. Heilung aus dem Wald, S. 59

5 Vgl. ebd., S. 71–72

6 Vgl. ebd., S. 117–118

7 Vgl. ebd., S. 92

8 Vgl. Marko Pogačnik, Das geheime Leben der Erde, S. 134

9 Vgl. Clemens G. Arvay, Der Biophilia-Effekt, S. 21–26

10 Vgl. ebd., S. 27–37

11 Vgl. ebd., S. 72–72

12 Vgl. ebd., S. 74–78

13 Vgl. Michael Gienger, Die Steinheilkunde. Das Handbuch, Neue Erde Verlag, Saarbrücken, 2019

14 Vgl. Clemens G. Arvay, Der Biophilia-Effekt, S. 122–123

15 Vgl. Dr. Joe Dispenza, Du bist das Placebo, S. 39-60

16 Vgl. ebd., S. 117-141

# Register

Bücher, die den Horizont erweitern

mankau

Barbara Arzmüller

# EIN GUTER PLATZ ZUM LEBEN

Wie Sie Ihr Zuhause energetisch klären und die Lebensbereiche stärken. Mit 25 Farbschilden

16,90 € (D) / 17,50 € (A), ISBN 978-3-86374-502-8
Klappenbroschur mit 16-seitigem Farbteil, 206 Seiten

Sie wünschen sich mehr Freude und Sinn in Ihrem Leben? Beginnen Sie bei sich zu Hause – beseitigen Sie „Altlasten“, und stärken Sie die positiven Energien!

Barbara Arzmüller beschreibt anschaulich, wie Sie Ihr Zuhause energetisch reinigen und aufbauen, Ängste verabschieden und stattdessen Fülle, Erfolg und Liebe in Ihr Leben einladen. Farbige Schilde, Übungen aus dem Familienstellen, kleine Rituale und Meditationen werden Sie bei Ihren Absichten und Vorhaben kraftvoll unterstützen.

- Gedanken, Gefühle und Besitztümer energetisch klären und neuen Freiraum finden
- Licht, Dunkelheit und die Energie der Farben gezielt einsetzen
- Die Bagua-Lebensbereiche stärken und Wünsche verwirklichen
- Die Einflüsse und Qualitäten der zwölf Monatsenergien positiv nutzen

In diesem Buch vereint Barbara Arzmüller ihr reiches Wissen aus Innenarchitektur, Feng Shui, Astrologie, systemischem Familienstellen und mehr. Dabei ergänzen sich die verschiedenen Methoden und bauen Brücken: Jeder kann seinen persönlichen Zugang finden.

*Inklusive 16-seitigem Sonderteil mit 25 Farbschilden: 4 Schilde für die energetische Klärung und Mehrung, 9 Bagua-Schilde und 12 Monatsschilde*

Prof. TCM Univ. Yunnan Li Wu

## TCM-BOX

Bewährte Heilmeditationen aus dem Reich der Mitte

29,95 € (D/A), ISBN 978-3-86374-187-7
4 Audio-CDs, Gesamtlaufzeit ca. 211 Min.

*„Die Traditionelle Chinesische Medizin hat zum Ziel, die Lebensenergie Qi anzuregen, um so Körper, Geist und Seele zu gesunden. Prof. TCM Li Wu präsentiert 4 schöne Meditationen, die genau das bewirken sollen. (...) Ein tolles CD-Set für gehobene Ansprüche.“*

Paracelsus-Magazin.de

**Alle Hörbücher sind auch als Downloads erhältlich!**

Anna Marguerita Schön

## ROSENTRAUM. MEDITATIONEN UND ENTSPANNUNGSREISEN

Aufblühen mit der Königin der Blumen

12,95 € (D/A), ISBN 978-3-86374-594-3
1 Audio-CD, 8-seitiges Booklet, Gesamtlaufzeit ca. 61 Min.

Als Königin der Blumen lädt die Rose in diesem Hörbuch dazu ein, selbst „Königin im eigenen Reich” zu sein, sich bewusst ganz besondere Wohlfühlmomente zu gönnen, tiefe Entspannung und Zuspruch zu erfahren und dadurch innerlich wie äußerlich aufzublühen.

Karin Maria Zimmer / Thomas Künne

## HEILSAME ARCHETYPEN-MEDITATIONEN

Alles ist in allem und alles ist in mir

15,– € (D/A), ISBN 978-3-86374-553-0
2 Audio-CDs, Gesamtlaufzeit ca. 150 Min., 24-seitiges Booklet

Jeder von uns trägt unbewusste Seelenanteile in sich, die im Verborgenen schlummern. Gehen wir mit den Archetypen durch Meditation in Resonanz, so können wir eine gesunde, harmonische und auch bekömmliche Mischung all unserer Wesensanteile finden – nicht zu viel, nicht zu wenig, sondern genau richtig.

Unserer Bücher erhalten Sie bei Ihrem Buchhändler!
Besuchen Sie auch unsere Internetseite mit Bestellmöglichkeit, Leseproben, Videos und Newsletter: **www.mankau-verlag.de**